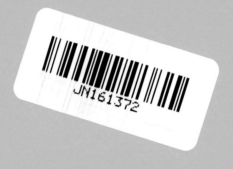

首コリ・肩コリケアで小顔になる！

美顔専門リンパマッサージ セルフケアBOOK

銀座ナチュラルタイム総院長
経絡リンパマッサージ協会代表理事
渡辺佳子

マイナビ

キレイと幸せの基本は首にあります！ 本当のキレイは カラダの内側から変わること

あなたはお顔だけをケアしていませんか？

以前より「ブサイクになった」「不調が気になる」「太りやすくなった」、さらに「イライラする」「心配事が多い」「運が悪くなった」など女性の悩みは尽きないものです。

そんな悩みが多いとき、もしかしたら昔よりお顔が大きくなったり、くすんだりしていませんか？ そして、気になる部分だけをケアしていませんか？ 最近では、TVや雑誌、インターネットでもさまざまな美容法、ダイエット法、美顔ケア法などが紹介されてい

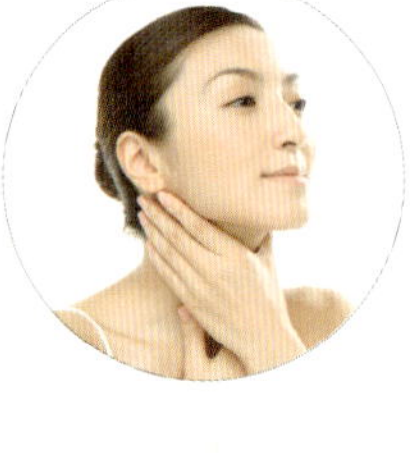

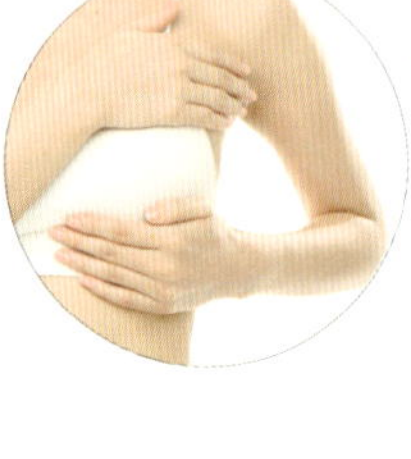

ます。私たちプロから見ても、その情報量は多く、極端で危険なケア法もあり、一体何が本当に良いケアなのかの判断が難しくなってきています。

実は、お顔のトラブルは「お顔だけの問題」ではありません！

今まで、みなさんもさまざまなケア法を試してきたのではないでしょうか？ たとえば、お顔の悩みが気になるからといって、お顔だけのケアをしてませんか？

そういう方からは「今までいろいろとケアを試してみたけど、変化がない」という声が多く聞かれます。その答えは簡単！ 実は「お顔の悩み」の本当の理由は、お顔だけの問題ではなく、全身の問題の可能性があります。つまり、全身の症状に目を向け、体の内側か

ら整え、ケアすることが、実は大事なのです。お顔の悩みとはいえ、お顔だけでなく、不調や症状別に、本当に自分にあった専門的な処方でケアする必要があるのです。

自分のカラダの専門家になることの大切さ

一番大切なのは、自分の体のことを自分自身が熟知しておくことです。そして、「自分に本当に必要なケア」を見つけ、続けて実践することなのです。

首コリは女性の美と健康の大敵。たとえば、首コリの方は、お顔のケアの前に、首のケアが必要です。自分に合うケアを行なわないと、本当の意味で満足できる効果を実感できないのです。毎日のケアで、自分自身の変化を感じ取って、自分の専門家になることが、あなたのキレイと健康にとって大切な要素なのです。

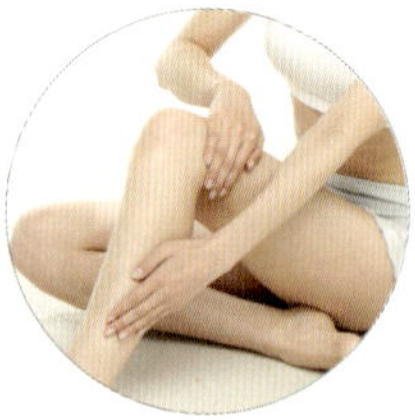

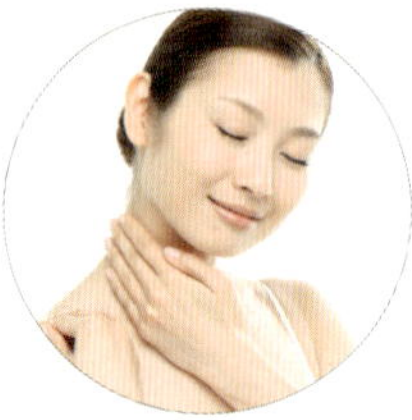

一生役立つ、国家資格レベルの自然なケアを身につけてください！

本来、誰かにマッサージを行なうには、マッサージの国家資格が必要です。そして、本書では、実際に私が銀座ナチュラルタイムで約20年間、日々臨床で積み上げた処方をお伝えします。

人の命は有限です。最後の日まで、ずっと健康でいること、キレイでいることは、自分自身の努力とケア、そして、意識で実現できるのです。今日から国家資格レベルのセルフケアで、長年の心と体の滞りや疲れをスッキリさせて、輝く笑顔で、素敵な毎日を過ごしませんか！

渡辺 佳子

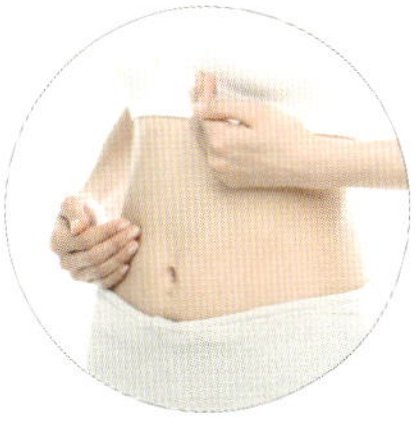

Contents

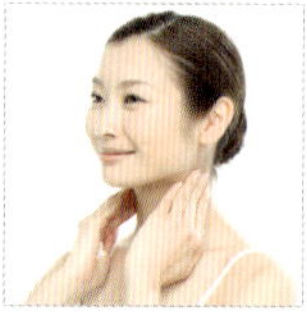

Chapter 4

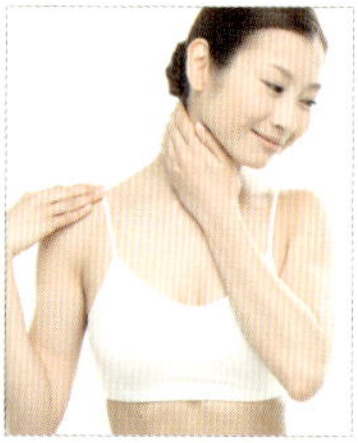

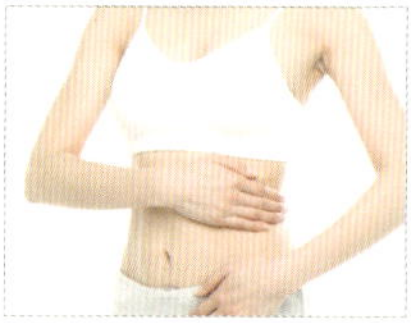

Chapter 1

美と健康のために「首ケア」が大切な理由

健康はもちろん、美容やダイエットにも悪影響を及ぼしかねない「首コリ」。
キレイを目指すならば、流れのよい体を作るのが早道。
そのための大切なポイントが、首をケアすることなのです。

あなたのその悩み「首コリ」が原因かもしれません

首コリはさまざまな不調を引き起こします。
特に肩コリを感じている人の9割は首コリが原因とも考えられています。
気づいていなくても、ひとつでも当てはまる症状があったら、
今ある悩みは「首コリ」が関係しているかもしれません。

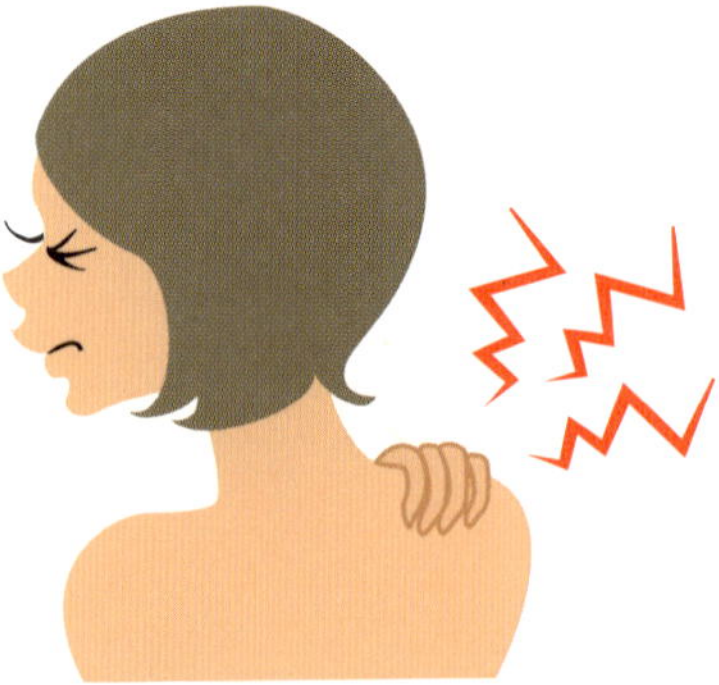

肩コリ

肩コリを感じている人の90％以上は、
実は首コリの可能性があります。

眼精疲労

首や顔の筋肉がこり固まると、
目の疲れも感じるようになります。

イライラ

首コリはメンタルにも悪影響をおよぼし、イライラやクヨクヨの原因に！ 性格も悪くなり人間関係のトラブルも増えます。

顔色が悪い

めぐりが悪くなり新陳代謝が落ちると、
肌ツヤも悪くなり、見た目に影響します。

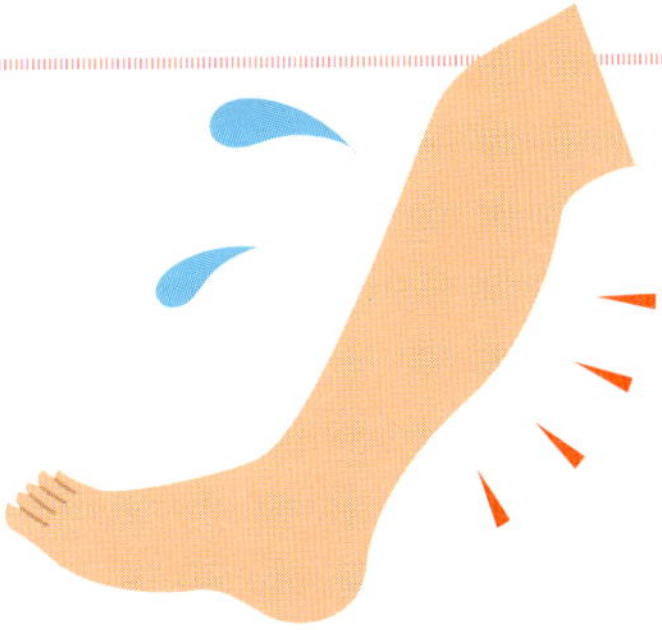

むくみ

リンパや血液の流れが悪くなると、顔や足
だけでなく全身のむくみにもつながります。

偏頭痛

首がこると頭もスッキリせず、
頭痛を引き起こします。

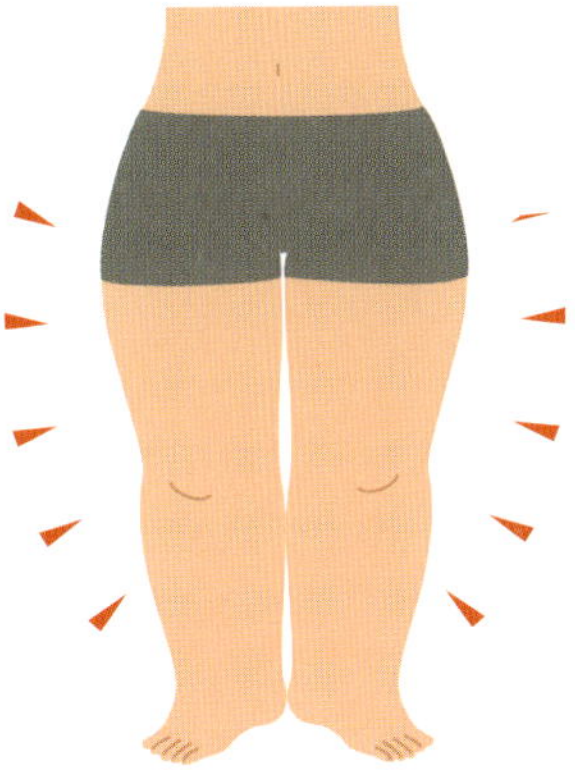

下半身太り

循環が悪くなると、心臓に遠い下半身から
どんどん太く大きくなっていきます。

セルライト

代謝が落ちて冷えた体は、セルライト
がつきやすくなります。一度ついたセ
ルライトはなかなか落ちません。

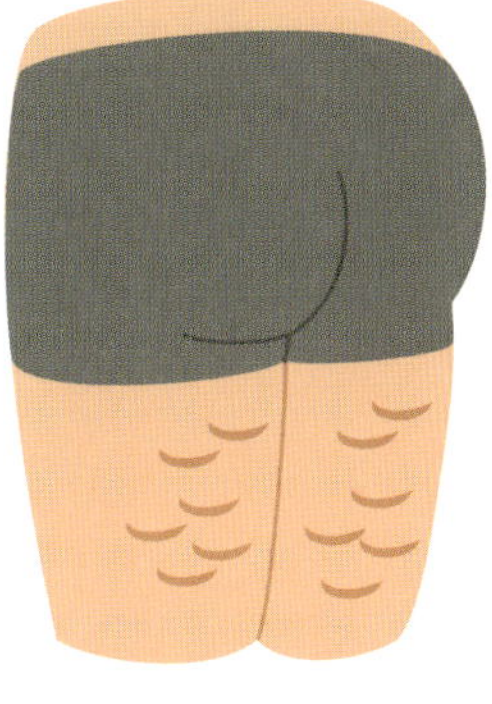

こんな何気ない習慣やクセが首コリを引き起こしています

10数年ほど前から、ＩＴ業界の方が不調を訴えて来院することが増えてきました。肩コリ、食べてないのに太る、眠れない……などに悩む方の多くは、重症な〝首コリ〟の持ち主でした。やがてインターネットの普及とともに、そうした方がどんどん増えました。首コリの原因はストレスや姿勢の悪さなどさまざまですが、やはりパソコンの使用が増えたことが大きいと思われます。今や10代の若者や子供まで首がこっていることが多く、まさしく〝首コリ時代〟といえるのです。

そして、さらにスマホの普及によって首コリで悩まされる人が急増しています。

首コリにはただ単に首がこるという症状だけに収まらず、リンパや「気」「血」の滞りからさまざまな不調が出ています。

さまざまな悩みには美顔リンパマッサージが効果的です。

例えば「顔色が悪い」「慢性的な肩コリ」「常にイライラしている」「最近、仕事が手につかない」「モテない」「運が悪い」など悩みも見られるようになります。しかし、その症状に気がつかない、首コリが原因であると自覚していない人も多く、最近ではスマホを触る時間を減らすことができない若年層の首コリが急増しているのも現実です。

そこで美顔リンパマッサージを行なうことで、お顔の悩みだけでなく、それらの悩みから一気に解放されることができ、美しいカラダへと体質改善することができます。さあ、あなたも美顔リンパマッサージで、素敵な笑顔の毎日、美しく悩みのないカラダへ生まれ変わりませんか！

リンパと経絡《けいらく》をスムーズに流して カラダの内側から健康に変わる

リンパの働きはカラダを元気に、キレイにすること

人の体には、静脈に沿って「リンパ管」と呼ばれる管が、網目状に全身に張りめぐらされています。その中を流れているのが「リンパ液」で、リンパ管の途中にありフィルターの役目をはたすのが「リンパ節」。そしてこれらを総称して〝リンパ〟と呼んでいます。リンパには、体内の老廃物を集めて体外へと排泄する「浄化」と、ウイルスや細菌から体を守る「免疫」という重要な役目があります。

リンパの流れが滞ると、老廃物や不要な水分がうまく排泄されなくなり、むくみや代謝不良が起きます。血液は心臓がポンプとなって全身に送り出されますが、リンパは筋肉の収縮によってのみ循環します。そのため、筋肉の少ない女性はリンパが滞りやすく、男性以上に注意が必要なのです。

経絡《けいらく》のバランスや循環を整えて痩せ体質に

リンパは西洋医学の概念ですが、経絡は東洋医学の考え方です。東洋医

全身に張り巡らされるリンパと経絡

＜リンパイメージ図＞

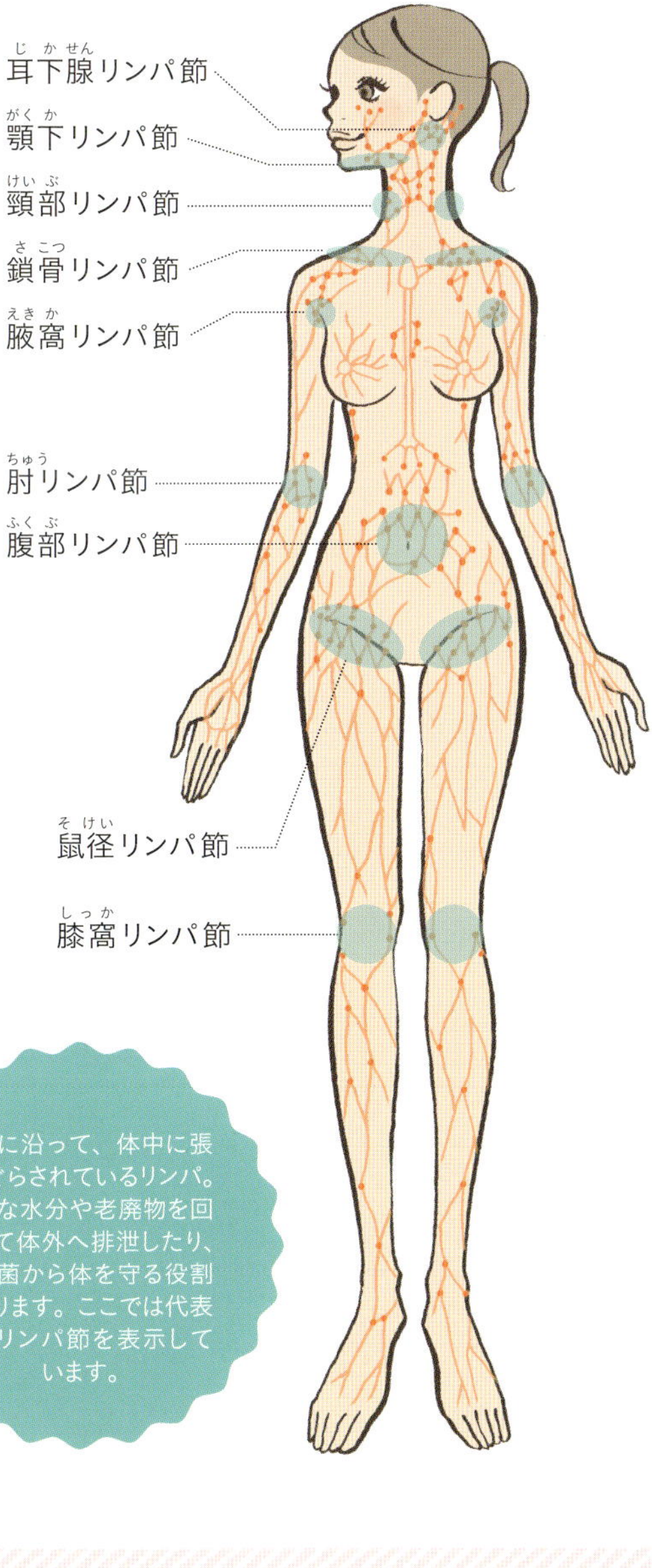

静脈に沿って、体中に張りめぐらされているリンパ。余分な水分や老廃物を回収して体外へ排泄したり、病原菌から体を守る役割があります。ここでは代表的なリンパ節を表示しています。

学では人間が生きるためのエネルギーである「気《き》（生命エネルギー）・血《けつ》（栄養を運ぶ血液のようなもの）・津液《しんえき》（リンパ液などの水分）」が滞りなく流れている状態が健康とされ、これらが循環する通り道を経絡と呼びます。

経絡リンパマッサージで本来の美しさを取り戻す！

経絡は、全身にくまなく張りめぐらされ、臓腑《ぞうふ》（内臓）と体の表面をつないでいます。臓腑に異常があると、経絡上にある経穴《けいけつ》（ツボ）に反応が出るため、マッサージで痛みや硬さを感じるところがあれば、そこに関連する臓腑に不調があると考えられます。東洋医学では、トラブルがある臓腑につながる経絡やツボを刺激して気・血・津液の流れを整え、全身のバランスを改善しています。

経絡リンパマッサージで本来の美しさを取り戻す！

経絡リンパマッサージとは、西洋医学の概念である“リンパ”と、東洋医学の概念である“経絡”の両方に働きかけて体の滞りを改善し、代謝をアップさせる健康法。代謝がよくなると、体にとって不要な脂肪・老廃物・余分な水分などが排泄されやすくなるため、ダイエットにも有効。滞っている部分（＝太い部分）からスッキリしていくため、「上半身より下半身が太い」「首が太い」など、バランスの悪さに悩んでいる人には、特におすすめです。

＜ 経絡イメージ図 ＞

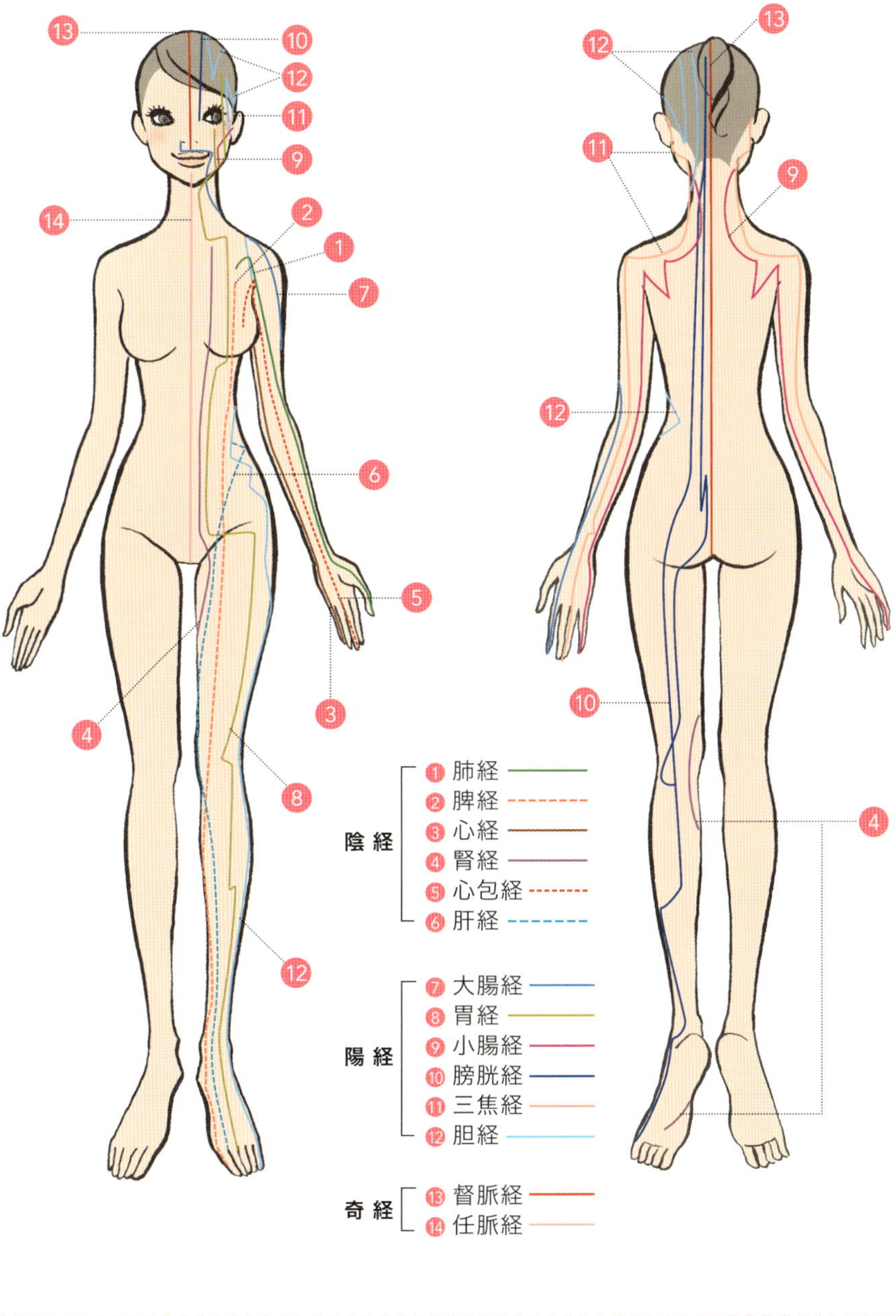
陰経
1 肺経
2 脾経
3 心経
4 腎経
5 心包経
6 肝経
陽経
7 大腸経
8 胃経
9 小腸経
10 膀胱経
11 三焦経
12 胆経
奇経
13 督脈経
14 任脈経

美顔リンパマッサージの基礎知識 ②

「首」こそが美と健康をつかさどる重要ポイント

首は、顔と全身をつなぐ重要なポイント

リンパの一番重要な場所となるのが首です。全身を流れ、体の老廃物を回収してきたリンパは、最終的に首の根元にある太いリンパ管に合流。そこから静脈に流れ込み、不要なものを腎臓でろ過して膀胱へ辿り着き、最後は尿となって排泄されます。まさに首は、体の汚れを浄化する最終ポイントであるといえるでしょう。その首がこり固まっていると、浄化作用がうまく働かなくなります。こうした状態をそのまま放置すると、やがて全身のリンパの流れまでもが滞り、余分な水分や老廃物が溜まりやすくなるのです。また、免疫力も低下するため、病気に対する抵抗力も落ちてしまいます。

リンパは、体を流れる川のようなもの。ゴミなどが溜まった川は、流れが悪くなることが想像できるでしょう。ゴミが川の流れを滞らせると、新たに流れてきたゴミもスムーズに流れることができません。そうした悪循環が続くと、どんどんゴミが溜まり、川は横にふくらんでいきます。これと同じようなことが、私たちの体の中でも起きているのです。

このようにリンパの流れが悪くなると、老廃物が体のあちこちに溜まるようになります。「ダイエットをしているのに痩せない」「食べすぎていないのに太る」という人は、実は首がこっていることが非常に多いのです。

首にはリンパと血管が集中！

< 首周辺のリンパと血管イメージ図 >

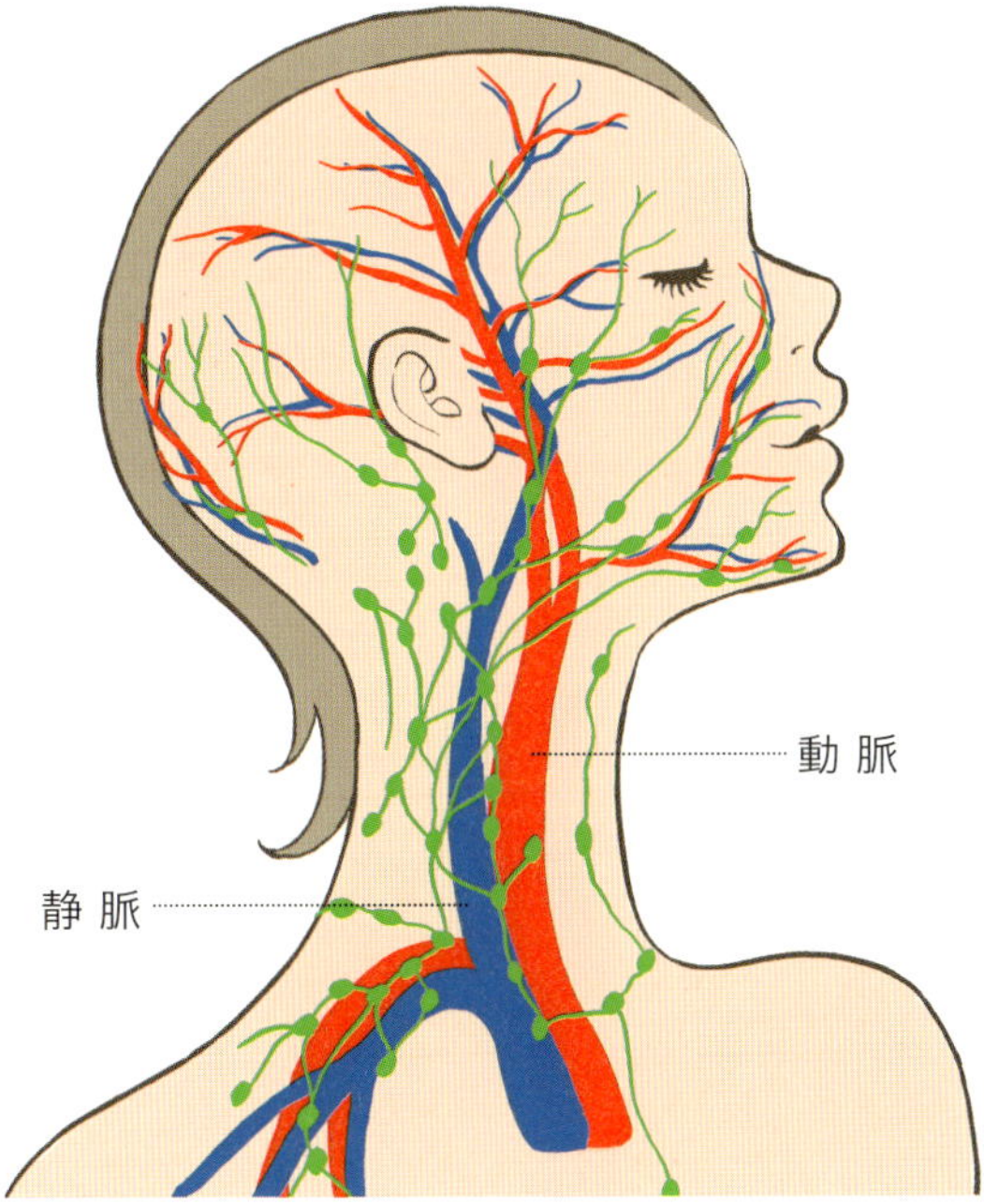

美しさのカギは「首」こそが美と健康のポイント

滞りがある部分から太くなるので、「なぜか顔だけが大きい」という人は顔や首のめぐりが阻害されている可能性が大。また「足が太い」というのが悩みであれば、そけい部やひざ裏などに老廃物が溜まっている可能性が考えられます。

経絡、ツボ、血管……首を通る大切な器官

体には、肺経、脾経、心経などと呼ばれる経絡が14本あり、そのうち8つの経絡が首を通っています。この首がこるということは、半分以上の経絡が滞りやすくなるということ。また、経絡は内臓につながっていますから、やがては内臓の不調をも引き起こす可能性があります。

気・血・津液が滞ると経絡上のツボ（経穴）にも反応があらわれます。このツボも、顔や首に多く集中しています。さらに首は、動脈・静脈の太い血管や、重要な神経も通る場所。首がこると、こうした器官も圧迫されてしまいます。これは、首を常に絞められているのと同じ状態で、体に大変な負担になります。

首には経絡とツボも集中！

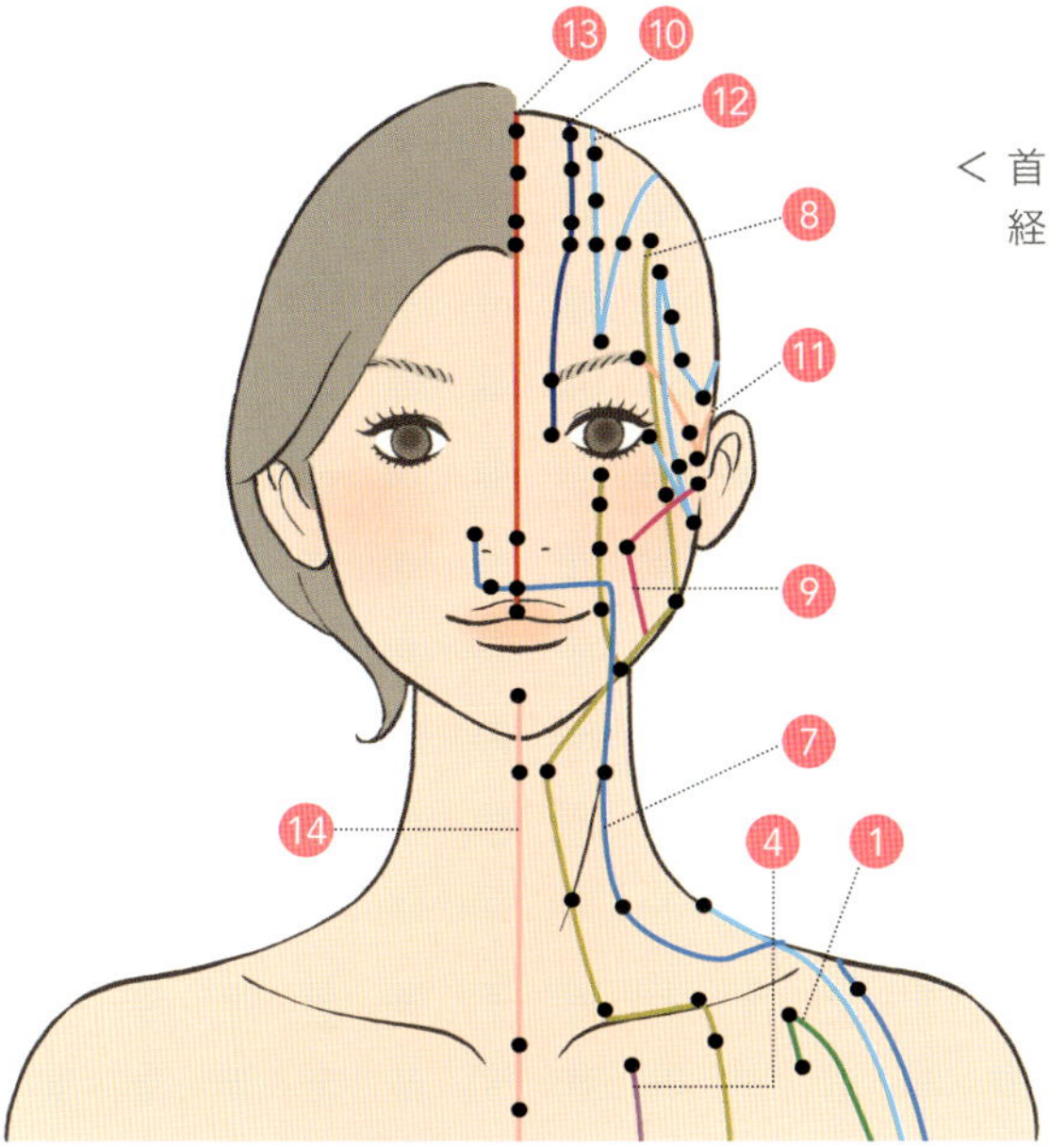

＜ 首周辺の
経絡イメージ図 ＞

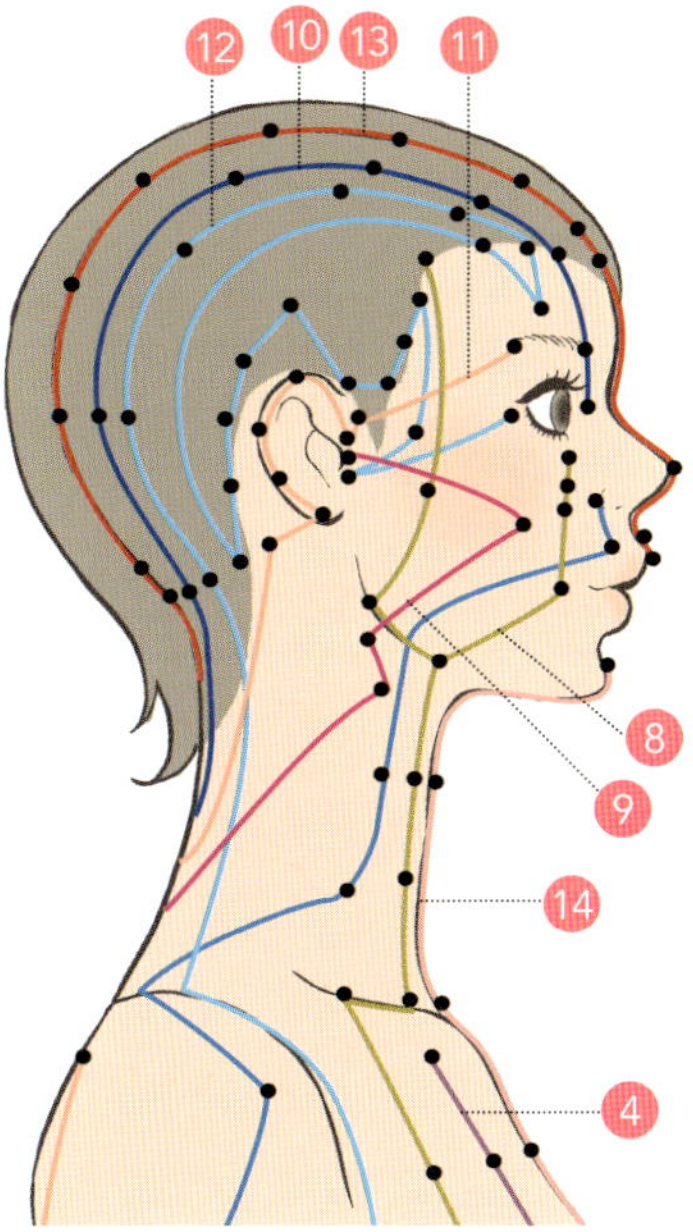

陰経
- ❶ 肺経
- ❷ 脾経
- ❸ 心経
- ❹ 腎経
- ❺ 心包経
- ❻ 肝経

陽経
- ❼ 大腸経
- ❽ 胃経
- ❾ 小腸経
- ❿ 膀胱経
- ⓫ 三焦経
- ⓬ 胆経

奇経
- ⓭ 督脈経
- ⓮ 任脈経

● 経穴（ツボ）

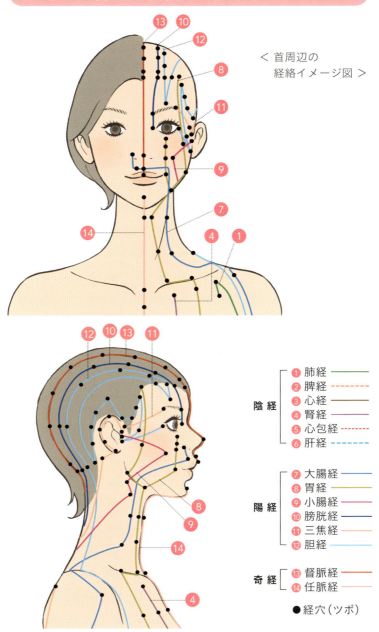

美顔リンパマッサージの基礎知識 3

「首コリ」を放っておくとさまざまな不調の原因に

この10年で、気づいていない"首コリ"の人口が急増！

肩コリだと思っている人の約9割以上が実は"首コリ"という事実は、まだあまり知られていません。首には7つの骨があり（25ページ図参照）、首と肩の接点部となる第7頸椎のまわりが、頭の重みでもっとも負担のかかる部位。この首の付け根部分の疲労を、肩コリと勘違いしてしまうのです。肩をマッサージしても

あなたの首はどっち？

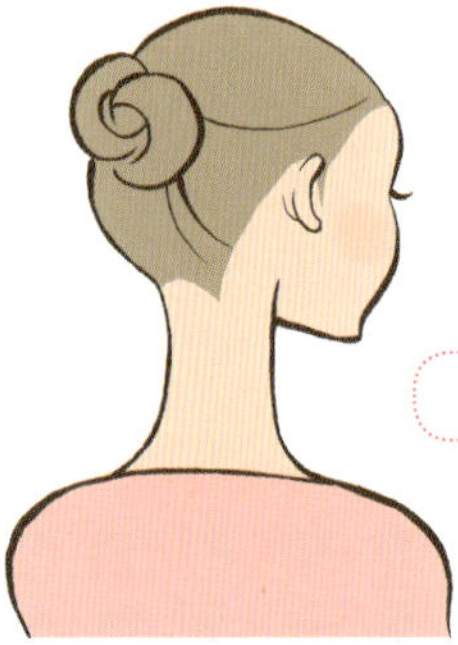

老廃物や余分な水分など、不要なものが溜まっていない首は、ウエストがあり、ほっそりとしています。女性らしく華奢な印象です。

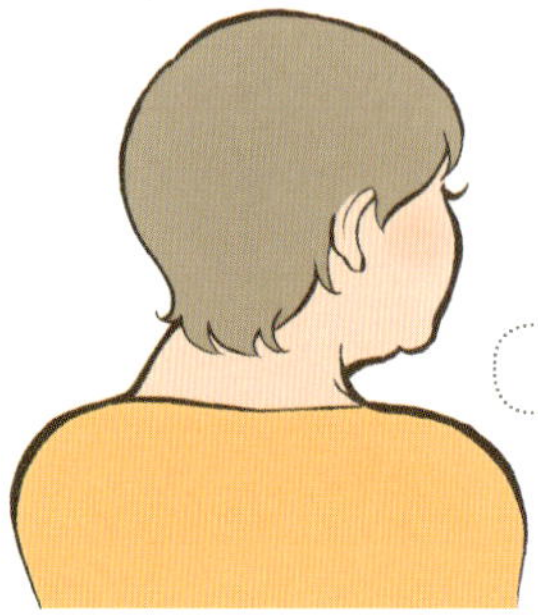

首コリを放置すると、首から肩にかけてのラインが盛り上がり首が短く見えてしまいます。また、あごから耳の下のフェイスラインもあいまいな印象です。

楽にならないなら、首コリの可能性が大。首コリと肩コリでは対処法が異なるため、首コリであることを自覚し、早期に正しいケアを行なうことが早期治療の近道。適切なケアと早め早めのケアが大切です。

もしかして……。あなたも〝首コリ〟

〝コリ〟とは、筋肉に疲労物質が溜まり、硬く縮んでしまった状態のこと。首と肩のコリに深くかかわる筋肉は、主に2つあります。

ひとつは、「僧帽筋（25ページ図参照）」といって、首の後ろから肩、背中の表面をおおう大きな筋肉。ここがこると、首の付け根や肩がはり、ひどくなると背中にまで痛みを感じるようになります。ただし、一番表面にある筋肉なのでケアしやすく、比較的早くコリを改善することが可能です。

もうひとつは、首の側面から鎖骨へとつながる「胸鎖乳突筋（25ページ図参照）」。首の側面にある大きな筋肉で、頭を動かすのに使います。現代人に急増しているのが、この筋肉のコリです。

胸鎖乳突筋は自律神経や精神的なものとも関係が深く、ここがこってい

「首コリ」を放っておくと さまざまな不調の原因に

る場合、メンタルの疲れが溜まっている可能性があります。以前は首の後ろ側がこっている人が多く、少しのマッサージで改善していたのですが、近年急増中の首の側面のコリは、プロでもほぐすのに時間がかかります。

また、この部分のコリはメンタルにも影響するので、首の側面がこると、「眠れない」「集中力が低下した」「頭が悪くなった気がする」という方も多いのです。疲れが溜まると首がこる、首がこると気力もなくなるという、負のスパイラルに陥ってしまうのです。

首はとてもデリケートな部分です。

あれだけ細い部分に重要な血管、リンパ、神経が通っているわけですから、その部分のコリがほぐれると、脳への血流はもちろん、全身の血流がよくなり、免疫力もアップし、自然治癒力も高まります。首コリを感じたときは早めのケアをすることでさまざまな症状の予防にもつながります。

< 筋肉と骨格イメージ図 >

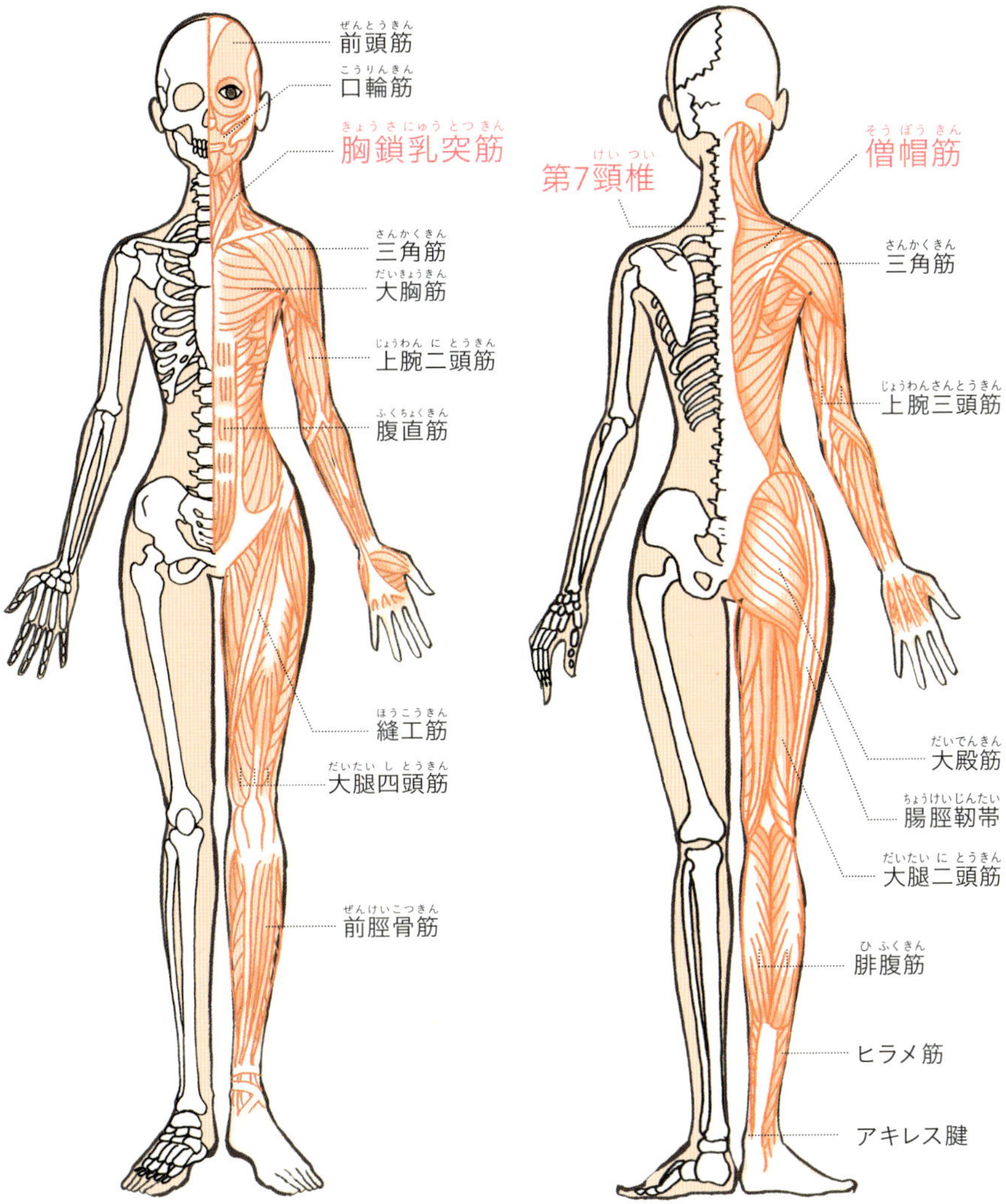
前頭筋《ぜんとうきん》
口輪筋《こうりんきん》
胸鎖乳突筋《きょうさにゅうとつきん》
三角筋《さんかくきん》
大胸筋《だいきょうきん》
上腕二頭筋《じょうわんにとうきん》
腹直筋《ふくちょくきん》
縫工筋《ほうこうきん》
大腿四頭筋《だいたいしとうきん》
前脛骨筋《ぜんけいこつきん》
第7頸椎《けいつい》
僧帽筋《そうぼうきん》
三角筋《さんかくきん》
上腕三頭筋《じょうわんさんとうきん》
大殿筋《だいでんきん》
腸脛靭帯《ちょうけいじんたい》
大腿二頭筋《だいたいにとうきん》
腓腹筋《ひふくきん》
ヒラメ筋
アキレス腱

ボディが変わる！ 人生が変わる！

美顔リンパマッサージ7つの効能

本書で紹介するマッサージは、首の流れをよくして、老廃物を排泄するというもの。続けることで得られるのは、小顔効果だけではありません。今ある悩みの改善はもちろん、あなたの美と健康をサポートしてくれるはずです。

効能 1

顔の悩みを解決

顔の悩みは、生活習慣の蓄積!?

人間の顔には、細かい筋肉（表情筋）があります。この表情筋は、赤ちゃんのころは誰でもまっさらでバランスのよい状態なのですが、大人になるにしたがって、生活習慣や性格、その人のクセ、さらに生き方の履歴が、顔に少しずつあらわれるようになります。

たとえば、無表情な人は顔の筋肉をあまり動かしていないので、表情筋が衰え、顔がたるんだり、ぜい肉がついて大きな顔になってしまいます。

顔の筋肉が衰えたりコリがたまってしまうと、顔を流れる血液やリンパの流れも滞り、くすみやむくみの原因に。

クセをリセットして本来の美しい顔に

どんなに高価な化粧品を使っても、“顔のクセ”や“滞り”を取り除くことはできませんが、本書で紹介する最新リンパマッサージなら、こうした悩みにも対応できるのです。顔を的確な手技で効率的にさすったりもみほぐしたりすることで、筋肉のコリがほぐれ、リンパの流れがスムーズになり、老廃物や余分な水分の排泄が促されて、コリやむくみの改善と共に、顔がすっきりしてきます。

本書のマッサージには、顔の形や大きさだけでなく、肌悩みを改善するものもあります。これは、マッサージによって血液やリンパの流れがよくなると、肌の細胞に十分な栄養がいきわたるようになり、肌の新陳代謝が活発化することによるものだと考えられます。

ぜひ、美顔リンパマッサージを、毎日のケアとして取り入れてみてください。

効能 2

痩せやすい体質に

むくみがとれて即効ウエイトダウン

むくみとは、血液中の水分が血管の外にしみ出し、皮下組織などの水分が過剰になった状態のこと。その原因は、リンパの流れが悪くなり、余分な水分をきちんと回収できなくなるためです。

健康な体でも、朝や夕方などに若干むくみを感じることはありますが、問題なのは、常にむくんでいるような状態。そうした場合、マッサージを続けると次第に足や顔などのむくみが改善されてスッキリし、少しずつラインがシャープになっていくことを実感できるでしょう。

代謝がアップして痩せやすく

ダイエットを気にする人は、〝代謝〟という言葉をよく耳にすると思います。「代謝がいい」とは、一言でいえば「食物をエネルギーに変える働きが活発な状態」であること。代謝がよいほど摂取したエネルギーを消費しやすく、太りにくい体であるといえるのです。

代謝は、「基礎代謝（何もしなくても消費されるエネルギー）」「生活活動代謝（運動することによって消費されるエネルギー）」「食事誘導性熱代謝（食事をすると汗をかくなど、食事をすることで消費されるエネルギー）」などに分類されますが、この中で特に重要なのが、消費エネルギーの60〜70％を占める「基礎代謝」。成人女性の基礎代謝量は１日約１２００キロカロリーとされていますが、「食べていないのに以前より太りやすくなった」という人は、この基礎代謝量が低下していると考えられます。

基礎代謝が落ちる原因は、加齢、筋肉量の低下などさまざまですが、冷え、自律神経の不調、老廃物の蓄積なども、代謝低下の一因です。

首コリを改善して全身の流れをアップさせれば、冷えが改善されたり、自律神経のバランスが整ったり、老廃物がスムーズに排泄されるようになります。そうすることで、基礎代謝量も自然とアップし、今体についている脂肪も消費されやすくなり、食べても太りにくい”痩せ体質“を手に入れることができるのです。

効能 3

コリを改善

ガチガチのカラダがほぐれる

コリの原因は、東洋医学では「瘀血《おけつ》」（血が滞っている状態）と考えられています。経絡リンパマッサージでは、気血の流れをよくすることで、コリを改善します。

肩がこっていると思っている人の大部分は、実は首がこっている状態にあります。首から肩の筋肉はつながっているので、首の筋肉が柔軟になると肩のコリも緩和されます。肩を集中的にケアしても改善しないコリは、首のケアで楽になることが少なくありません。

また首は、頭部と体を結ぶ重要なライン。首コリが改善すれば、首から頭部のリンパや経絡の流れがよくなり、頭の回転が速くなって記憶力や発想力もアップします。全身の疲労感にも美顔リンパマッサージがおすすめ。「最近疲れやすい」と感じている人は、体に老廃物が溜まっているサイン。リンパの流れの最終地点でもある首周辺の老廃物がスムーズに排泄されれば、疲れにくい体に変わります。

効能 ④

モテ体質になる

女子力が大幅にアップ

美人なのに「なぜか恋人ができないんです」という方がいらっしゃるのですが、そういう方に詳しくお話を伺うと、婦人科系に関連する病気をかかえていることがあります。そして、そうしたトラブルが改善すると、不思議と彼氏ができたり、男性にも女性にもモテるようになるようです。

生き物が恋をするのは、子孫を残すため。もちろん人間の男性にもその本能がありますから、無意識のうちに、健康でホルモンバランスの整っている女性に惹かれるのではないでしょうか？

首コリ改善で経絡の流れがよくなると、血が滞った状態がスムーズになり、顔色がパッと明るくなります。また、首コリがとれて気血のめぐりがよくなると、脳の疲れもとれ、ホルモンバランスが正常に機能するようになります。婦人科系の臓腑が元気になれば、女性らしい美しさが引き立ちます。

効能 5

免疫力と排泄力を高める

元気でキレイな強いカラダになる

首周辺のコリを改善するとリンパの流れがよくなり、リンパの重要な働きでもある「免疫」と「浄化」のシステムが活性化されます。

「浄化」システムのデトックス効果により、老廃物や余分な水分を体外に排泄して、体の内側からキレイな状態にしていきます。体内に不要なものを溜め込まないので、太りにくくなり、美しいボディラインを保つことができます。また「免疫」システムの強化により、外からの細菌やウイルスなどの病原菌から体を守ります。この働きが低下すると、病気に対する抵抗力が低下してしまいます。最近風邪をひきやすくなったと感じる人は、もしかするとリンパの流れが滞っているからかもしれません。

キレイのためだけでなく、元気でいるためにもリンパはなくてはならない重要な働きを担っています。リンパの流れが正常であることすなわち、美しく健康な体をキープすることなのです。

効能 6

メンタルが安定

イライラ・クヨクヨにさようなら

首コリは、体だけでなく私たちの心にも大きく影響を及ぼします。首がこり固まって血管を圧迫すると、脳への血液供給にも支障をきたすからです。その結果、クヨクヨして思い悩んだり、疲労感や不眠、冷え、意欲減退、食欲不振など、メンタル面でのさまざまな不調を招きます。また逆に、怒りっぽくなったりイライラしたりと、攻撃的になることもあります。首コリ状態が慢性化すると、精神的にも不安定になり、心のトラブルも増えてしまいます。

すでに述べた通り、経絡の多くが首を通っています。経絡はそれぞれ内臓と関連を持ち、経絡の滞りは体の不調につながります。体に不調があると、心にも余裕が持てなくなってきます。まさに心と体は密接につながっています。首の流れがよくなると、体と心が安定して笑顔でいられるようになります。暗くギスギスした気持ちにさよならして、快適な毎日を過ごすためにも、首コリ改善を実践しましょう。

効能 7

運気がUP!

首コリ改善でハッピーオーラが満ちてくる

たとえば風水では、「部屋に余計なものを溜め込まないようにしなさい」とか、「玄関はスッキリしているほうがよい」などといいます。東洋占術の考え方では、無駄がなく、流れのいいところによい運気が集まると考えられているからです。

これは、私たちの体にもいえること。東洋医学では、体の流れのよい人は運気もよいとされています。それは、流れがよいと全身にくまなく生命エネルギーが満ちて、"気"や"オーラ"などと呼ばれるようなものが発せられるからです。

首は頭部と体を結ぶところですから、首の流れをよくすれば、全身のめぐりもよくなります。すると、あらゆるエネルギーを呼び込むことのできる体になり、金運、恋愛運、家庭運など、すべての運をアップすることも可能になるのです！

以前いらした経営者の患者さんはひどい首コリと借金に苦しんでいたのですが、首コリが改善されると、急に仕事がうまくいくようになりました。

美顔 リンパ マッサージ 7つの効能

首コリがとれエネルギーの流れがよくなると、頭の回転もよくなって仕事の効率がアップし、以前は思いもつかなかったようなアイディアがどんどん浮かんでくるようになったのだそうです。ほかにも、仕事を辞めたいと悩んでいた人が意欲的になったり、素敵なパートナーとめぐりあったという報告を受けることも多くあります。

もともと、首コリはストレスが大きな原因のひとつ。ストレスが減れば首コリも軽減されますが、逆に首コリを改善すると、ストレスも減っていきます。「悩まないようにしなければ」と、自分の気持ちを変えるのはなかなか難しいものですが、体のマッサージなら簡単です。

ストレスを軽減し心の余裕を持つことで、あなたの身の回りのさまざまなことが、きっとうまくいくようになるでしょう。

現在のあなたの首コリ度を判定

首コリ チェックテスト

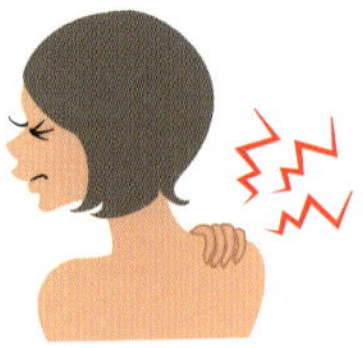

“首コリ”は、気づかないうちに進行してしまうもの。あなたの気になる症状も、実は首コリが原因かもしれません。当てはまる項目が多い人は、注意が必要です！

今のあなたの首コリ度をチェックします。
当てはまるものをチェックして、その集計から判定結果を確認しましょう！

体の状態

- [ ] ウエストのくびれやアキレス腱がない
- [ ] お腹が出ている
- [ ] 下半身だけ太い、顔が大きいなどバランスが悪い
- [ ] 最近太りぎみ
- [ ] 最近疲れやすい
- [ ] 体臭・口臭がある
- [ ] 体が冷えやすい、またはむくみやすい
- [ ] 体重が変わらないのに、以前より太って見える
- [ ] 寝起きが悪い
- [ ] 関節が硬くなった
- [ ] 毛細血管が浮いて見える

首周辺の状態

- [ ] 首が太く、短い
- [ ] 鎖骨が出ていない
- [ ] フェイスラインがぼんやりしている
- [ ] 首の左側にしこりがある
- [ ] 首を上下左右に動かす（写真）と、動かしづらい方向がある

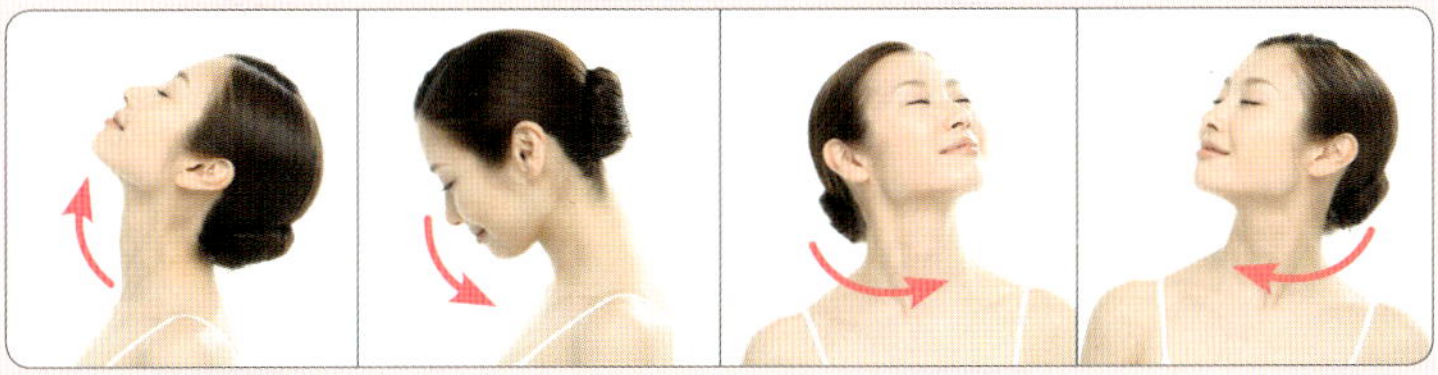

メンタル

- [ ] なぜか、自分のまわりにトラブルが多い
- [ ] 人間関係がうまくいかない
- [ ] 自分に自信がない
- [ ] 言いたいことが、うまく言葉にならない
- [ ] 最近、何かに感動することがない
- [ ] やる気が出ず、外出もつらいことがある
- [ ] 最近、根気がなくなった気がする
- [ ] 「理屈っぽい」「頑固だ」などと言われる
- [ ] 自分はネガティブなほうだと思う
- [ ] ついつい頑張りすぎてしまう

続きと判定結果はP38へ

生活習慣

- □ お風呂にはつからず、シャワーだけのことが多い
- □ カバンは、いつも同じ側の肩にかけている
- □ 甘いものや、冷たい食べ物が好き
- □ 生活が不規則だ
- □ インスタント食品をよく利用する
- □ 仕事や付き合いなどで、寝るのが遅い
- □ 睡眠時間は、おおむね5時間以下
- □ デスクワークで、あまり体を動かさない
- □ お酒やたばこが好き

首コリ度!! 判定結果はこちら

7個以下	健康	今のところ、首コリになる心配は少ないようです。疲れたらこまめにほぐしたり、健康な生活習慣を守ったりなど、予防に努めて。
8～14個	首コリ進行中	あなたの首は、徐々にコリが進行しているようです。早めの対策で、今あるコリをリセットし、悪化を防ぐようにしましょう。
15～24個	やや危険	自覚がなくても、だいぶ首コリが進んでいるようです。1日最低1回はマッサージを行ない、今すぐ改善に努めましょう。
25個以上	危険！	あなたの首コリは、かなり深刻です。気になる症状などがあれば、セルフケアの前に専門家に相談したほうがいいでしょう。

Chapter 2

「美顔リンパマッサージ」を始めましょう

早速マッサージを行なってみましょう。
ここでは、効果を高めるために最初にマスターしておきたい
マッサージの基本テクニックを紹介します。

心身をいたわる手当ての原点

基本の手技〝さする〟をマスター

マッサージのテクニックは4つあり、もっとも多く使われる手技が、「軽擦法《けいさつほう》」という〝さする〟テクニックです。体の末端から心臓に向けて、やさしくさするのが基本。より効果的に行なうために、おもな手技をマスターしましょう。

1 手掌軽擦法《しゅしょうけいさつほう》

マッサージを行なう部位に、手のひらをぴったりと密着させてさする方法です。腰やお腹、腕、足などの広い部分に使い、もっとも基本的なさする手技といえます。

2 四指軽擦法《ししけいさつほう》

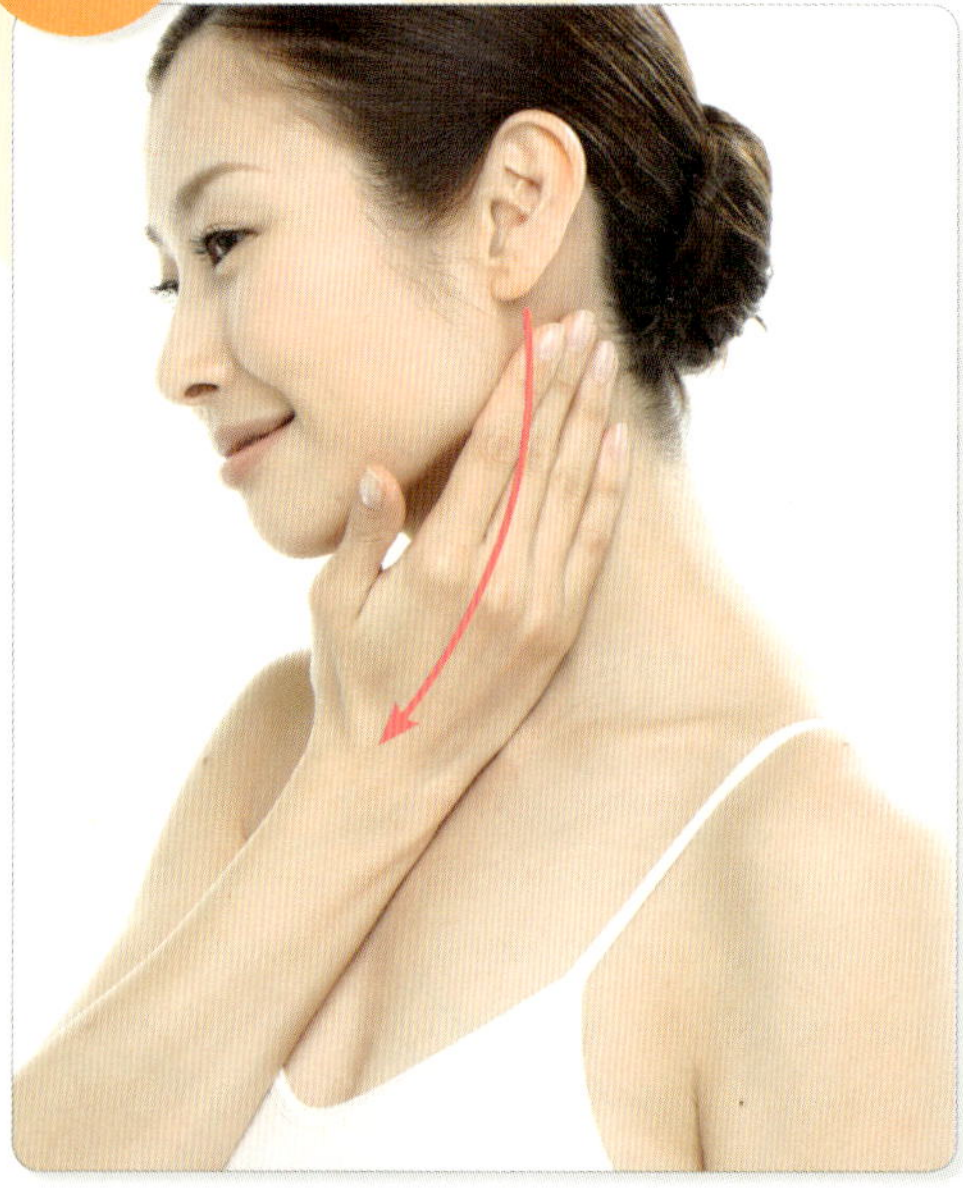

親指以外の、4本の指でさする手技。首まわりをはじめ、鎖骨の上下のくぼみといった皮膚の柔らかい部位などによく使う、基本的なテクニックです。

3 母《ぼ》指《し》軽《けい》擦《さつ》法《ほう》

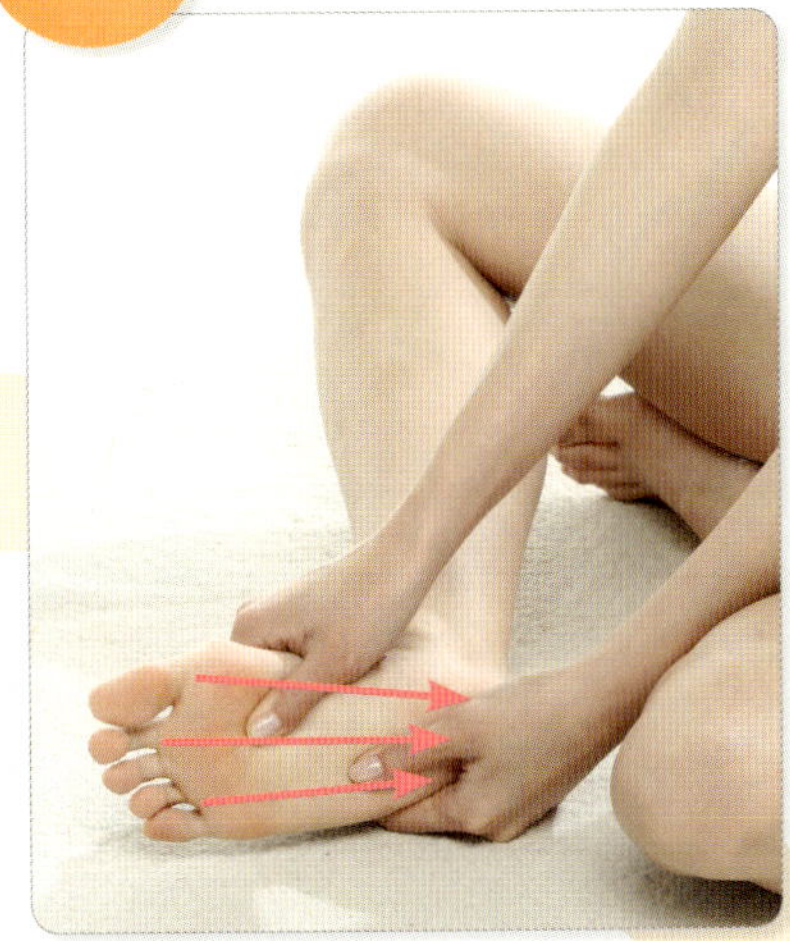

親指を使ってさする方法です。手足の指や足の裏など、狭い部分に使います。また、足や腕の内側の親指をあて、経絡を刺激しながらさする方法もあります。

4 把《は》握《はく》軽《けい》擦《さつ》法《ほう》

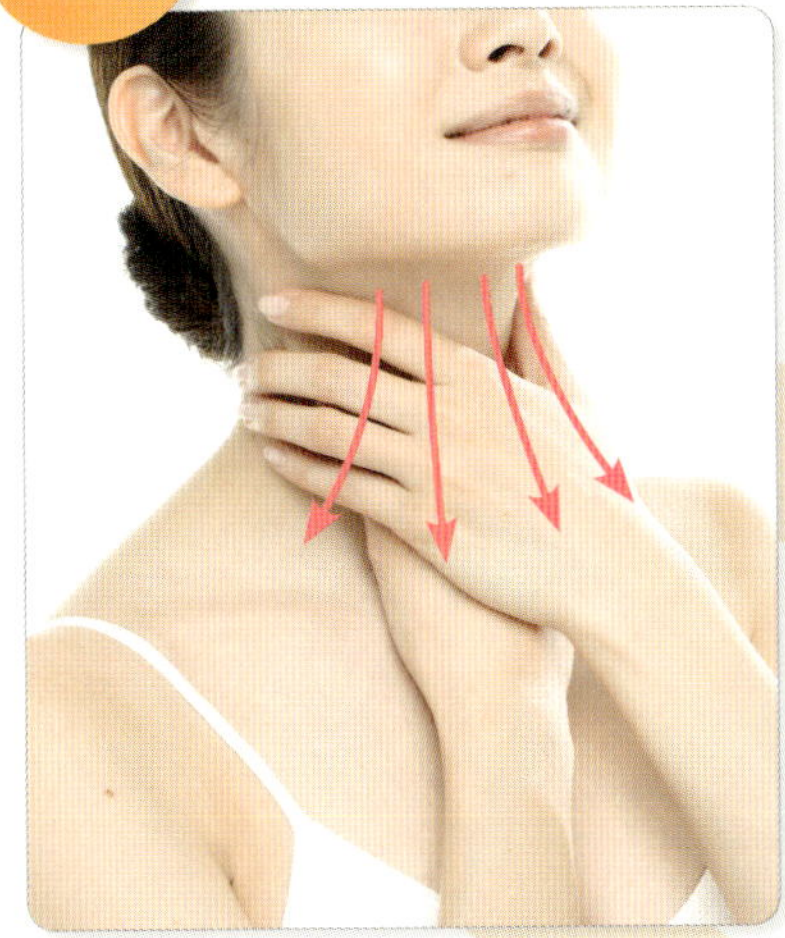

マッサージする部位をつかむようにして手で覆い、さする手技です。首のほか、腕や足などをさするときにもよく使います。

5 二《に》指《し》軽《けい》擦《さつ》法《ほう》

人さし指と中指を使ってさする手技です。顔など、狭い部分によく使います。顔は特に肌が薄くデリケートなので、やさしくさすりましょう。

6 指《し》髁《か》軽《けい》擦《さつ》法《ほう》

両手を軽く握り、親指以外の4本の指の平らな部分でさする手技です。頭や首、ヒップなどの部分に使います。やや強い刺激方法なので、やさしく行ないましょう。

しっかり覚えれば効果アップ

顔のマッサージで使う基本手技

顔のマッサージでは、〝さする〟テクニックはもちろん、多くの手技を使います。手の使い方や力の入れ方が、効果を高めるポイントです。顔はデリケートな部分なので、手などで練習してコツをつかみましょう。

さする（軽擦《けいさつ》法）

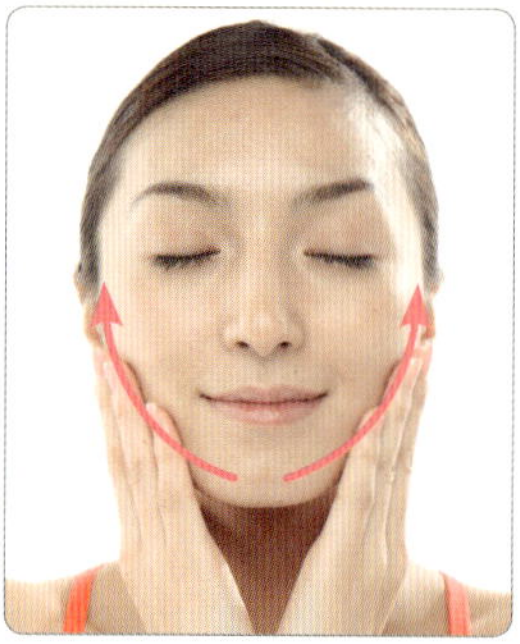

▶ 四《し》指《し》軽擦法《けいさつほう》

親指以外の4本の指の腹でさすります。力を入れすぎないよう、軽くなでるくらいの気持ちで行なってください。

※ほかに、手掌軽擦法や母指軽擦法などもあります。

▶ 二《に》指《し》軽擦法《けいさつほう》

人さし指と中指を肌にあて、やさしくなでるようにさすります。口や目の周りでは、指を広げて、はさむようにさすることも。

おす（圧迫《あっぱく》法）

▶ 四《し》指《し》圧迫法《あっぱくほう》

親指以外の4本の指を使って押す方法。広い場所を、まんべんなく圧迫できます。指の腹を密着させて押します。

※ほかに、手掌圧迫法や母指圧迫法などもあります。

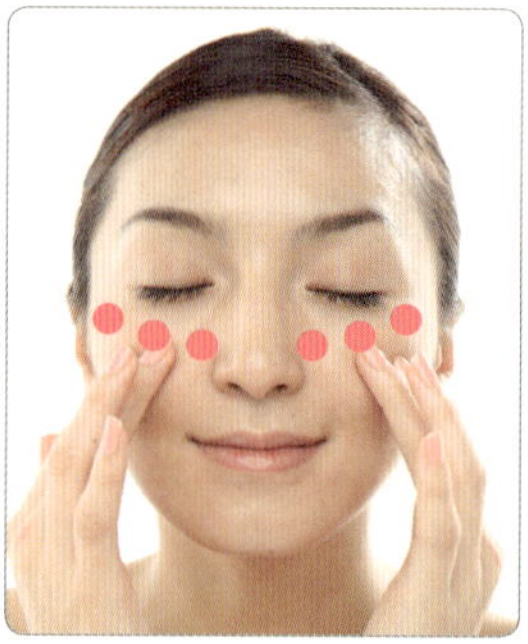

▶ 二《に》指《し》圧迫法《あっぱくほう》

人さし指と中指の２本指を使って押す方法。狭い場所を圧迫する際に使う手技です。強くなりすぎないように、やさしく押しましょう。

もむ（揉捏法《じゅうねつ》）

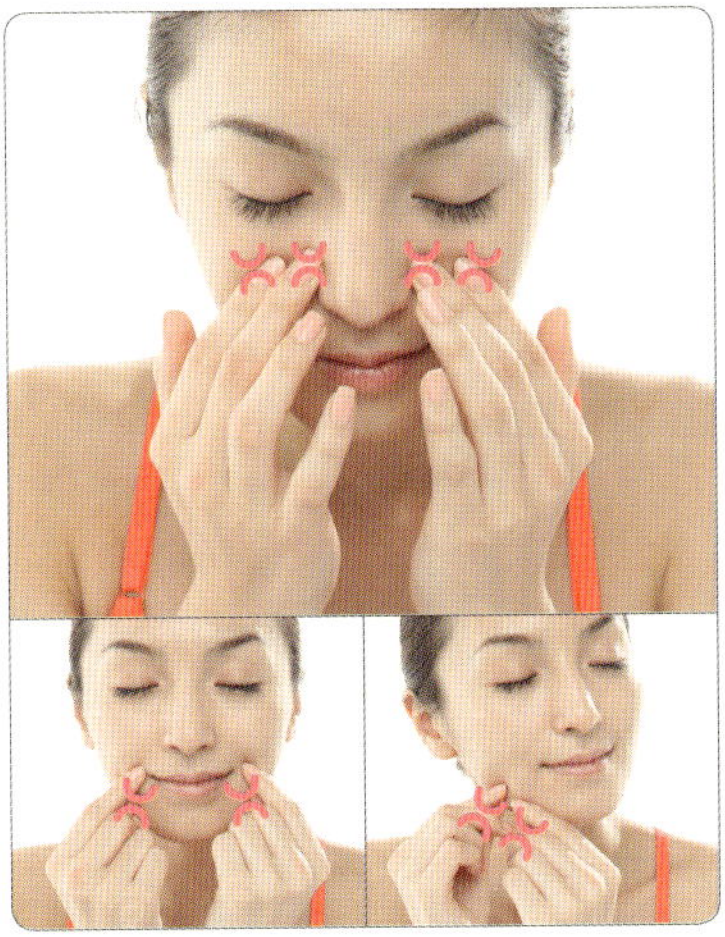

四《し》指《し》揉《じゅう》捏《ねつ》法《ほう》

親指以外の4本の指を肌にあてて、円を描くように指を動かし、もみほぐします。皮膚はあまり動かさないようにしてもむのがコツ。

二《に》指《し》揉《じゅう》捏《ねつ》法《ほう》

人さし指と中指の２本指を肌にあて、指先を軽く動かして気持ちいいと感じる強さでもみほぐします。少し強めにもむときは、人さし指と親指でつまむようにもみます。

たたく（叩《こう》打《だ》法）

指《し》先《せん》叩《こう》打《だ》法《ほう》

親指以外の4本の指の腹で、下から上に、持ち上げるような気持ちで軽くたたきます。左右の手を交互に使いましょう。

指《し》頭《とう》叩《こう》打《だ》法《ほう》

指の先を使って、はじくようにやさしくたたきます。頭の場合は、手を丸めて、5本の指を使ってトントンと軽くたたきます。

知っておきたい 美顔リンパマッサージ Q&A

顔のマッサージを自分でするのは初めて……
という人でも大丈夫！ コツさえ押さえれば、
より効果的なセルフマッサージができるようになります。
ここでは、よく寄せられる質問にお答えします。

Q1 どれくらいで効果がでるの？

A 個人差はありますが目安は1週間ほど

個人差がありますが、むくみがひどい場合などは、1回のマッサージで驚くほど変わることも。目安として、1週間ほどで何らかの効果があらわれてきます。内臓が疲れるとくすみや肌荒れになるように、顔と全身はつながっています。また、ふっくらした人が顔痩せしたいなら、全身もバランスよく痩せることが必要になるかもしれません。効果を感じにくい場合は体の内側に原因がかくれていることもありますので、顔以外のボディのマッサージを平行して行なってみてください。

Q2 マッサージは強いほどいいの？

A 気持ちがいいと感じる強さで

顔や首まわりは、繊細な部分です。さするときは決して力を入れず、指の腹でなぞるようにマッサージしてください。顔全体のツボを押すときなども「気持ちがいい」と感じる程度の力でやさしく行ないましょう。また、マッサージは一度にたくさん行なうのではなく、続けることが大事。一度に行なうのは1〜3種類程度、1日2回くらいまでを目安にしましょう。

Q3 顔のマッサージをするが怖いです

A 正しい方法で行なえば安心です

顔はとてもデリケートな部分、正しくマッサージを行なわないと逆効果になることもありますので、本に買いてある方法や手技は、必ず守ることが大切です。顔のマッサージを行なうときの注意点は、清潔な手指で行なうこと、長すぎる爪は肌をいためるのでNGです。また、ニキビやキズなど皮膚に異常がある部位には行なわないこと。目の周りをマッサージする際には、事前にコンタクトをはずしましょう。

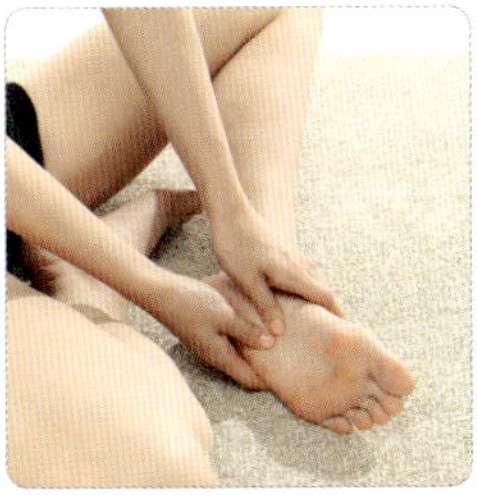

Q4 いつやるのがもっとも効果的？

A お風呂上りがベストです

朝でも夜でも、時間帯はいつでもOKですが、ベストはお風呂上がり。経絡リンパマッサージは、体が温まっているときに行なうと効果がアップします。また、肌に直接触れてマッサージをするので、マッサージする部位や手指が清潔に保たれるお風呂上りは、絶好のマッサージタイムといえます。

Q5 マッサージオイルは使ったほうがいい？

A 効果を高めるために ぜひ使いましょう

手の滑りをよくして、マッサージ効果を上げるために、マッサージオイルやクリーム、ジェルを使うことはおすすめです。肌質に合ったナチュラル素材のアイテムを選ぶようにするといいでしょう。エッセンシャルオイルをプラスするのもいいでしょう。香りにはリラックス効果があり、気持ちも落ち着いてきます。

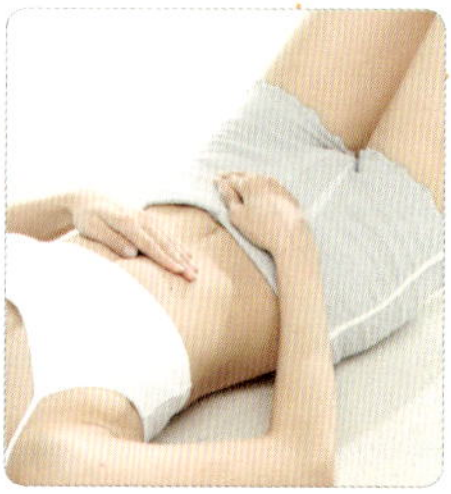

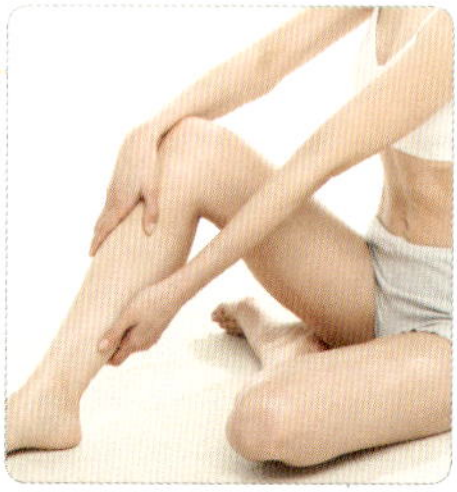

マッサージを行なうときは、以下の点に注意して行なってください

- マッサージを行なう部位や手指は清潔にして行なうこと
- 疲れがひどい、病気やケガがある、体調の悪いときは行なわない
- 妊娠の可能性がある、また妊娠初期は無理に行なわず、医師や専門家に相談を
- 食後2時間、飲酒後は控える
- 皮膚に傷や湿疹がある場合は、その場所を避けるか行なわない
- 不調の症状が重い場合は、すぐに専門家に相談を
- マッサージを行なってからだに異常や違和感があったら、直ちにやめて専門家に相談を
- マッサージのあとは、十分な水分をとる（500mlくらい）

Chapter 3

実践！小顔になる「美顔リンパマッサージ」

基本の「ベーシック小顔リンパ」からスタート。
続いて、効果があらわれやすい「即効リンパ」と、しつこい悩みも改善する
「じっくりリンパ」を紹介。目的に合わせて、マッサージを行なっていきましょう。

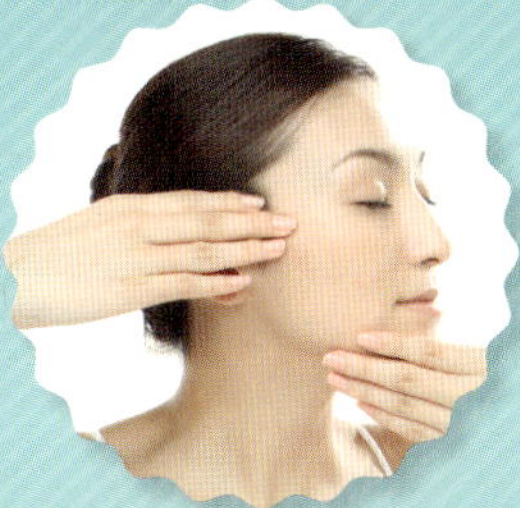

ベーシック小顔リンパ 1

小顔力・美顔力を底上げする!

全身マッサージ

むくみや肌荒れなどは、顔ではなく体の不調が原因ということも。
まずは全身のマッサージを行なって、体全体のめぐりをよくしましょう。
毎日続けるうちに、ダイエット効果も期待できます。

足裏を押す

両手の親指で、足裏全体を押していきます。硬いところや冷たいところは、念入りに。足の甲や指ももみほぐします。

ふくらはぎをさする

アキレス腱からひざの裏まで、手のひらで脚をさすり上げます。気持ちいいと感じる程度の強さでさすります。

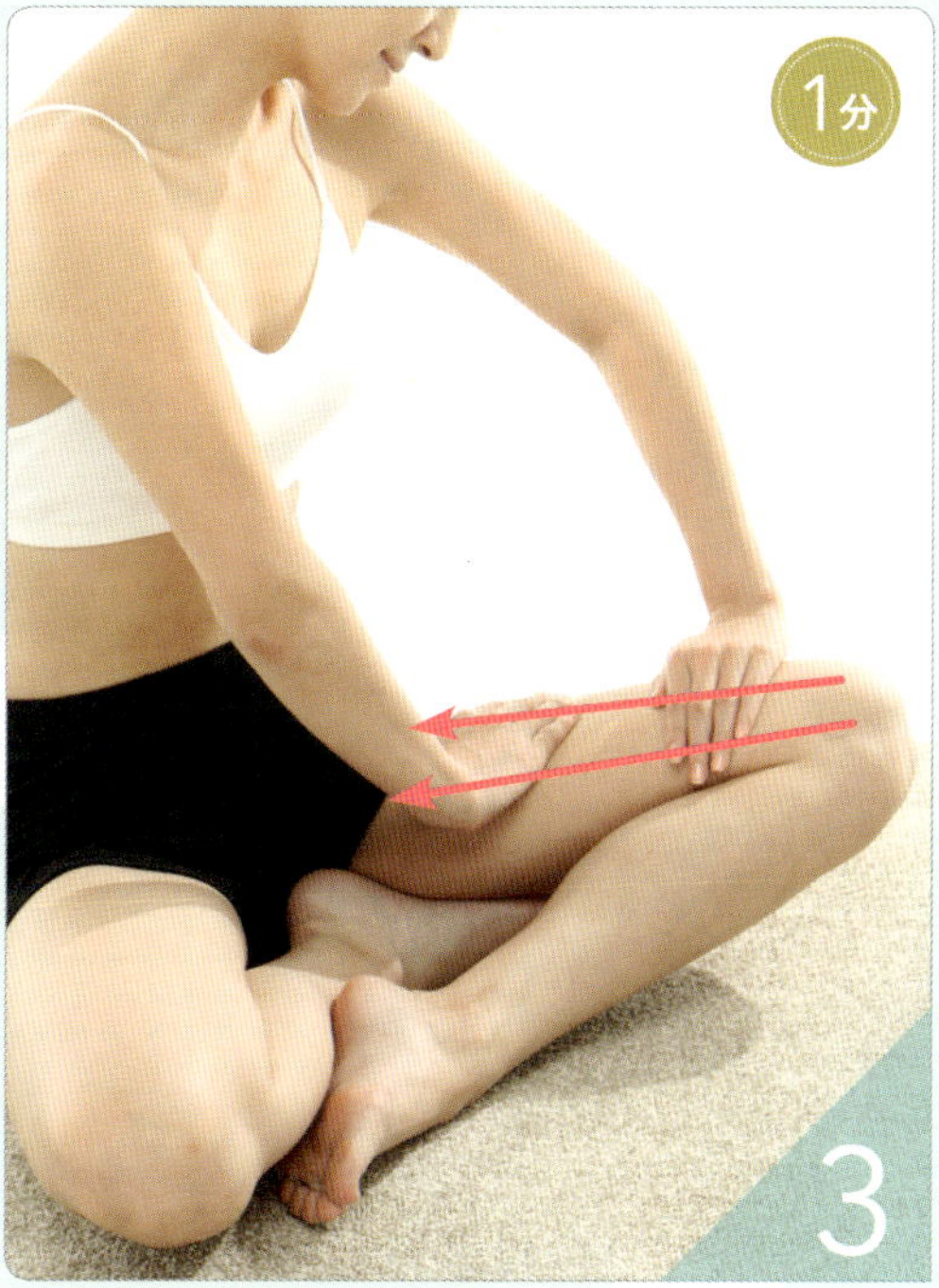

太ももをさする

両手の手のひらを交互に使って、ももの内側を、ひざからそけい部に向かってさすります。

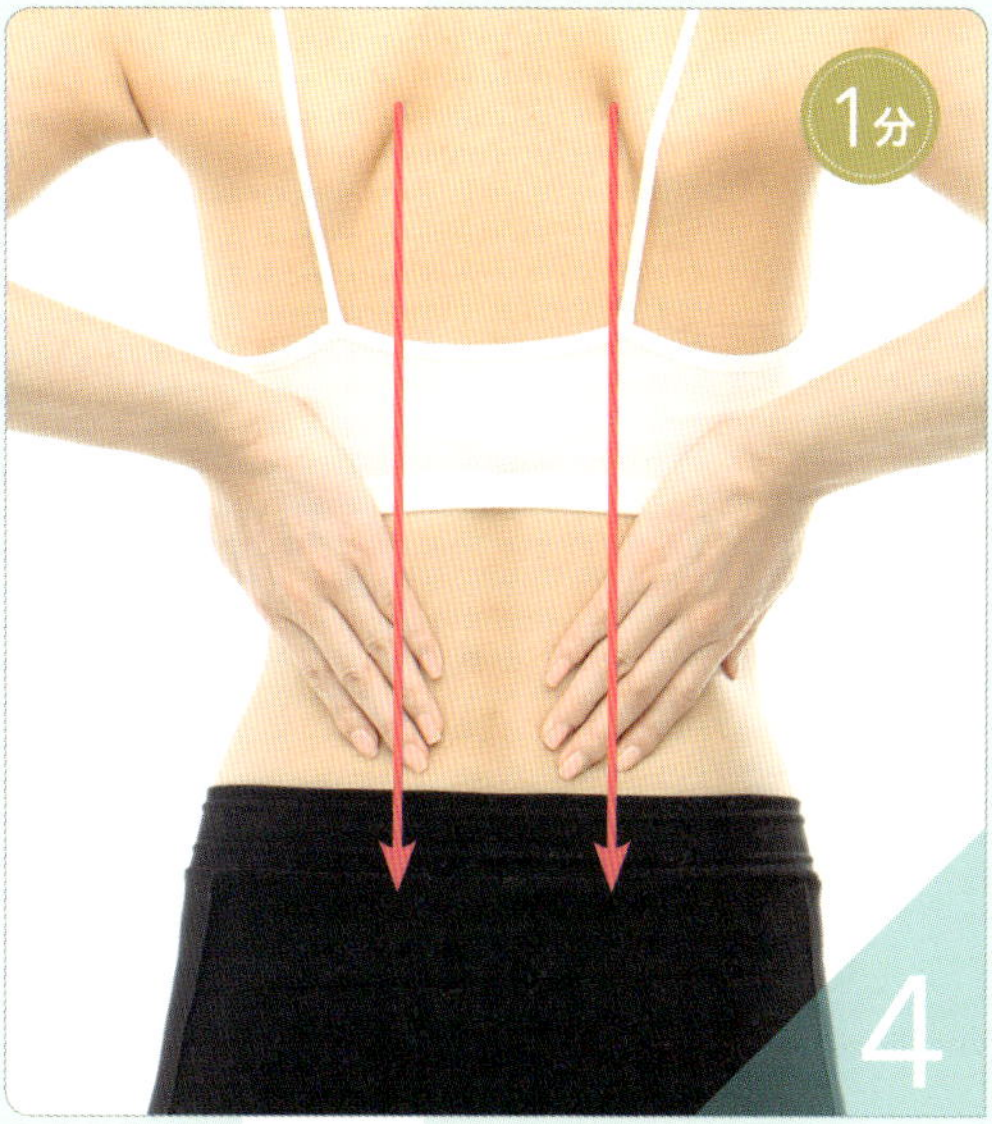

背中を手のひらでさする

両手を背中にまわします。できるだけ高い位置に手のひらをあて、腰までさすり下ろしましょう。

腰から
ヒップをさする

腰に両手の手のひらをあてて
さすり下ろし、ヒップラインに
沿って円を描くように、さすり
上げます。

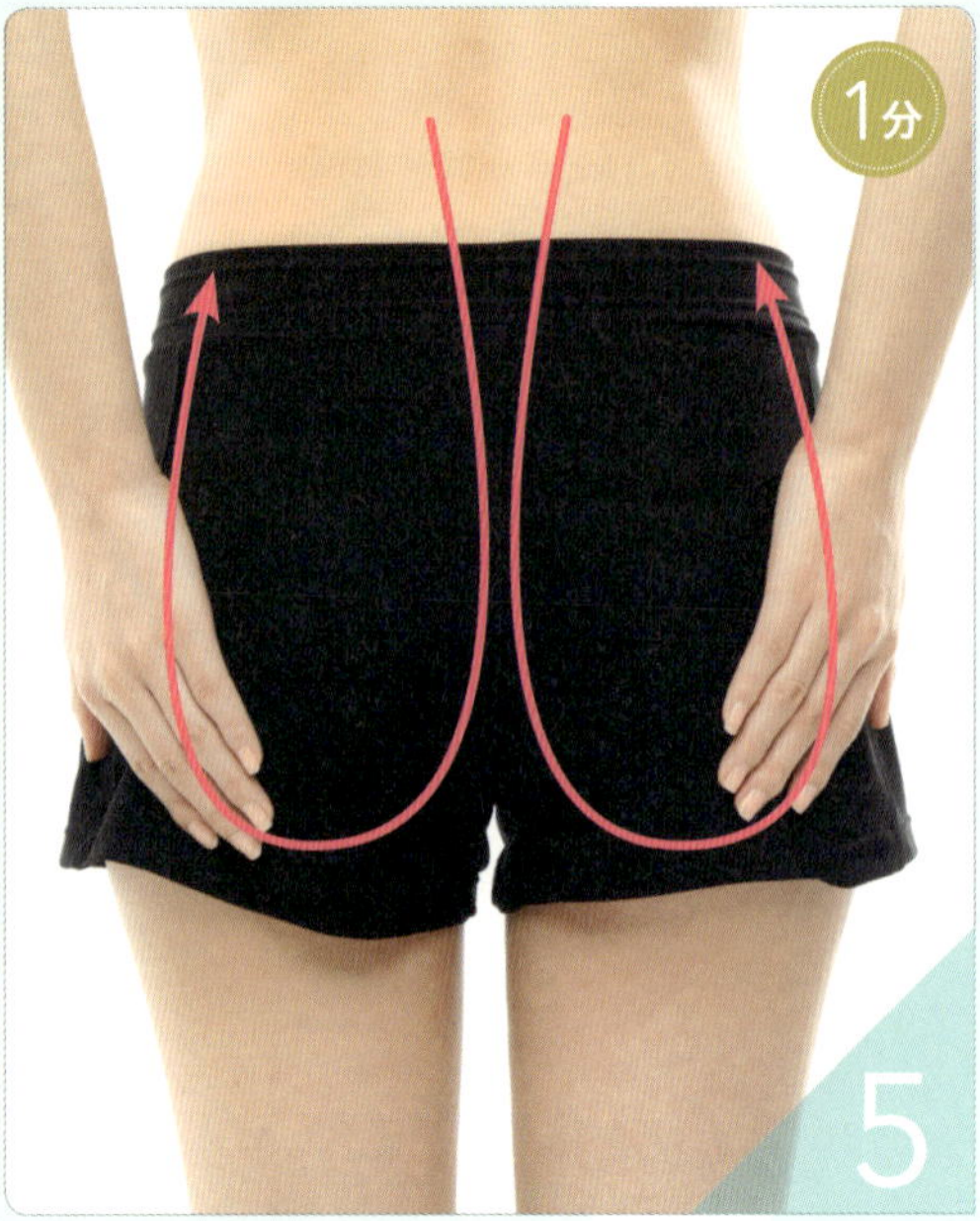

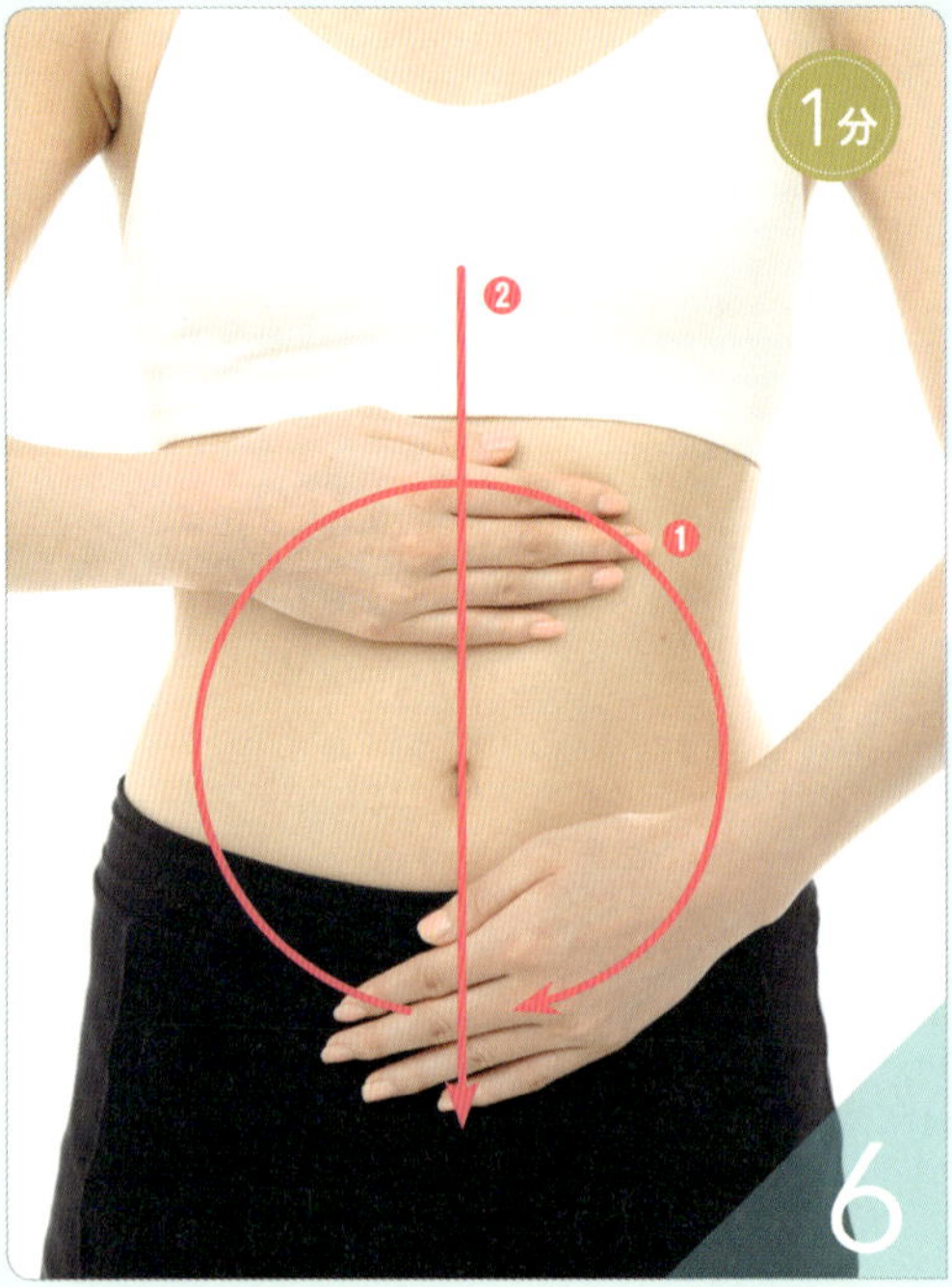

お腹をさする

❶おへそを中心に時計回りにお
腹全体を手のひらでさすります。
❷おなかの中心を、みぞおちか
ら下腹部までさすります。

腕をさする

片方の手で手首をつかみ、手のひらで手首から脇の下に向かってさすり上げます。腕の内側と外側も行ないましょう。

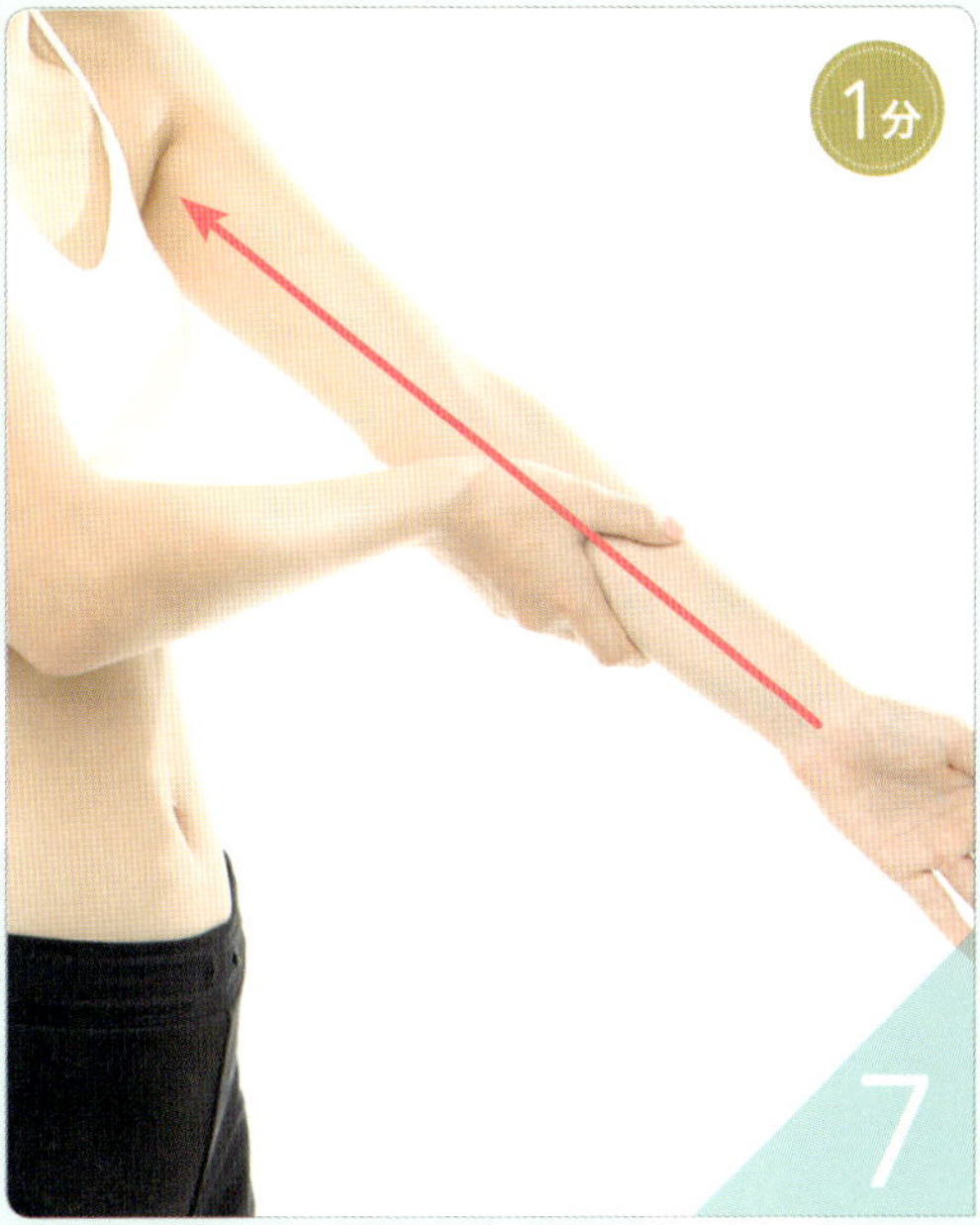

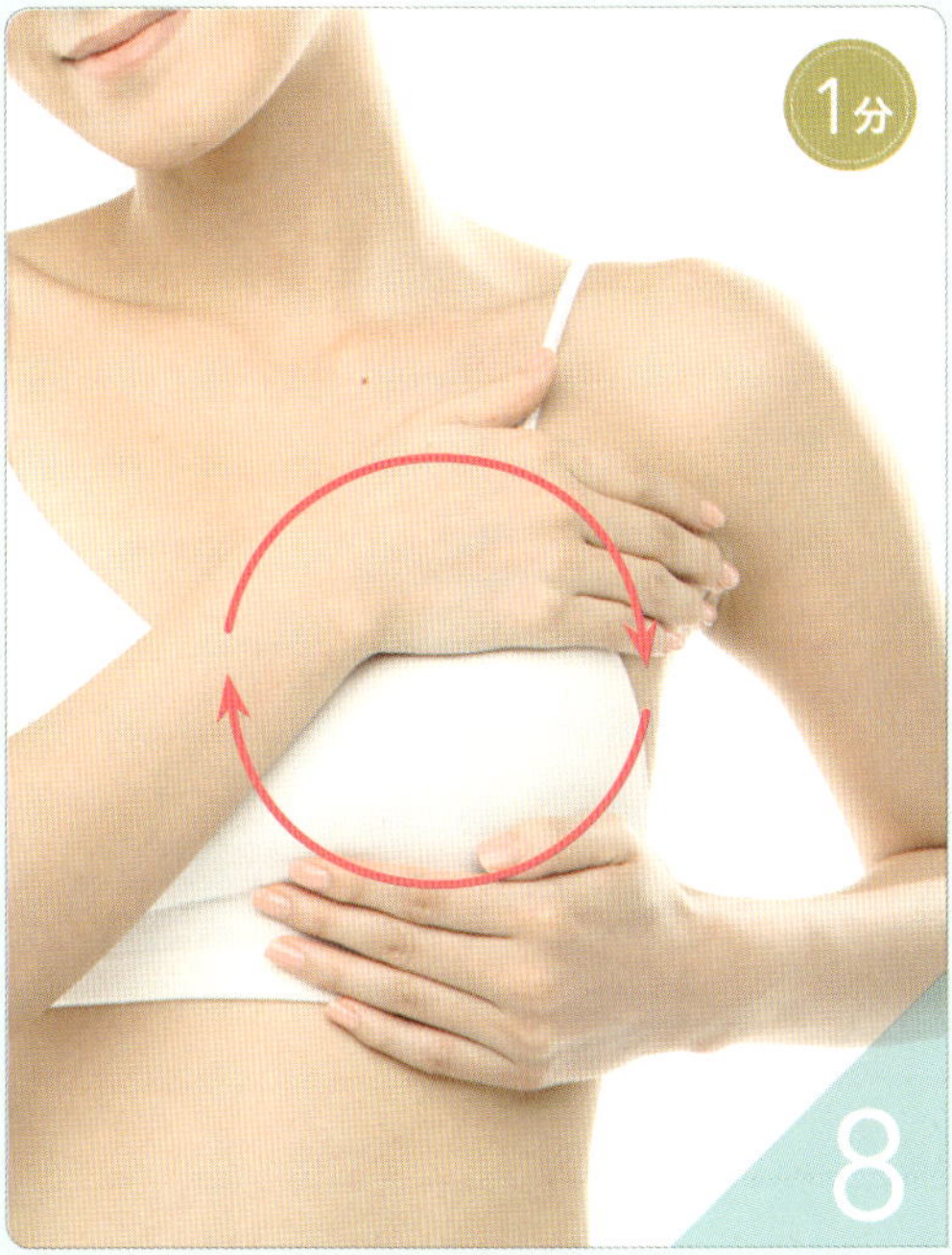

バストのまわりをさする

バストの丸みに沿って、両手のひらを上下にあてます。上は中央から脇へ、下は脇から中央に向かってやさしくさすります。

コリをもみほぐしてスッキリした小顔に!

首・デコルテケア

多くのリンパや血管、神経の集まる首やデコルテ周辺。
ここをマッサージすることで、顔はもちろん、全身のめぐりが改善されます。
肩コリや首コリが改善されるうれしい効果も期待できます。

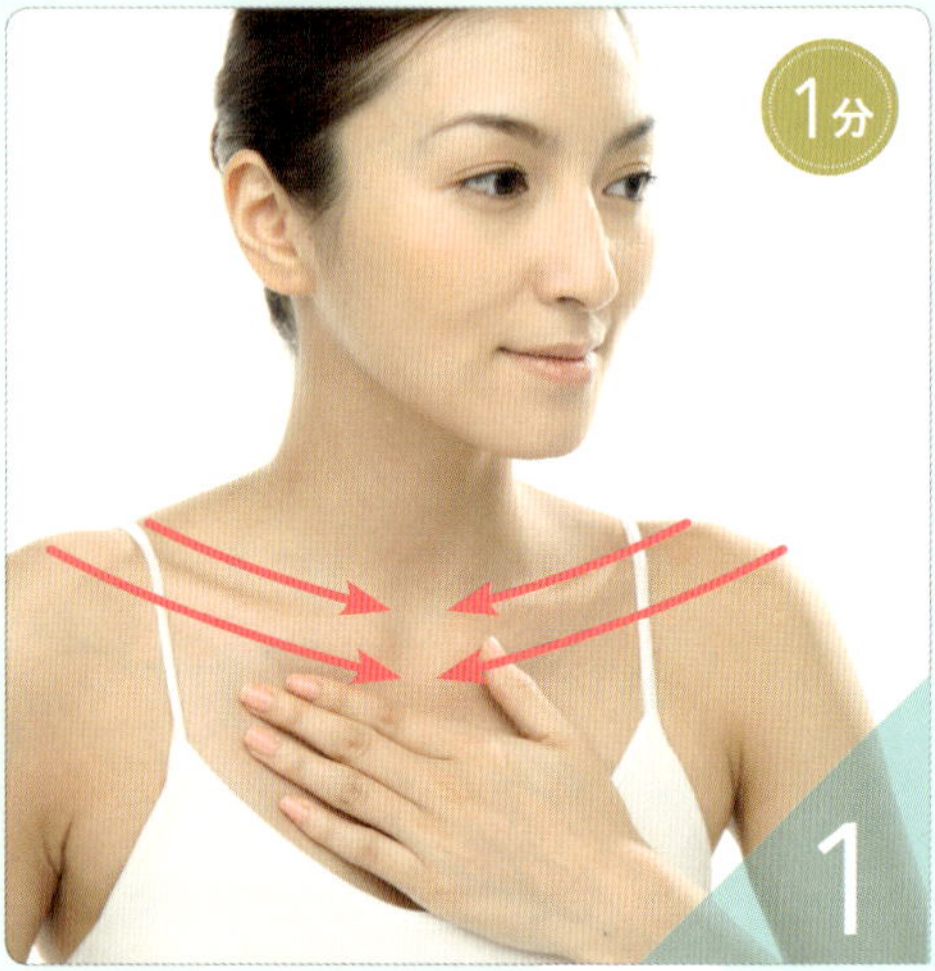

鎖骨をさする

親指以外の4本の指で、鎖骨の上下を肩先から中央に向かってさすります。

鎖骨のくぼみを押す

鎖骨の上にあるくぼみを、親指以外の4本の指を使って、肩先から中央に向かって少しずつ押していきます。

デコルテをさする

両手の4本の指を使い、肩先から反対側の脇の下に向かって交互にさすります。

首をさする

4本の指で、耳の下から鎖骨、耳の下から肩先に向かって、左右交互にさすります。

ベーシック小顔リンパ 3

● 顔の循環をよくして、顔の悩みを総合的に改善 ●

小顔ベースケア

顔も多くのリンパや血管などがある重要な場所。
リンパマッサージをすることで顔全体のめぐりをよくしましょう。
継続して行なうことで顔のパーツがはっきりして、さらに美しく！

あごから耳の下をさする

親指以外の4本の指で、あごから耳の下に向かってフェイスラインをさすり上げます。

口角から耳の下をさする

人さし指と中指の2本の指で、口の横から耳の下までさすります。キュッと上がった口角をイメージしながら行なって。

小鼻から耳の前をさする

人さし指と中指の2本の指で、小鼻の横から、耳の前まで頬骨に沿ってさすりましょう。

おでこからこめかみをさする

親指以外の4本の指で、おでこの中心からこめかみまでさすります。最後にこめかみのくぼみを軽くプッシュします。

むくみを取りたい

ダイエットに成功して体重は減ったのに、顔だけ丸いまま……。朝起きると、顔がパンパンで大慌て！ そんな経験はありませんか？ 顔全体をさするケアで、あっという間にむくみが改善して、スッキリ締まった小顔に！

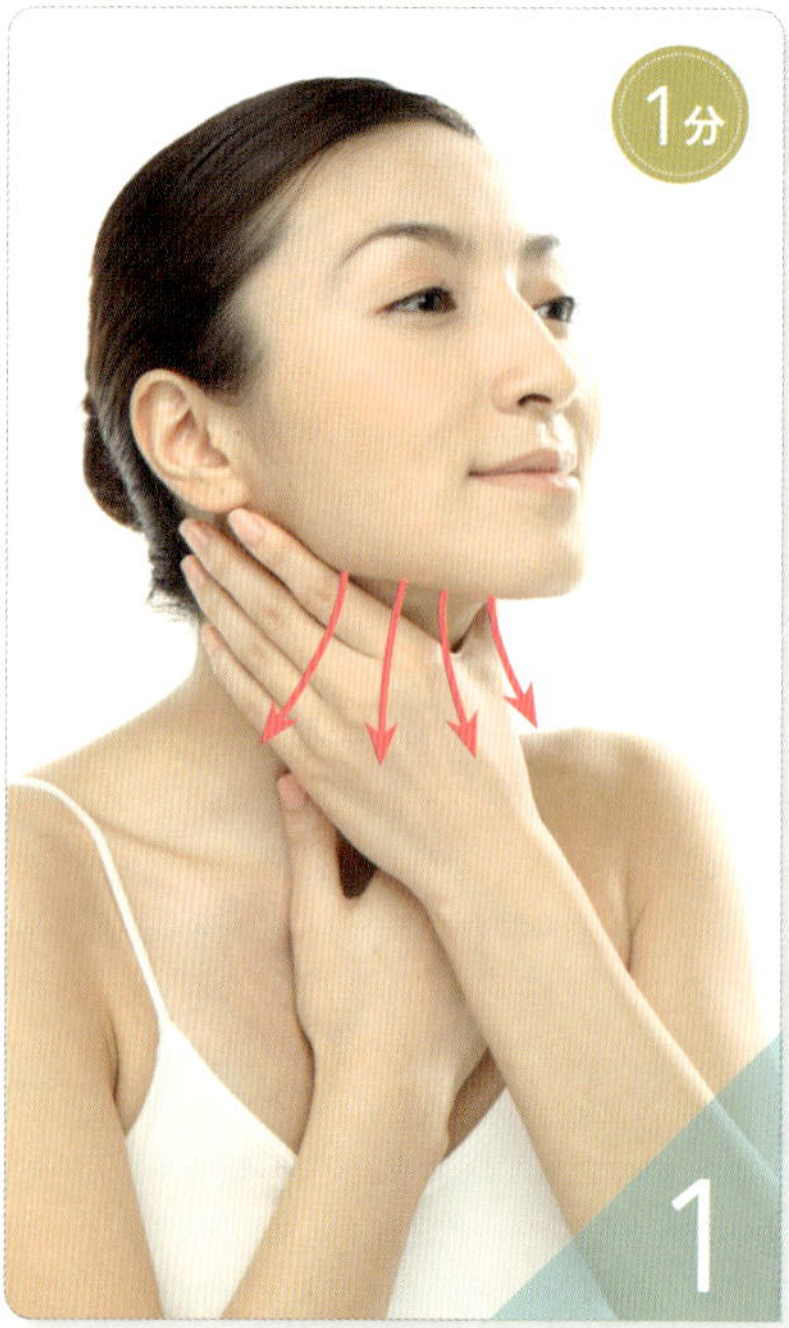

首の前面をさする

手のひら全体を使い、首の前面をあごから鎖骨に向かってなで下ろします。首を伸ばすように、両手で交互にさすりましょう。

フェイスラインをさする

❶あごから耳の下にある耳下腺リンパ節まで、❷あごから耳の前までをフェイスラインに沿って、手のひらで包み込むようにさすりましょう。

こんな人は要注意！

- ☑ 体は細いのに顔だけ丸い
- ☑ まぶたがはれぼったい
- ☑ 寝起きの顔が別人のように腫れている

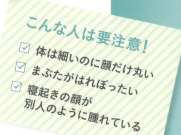

小鼻と口角から耳までさする

口角の横、小鼻の横に4本の指を当てます。そこから耳の前あたりに向かって、ラインを引くように指の腹でさすります。

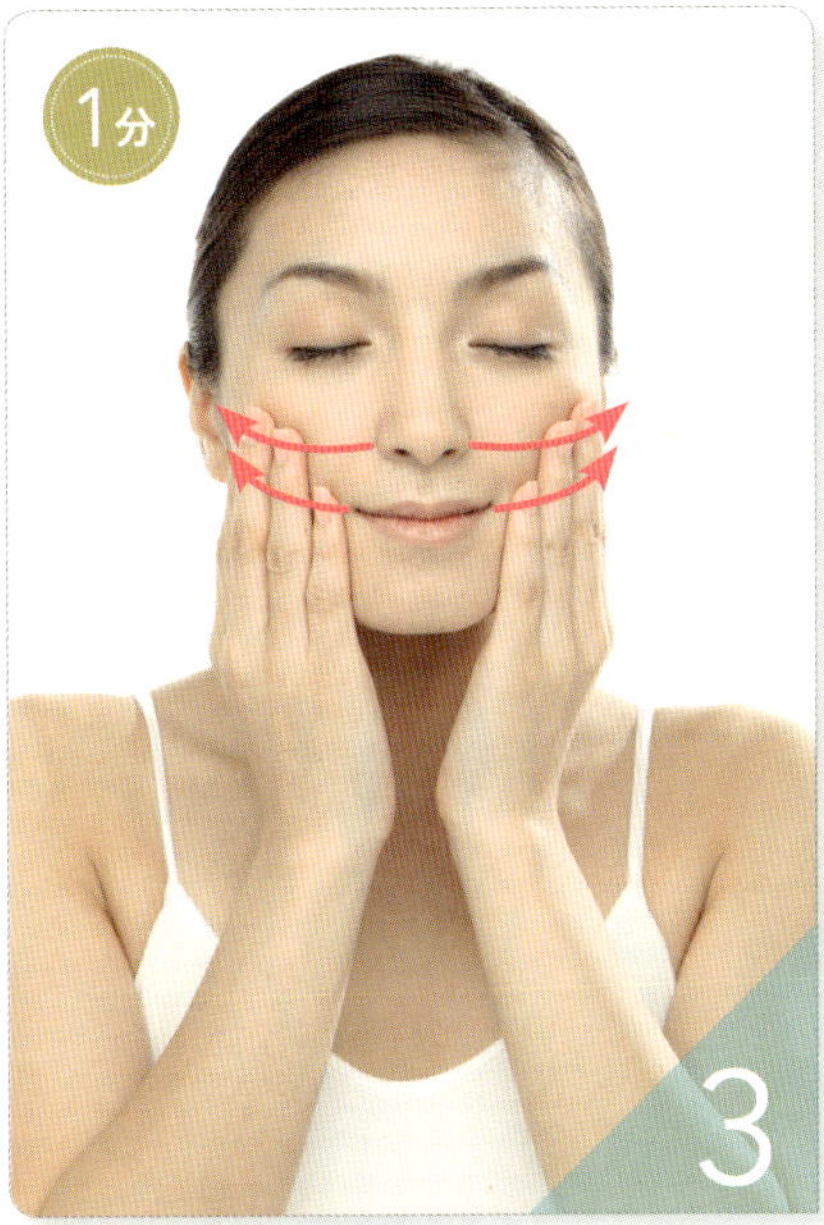

おでこをさする

おでこの真ん中に4本の指を当てます。そこから生え際に沿って、円を描くようにこめかみまでさすっていきましょう。

+α で効果UP!

耳下腺(じかせん)リンパ節

顔のむくみをとるリンパケア

顔のリンパの流れを受け、頸部リンパ節へと流す中継ポイントが、耳下腺リンパ節。小顔ケアの大切なポイントです。マッサージでメイク崩れの心配があるときは、こまめにこうしたリンパ節を刺激してむくみを予防しましょう。

即効リンパ編 2

フェイスラインをスッキリさせたい

タプタプの二重あごや、たるんだフェイスライン……。ふだん意識していなくても、写真の顔を見てうんざりなんてことも。ムダ肉のないあごを手に入れて、顔全体の印象をシャープにしましょう。

フェイスラインを押す

フェイスラインをあごから耳の下まで、親指と人差し指で押していきます。親指は骨の下に当て、あごの骨をつまむようなイメージで行ないましょう。

もみほぐすようにマッサージ

フェイスラインを2本の指でつまみ、あごから耳の下までもんでいきます。硬いと感じる部分は、特に念入りにもみほぐしましょう。

こんな人は要注意！

- ダイエットしてもあごの肉だけ残る
- 写真を見るといつも二重あご
- 肉に埋もれていてフェイスラインが不確か

2本の指でさすり上げる

親指と人差し指であごをはさみ、フェイスラインに沿ってあごから耳の下までさすり上げましょう。

フェイスラインをたたく

フェイスラインを指でたたいて刺激していきます。あごから耳の下まで、下から上に向けて手首を動かしながらたたきましょう。

+α で効果UP！

顎下（がくか）リンパ節

あご周りをスッキリさせるリンパケア

あごの骨の裏にあるリンパ節。フェイスラインや口周りのリンパが集まる場所です。人さし指と親指であごをつまみ、特に親指で軽く押して顎下リンパ節を刺激しましょう。続けると、あご周辺とフェイスラインがスッキリしてきます。

即効リンパ編 3

顔色をよくし、くすみを取りたい

くすんだ肌では、元気がなく疲れた顔に見られがち。どんなに素敵なメイクをしても、今ひとつパッとしないものです。リンパの流れをよくすれば、透明感ある美肌と健康的なくすみのない頬に変わります。

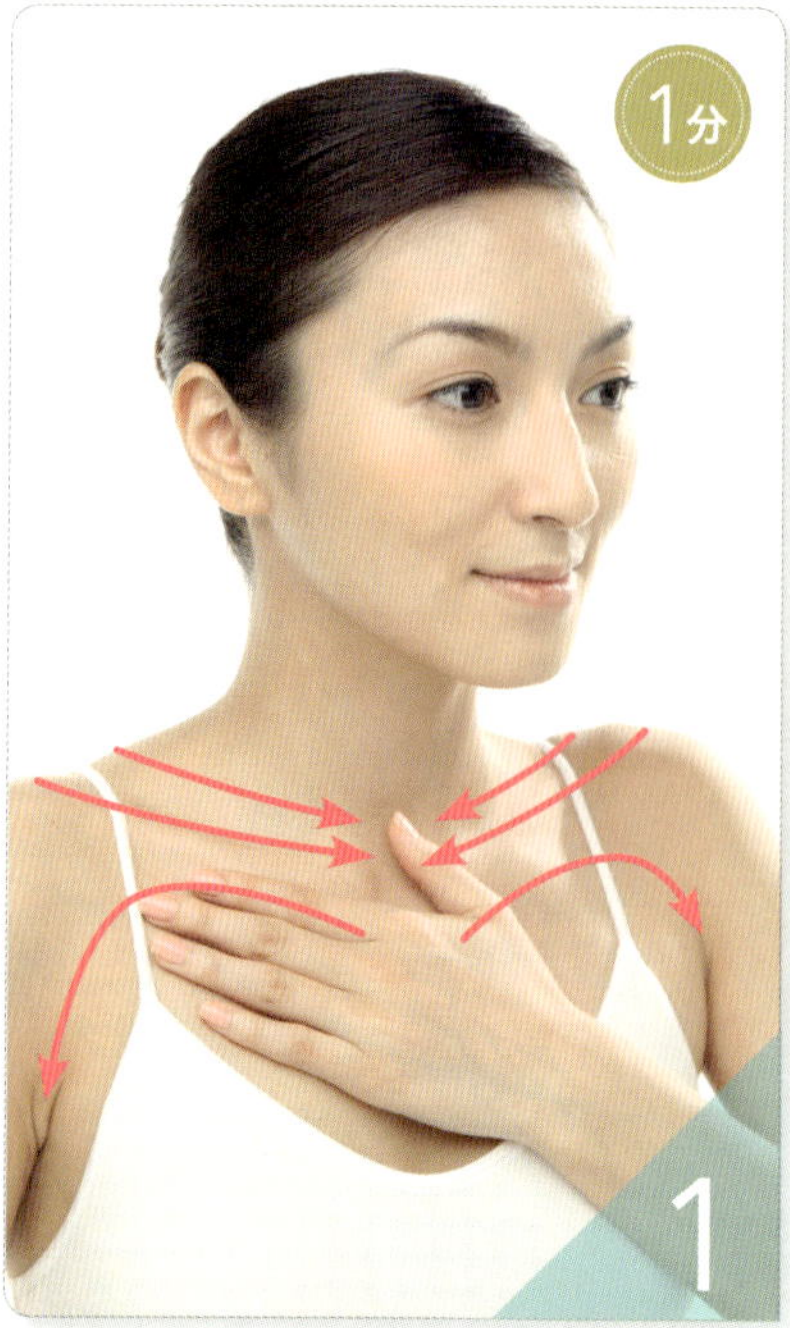

鎖骨周りをさする

肩先から鎖骨の上側と下側を4本の指を使ってさすります。また、鎖骨中央から脇の下に向かって、4本の指でさすっていきます。

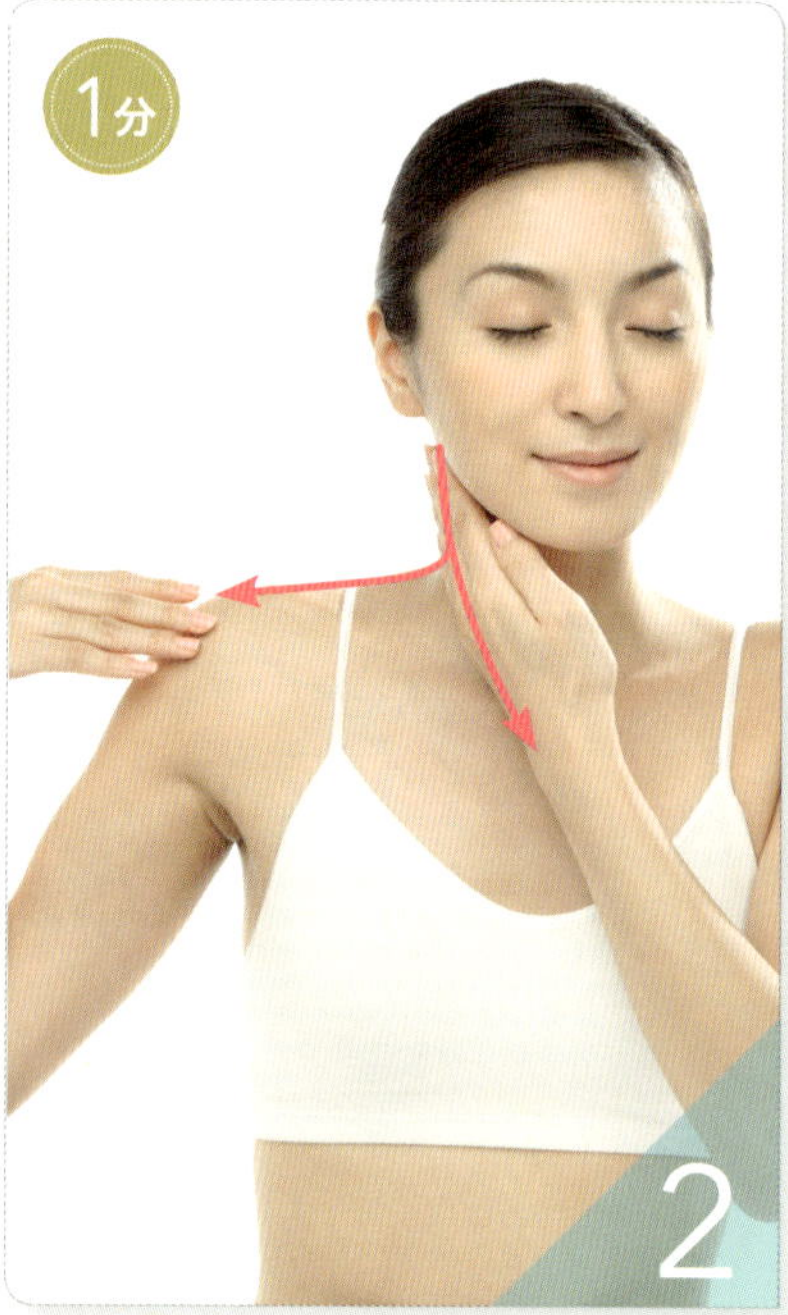

首の横をさする

首の側面を手のひらでさすります。また、耳の下から鎖骨まで、耳の下から肩先まで、交互にさすります。

こんな人は要注意!

- ☑ どんなに寝ても顔色が悪い
- ☑ よく、「疲れてるの?」と言われる
- ☑ 明るい色のメイクが似合わない

顔全体をもむ

あごのラインからスタートし、鼻周りや顔全体を4本の指でもんでいきます。この時、皮膚をあまり動かさないように意識して、もんでいきましょう。

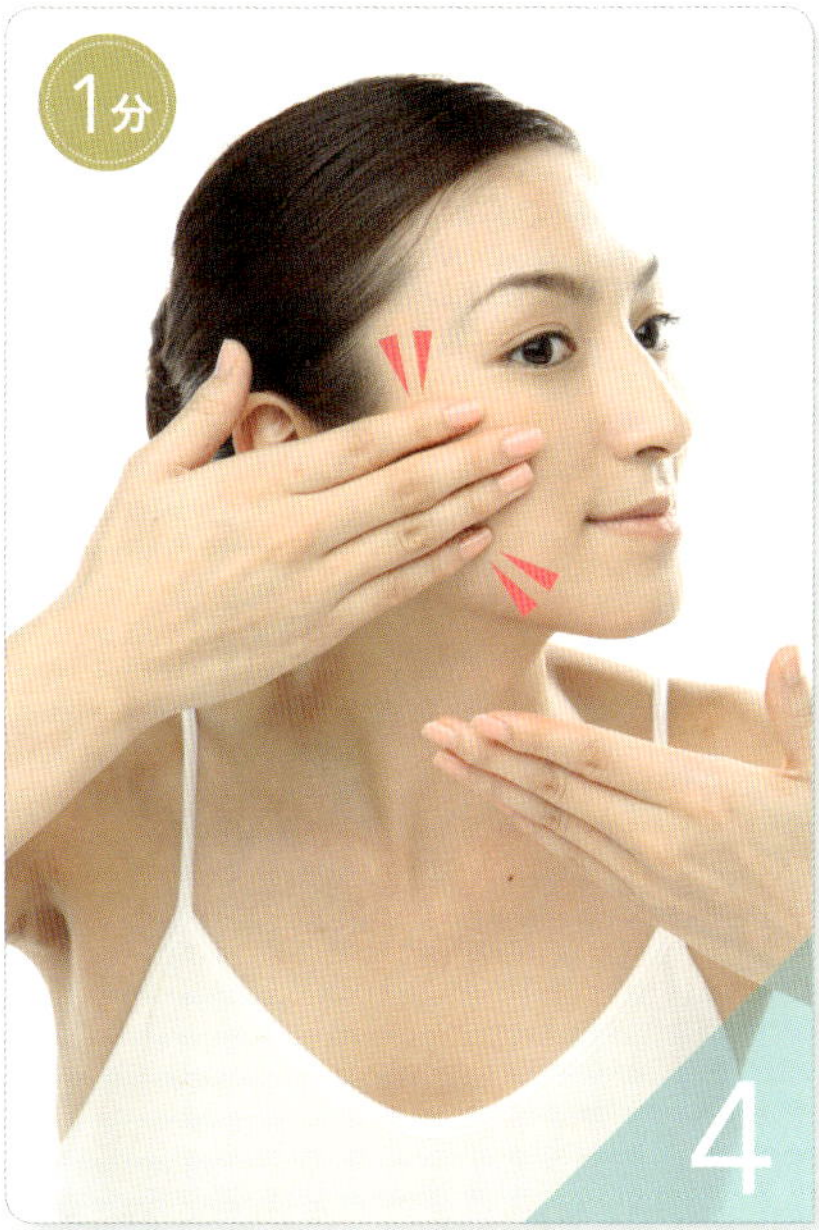

顔全体をたたく

顔全体を指先でたたきます。手首をクルクルと回転させるように動かしながら、軽くタッチする気持ちいい程度の力で下から上に向かってたたきましょう。

+α で効果UP!

四白（しはく）

顔色をよくするツボ

気血の流れをよくし、たるみ、しわ、しみ、くすみを防ぐツボ。黒目から指1本分真下、目の下の骨の真ん中あたりです。中指をツボに当て人さし指を添えて、息を吐きながらゆっくり押しましょう。

頬のたるみをリフトアップ!

ハリのない頬は、あなたの顔をプラス5歳上に見せているかも。特に、頬の肉が多い人は、重力に負けて肌もたるみがちになります。4本の指を使ったマッサージで、余分なたるみのないふっくら上がった頬を目指して。

頬を押す

たるんでいると感じる部分を中心に、4本の指を使って頬を押していきます。指でぎゅっと押さえるのではなく、指をあて、顔で押すイメージで行ないます。

頬をもむ

人さし指と中指の2本の指を使い、指を皮膚に軽くそえて頬をもんでいきます。親指はあごにあてて支えにし、硬いと感じる部分も優しくもみましょう。

こんな人は要注意!

- ☑ 下を向いた時に頬の重さを感じる
- ☑ 頬に余分なお肉がのっている気がする
- ☑ 口周りまで頬になっているような気がする

頬をさすり上げる

頬を下から上に、4本の指を使ってさすり上げます。右手と左手で交互にさすり上げていきましょう。

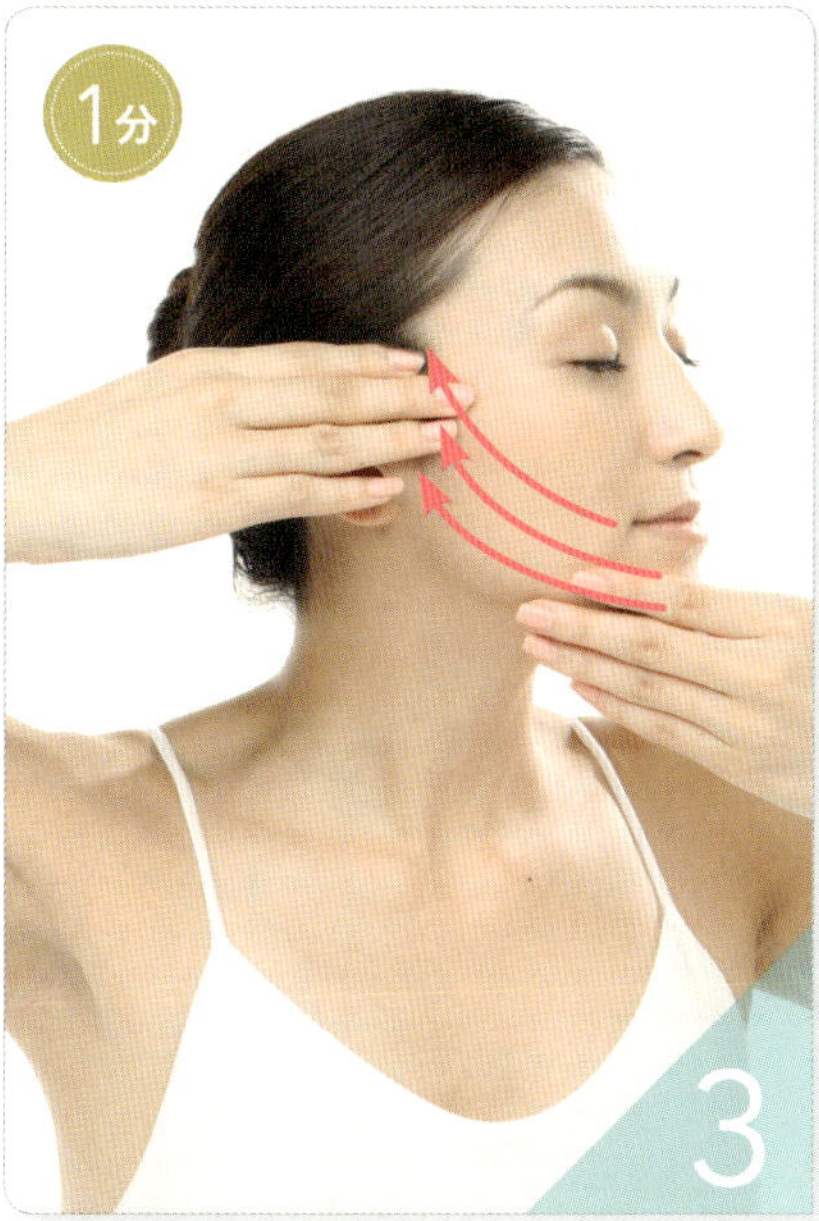

頬をたたく

頬を下から上に向かってたたいていきます。4本の指をそろえて、右手と左手を交互に手を回転させてたたきましょう。

+α で効果UP!

下関（げかん）

顔のたるみを改善するツボ

頬骨と耳の間にあるツボ。指を当てて口を開けると、骨が持ち上がり、口を閉じるとくぼみができる場所です。顔の下半分に特に影響を与え、肌にハリとうるおいを与えるツボです。

ほうれい線を薄く

目立つ部位だけに、ここが深いと一気に老け顔になるほうれい線。若々しい印象を与えるためにも、なるべく薄くしたいものです。ほうれい線に沿った集中ケアをすれば、だんだんと薄く変わっていきます。

ほうれい線を押す

ほうれい線に沿って指で押していきます。人さし指と中指の2本の指を使って、線を下から上へなぞるように押しましょう。

ほうれい線をもむ

ほうれい線の部分を指でもんでいきます。人さし指と親指との2本の指でつまむようにもみほぐしていきましょう。

こんな人は要注意！

- ☑ 同年代と比べてほうれい線が気になる
- ☑ 笑っていないのに ほうれい線がくっきりある
- ☑ ふと鏡を見ると、頬のたるみが気になる

ほうれい線をさする

ほうれい線に沿って、下から上へ線をなぞるように4本の指でさすります。さらに、小鼻から耳の前へ4本の指でさすり上げます。

ほうれい線をたたく

口の周り、ほうれい線、頬周りをたたいていきます。4本の指をそろえて、下から上に向かってやさしくたたきましょう。

+α で効果UP!

巨髎(こりょう)

頬を引き上げるツボ

小鼻の両脇の、指1本分外側にあります。人さし指と中指をツボにあて、顔の重みを手にのせるような気持ちで押してください。歯痛や鼻づまりにも効果的なツボです。

徹夜明けのくまをリセット！

残業が深夜に及んだり、夜遊びで徹夜した翌朝、目の下にはメイクでは隠せないほどのくまが！　大後悔のくまも、マッサージで薄くすることができます。徹夜明けの緊急対策に、ぜひマスターしましょう。

くまを押す

目の下の、くまになっている部分を押します。4本の指を使って、じんわり温めるように、目頭から目尻の方向へゆっくりと押していきましょう。

くまをもむ

目の下のくまの部分を、親指と人さし指で軽くつまみます。強くなりすぎないよう、目の周りに沿って目頭から目尻の方向へやさしくもみほぐしましょう。

こんな人は要注意！

- ☑ ハードワークで睡眠不足になりがち
- ☑ 疲れがたまるとくまが出る
- ☑ たびたび深夜まで遊んでいる

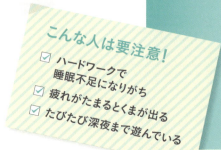

くまをさする

くまの部分を人さし指と中指を使ってさすりましょう。目頭から目尻の方向へ、やさしくさすっていきます。

目の周りをさする

人さし指と中指を使い、目の周りをさすっていきます。指をそろえて、目頭からこめかみまで、眉頭からこめかみまでをやさしくさすりましょう。

+α で効果UP!

承泣（しょうきゅう）

目の下のくまを改善するツボ

黒目のすぐ下あたりにあるツボで、目の疲れや充血など目の不調全般に効果を発揮します。人さし指と中指をあて、やさしくゆっくり押しましょう。ただし、眼球を押さないように注意してください。

即効リンパ編 7

まぶたのふくらみを改善！

輝く瞳の印象を弱めてしまう、ぽってりまぶた。「ダイエットしてもここだけはなくならない」とあきらめることはありません！　きちんとケアすれば、いつでもすっきりと美しい、あなた本来の目元になります。

まぶたの上を押す

まぶたの上を人さし指と中指で、眉頭から眉尻に向かって押します。ぎゅっと強く押すのではなく、やさしく押さえるイメージで行ないましょう。

眉頭を押す

眉頭の部分を人さし指と親指ではさむように押します。こちらも強く押すのではなく、軽くそっと押しましょう。

こんな人は要注意！

- 「眠そうだね」と言われる
- まぶたのふくらみは生まれつきだと思っている
- 二重がまぶたに埋もれがち

まぶたの上をさする

まぶたの上と下を人さし指と中指でさすります。目頭から目尻に向かって、眼球を避け、やさしくさすっていきましょう。

目の周りをさする

人さし指と中指を使い、目の下を目頭からこめかみにかけて、さらにこめかみからぐるりとまぶたの上を回るようにさすります。

＋α で効果UP!

眼竜（がんりゅう）

まぶたのむくみに効果的なツボ

眉頭の生え際の、くぼみにあるツボです。目の疲れや、それにともなう首コリや肩コリなどに効果的です。目の上の骨に沿って、親指の腹を使ってやさしく押していきましょう。

即効リンパ編 8

疲れて小さくなった目を大きく

長時間のデスクワークや寝不足で、目がショボショボ……。目を酷使することの多い現代人は、疲れもたまりやすくなっています。頭まで含めたケアで、ひと回り大きくなったパッチリ目に変わります！

顔全体を押す

あごの部分を手のひらで包み込み、手のひらでまんべんなく顔全体を押します。

目の周りを押す

4本の指をそろえ、目の周りをぐるりと1点ずつやさしく押します。

こんな人は要注意!

- 長時間パソコンを見ていることが多い
- 目がかすむなどの疲れを感じる
- 目が乾燥している気がする

目の周りをさする

目の周りを、目頭からこめかみまで4本の指でさすります。片方の手で皮膚を軽く押さえ、もう片方の手でさすりましょう。

頭をたたく

指先で頭をたたいて刺激します。頭全体を、両手の指先を使ってつかむようなイメージでたたきましょう。

＋α で効果UP!

太陽（たいよう）

目の疲れに効果的なツボ

眉の外側と目尻を結ぶラインから親指1本分外側、少しくぼんだ部分にあるツボ。中指を当て、4本の指で気持ちいいくらいの強さで押します。疲れを感じた時に、さっと押してリフレッシュしましょう。

鼻の横のお肉をスッキリ!

顔をむっちり見せてしまう、鼻の横の余分なお肉。生まれつきのものだとあきらめがちですが、実はマッサージで改善できるもの。鼻の周りの集中ケアですっきりさせれば、鼻筋までも高く美しく見せられます!

鼻の周りを押す

鼻の横を4本の指で押していきます。指をそろえて、気になる部分を中心に小鼻から目頭に向かってそっと押しましょう。

鼻の周りをもむ

鼻の周りを親指と人さし指でつまみ、もんでいきます。気になる部分をやさしくもみほぐしましょう。

こんな人は要注意!

- ☑ 小鼻と頬の間にくっきりと線がある
- ☑ 頬が丸くむっちりとしている
- ☑ 上唇の上あたりにたるみを感じる

鼻の周りをさする

鼻の横を4本の指でさすります。指の腹でらせんを描くように、小鼻から目頭に向かってさすっていきましょう。

頬の周りをさする

鼻の横から頬の周りをさすっていきます。4本の指を使い、頬全体にらせんを描くようにさすりましょう。

+α で効果UP!

迎香（げいこう）

鼻の通りを改善するツボ

小鼻のふくらんだ部分のつけ根にあるツボ。鼻の通りをよくするほか、気のめぐりや血の滞《とどこお》り（瘀血《おけつ》）を改善し肌の血色をよくする効果もあります。指の腹をツボにあて、少し強めにゆっくりと、何度か繰り返し押します。

小顔効果をさらに高める!!

上半身ストレッチ

筋肉やリンパ、血管などは、顔もボディもつながっています。
引き締まった美しい小顔をつくるなら、上半身全体をほぐすとさらに効果的!
首や肩周りが気持ちよく伸びるのを意識しながら行なってみましょう。

中心軸をずらさないように行ないます。

首の後面を伸ばす

息を吐きながら、頭を前にゆっくりと倒し首の後面を伸ばします。そのまま5秒キープ。息を吸いながらゆっくりと頭を元に戻します。

首の前面を伸ばす

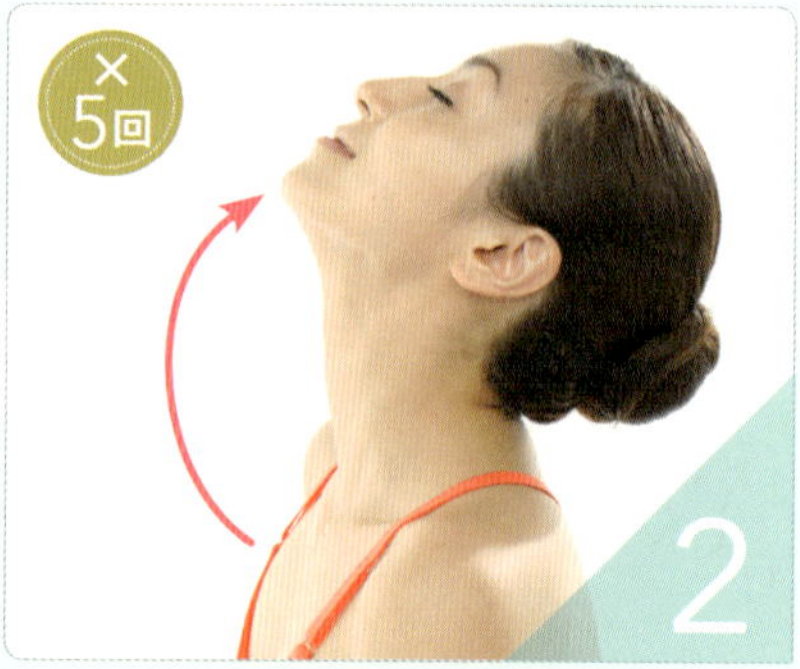

息を吐きながら、ゆっくりと頭を後ろに倒し、首の前面を伸ばします。そのまま5秒キープ。息を吸いながらゆっくりと頭を元に戻します。

首の側面を伸ばす

息を吐きながら首を右に倒して、首の側面を伸ばします。そのまま5秒キープ。息を吸いながら頭を元に戻します。左側も同様に行ないます。左右交互に繰り返します。

あごから首にかけて伸ばす

始めに頭の縦軸はまっすぐにして、横をむき、そこから息を吐きながら顔を上に向けるようにして、顔から首を伸ばします。伸びたところで、5秒キープ。息を吸いながら元に戻します。反対側も同様に行ないます。左右交互に繰り返します。

首の側面を押す

手のひらを首の側面にあて、息を吐きながら頭の重みを手に乗せるようにして、首を押します。息を吸いながら頭を元に戻します。反対側も同様に行ないます。

肩を押す

親指以外の4本の指で反対側の肩を押します。息を吐きながら、反対側に頭を倒します。息を吸いながら、頭を元に戻します。反対側も同様に行ないます。

肩を押しながら腕をまわす

親指以外の4本の指で反対側の肩を押し、押している側の腕を大きく回します。内回し、外回しともに行ないます。反対側も同様に行ないます。

じっくりリンパ編 1

ぷっくり頬をスッキリ!

体はスリムなのに、ぷっくり頬のせいで太って見える、そんな悩みを「生まれつきだからしかたない」とあきらめてはいませんか? じっくり根気よくケアすれば、見違えるほどシャープなフェイスラインに変わります。

首の側面を押す

首の側面を指先で押します。4本の指をそろえて、耳の下から鎖骨に向けて押していきましょう。

頬全体を押す

親指以外の4本の指を使い、頬全体を押していきます。あごからこめかみに向けて、持ち上げるように押さえましょう。

頬全体をさする

頬全体をあご、口角、小鼻の横から耳の前に向けて順番にさすります。4本の指をそろえ、下から上にさすり上げましょう。

こんな人は要注意!

- ☑ やせているのに顔だけ大きい
- ☑ 下ぶくれ気味
- ☑ ついつい頬を隠すような髪型にしてしまう

＋ボディリンパ

脚をさする

脚の前側を、足首から脚の付け根までさすります。両手の親指を交互に使って行ないましょう。

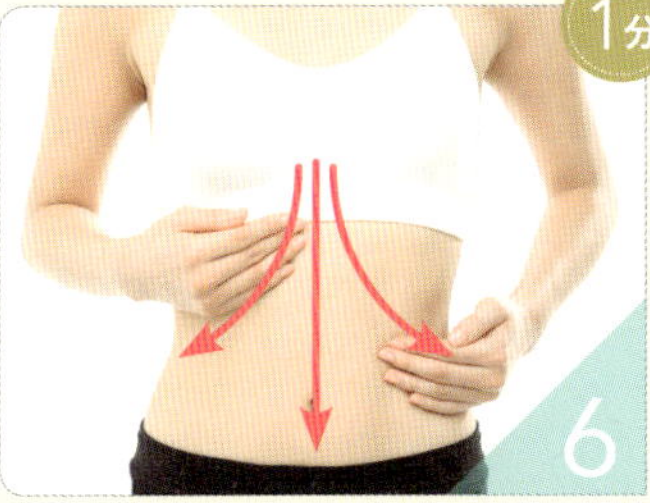

お腹の中心をさする

お腹の中心をみぞおちから下腹部、みぞおちから脇腹へ左右の4本の指で交互にさすります。

頬全体をたたく

4本の指先をそろえて、頬全体をたたいていきます。下から上へ、軽く頬を引き締めるような気持ちでたたきましょう。

＋α で効果UP！

顔のストレッチ

ぷっくり頬を改善するストレッチ

❶ 口を「う」の形にすぼめて頬をへこませます。目や眉もぎゅっと顔の中心に寄せましょう。
❷ 口を「あ」の形に開きます。目も口も大きく開くのがコツ。顔を大きく動かして、表情筋を鍛えます。

大きい顔を小さく

大顔の原因は、骨格だけでなく、ぜい肉やむくみ、滞った老廃物などさまざま。ていねいなマッサージでリンパの流れをよくすればむくみが取れて、ひと回り小さな顔に変わります。あきらめずにケアして、本来の小顔を取り戻しましょう。

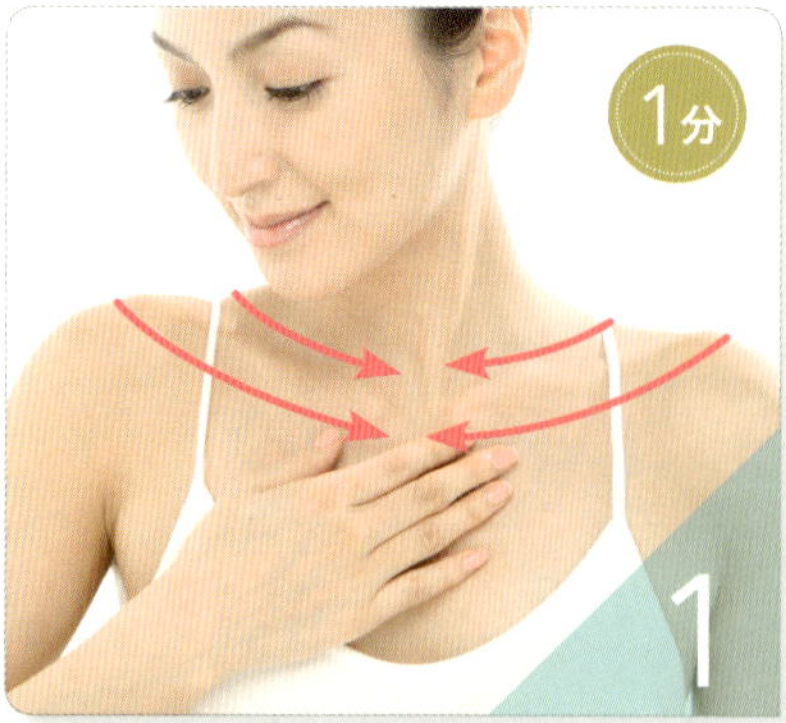

鎖骨をさする

鎖骨の上と下をさすります。肩先から中央に向かって、4本の指でそっとさすりましょう。

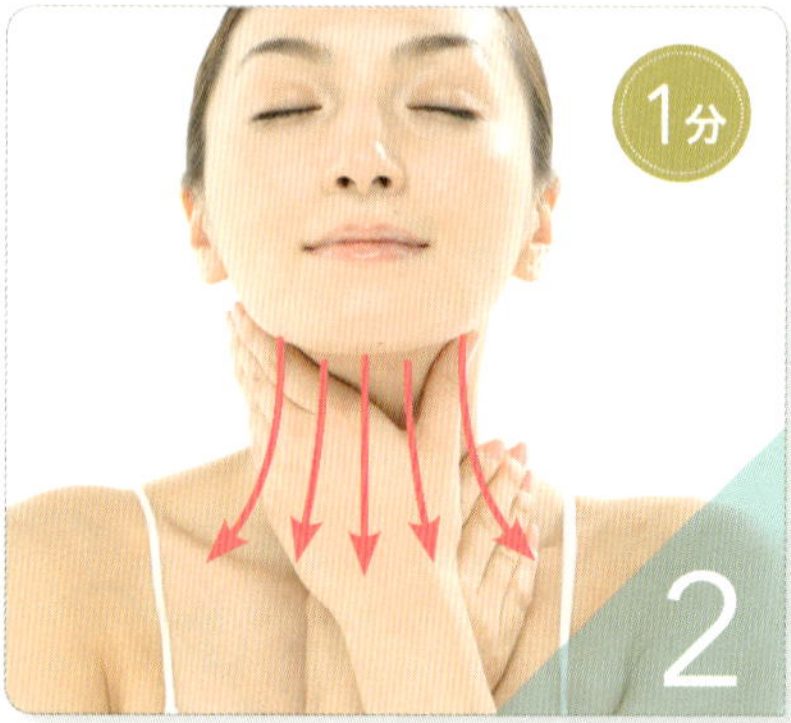

首をさする

首の前面を手のひらでさすります。あごの部分から鎖骨に向かい、両手を交互に使ってさすりましょう。

顔全体を押す

4本の指でフェイスラインをあごから耳の下、口角と鼻の横から耳の前、おでこからこめかみにかけて細かく押します。

こんな人は要注意!

- ☑ 顔がいつもむくんでいる気がする
- ☑ まぶたや頬がはれぼったく丸顔に見える
- ☑ みんなで写真に写ると1人だけ顔が大きい

顔全体をさする

4本の指でフェイスラインをあごから耳の下まで、口角、小鼻の横から耳の前、おでこの中央からこめかみにかけてを、らせんを描くようにくるくるとさすります。

＋ボディリンパ

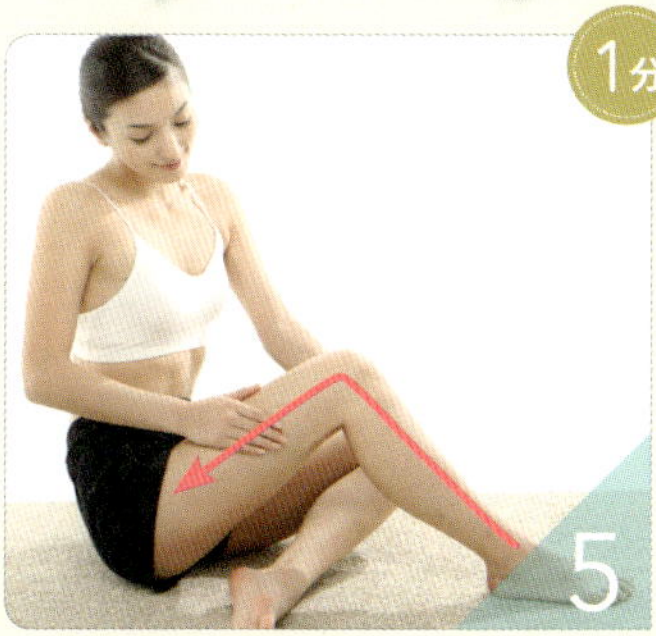

脚をさする

脚の外側に手のひらをあて、足首から膝、膝から足の付け根までを下から上へさすります。

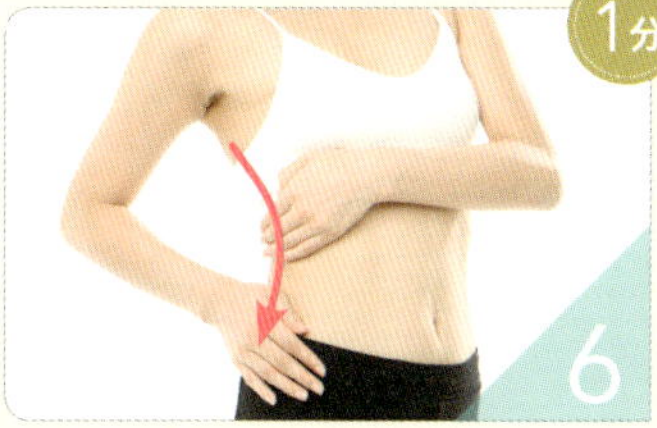

脇腹をさする

脇に手のひらをあて、両手でお腹の側面を上から下に向かってさすっていきましょう。

＋α で効果UP！

小顔クレンジングマッサージ

大きい顔を小さくする クレンジングケア

クレンジングクリームを顔におき、ラインに沿って順に、指先で肌をさすっていきます。正しい順番でやさしくマッサージすれば、汚れとともに、たまった老廃物も流れていきます。洗顔は鎖骨と首から行なうのが小顔効果を高めるポイントです。

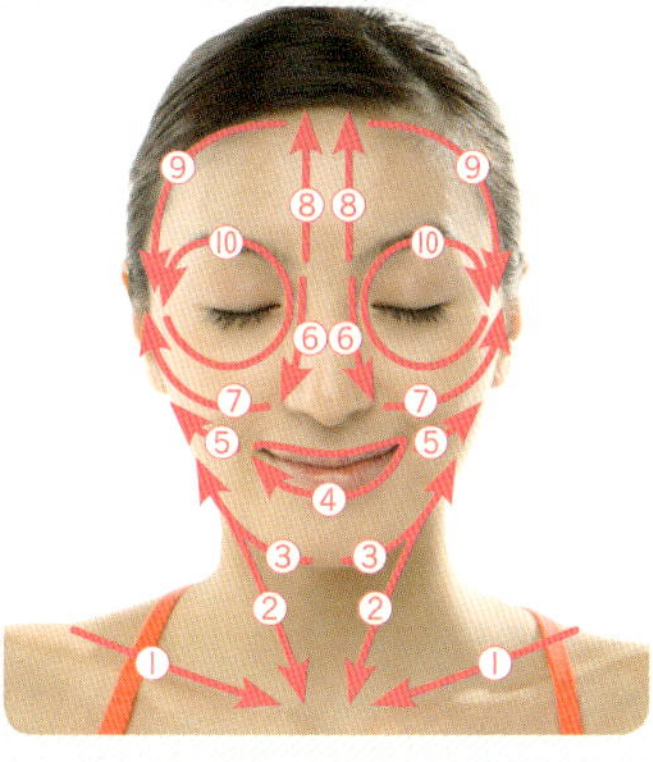

じっくりリンパ編 3

肌荒れをキレイに！

お肌のカサつきや荒れは、乾燥や肌に残ったメイクによるトラブルなどのほか、内面に原因がある場合もあります。マッサージで肌の新陳代謝がアップすることで、肌のターンオーバーも正常になり、健康的な肌がよみがえります。

耳の周りをさする

4本の指を使い、あごの下から耳の前と裏、つけ根あたりなど、耳の周りをさすっていきます。

顔全体を押す

4本の指を使い、顔全体を押していきます。手のひらで包み込むように、やさしく押しましょう。

顔全体をさする

4本の指を使い、顔全体をさすります。写真の矢印に沿って中央から耳の前に向けて細かくさすっていきましょう。

こんな人は要注意！

- ☑ きちんとお手入れしているのに肌が荒れる
- ☑ 疲れるとすぐに肌がカサカサになる
- ☑ 慢性的に肌が荒れている

＋ボディリンパ

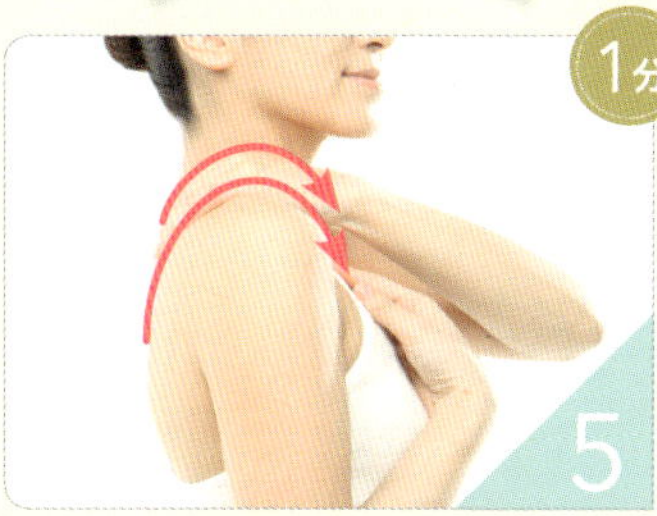

肩をさする

背中からひき上げるように、鎖骨に向かってさすります。左右の手のひらを交互に使って。

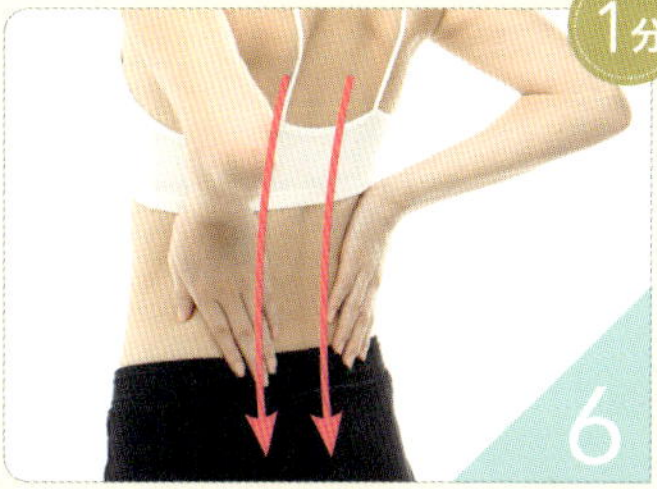

背中をさする

背中に手のひらをあて、手の届く最も上の位置からヒップまでを両手でさすります。

頬全体をたたく

指の腹を使って顔全体を下から上に軽く持ち上げるように、手首を回転させるようにして交互にたたきましょう。

＋α で効果UP！ **内臓が元気なら肌もキレイに！**

手の反射区

治りにくい肌荒れは、内臓の不調が原因のひとつ。手には足の裏と同じく全身と対応した反射区があるので、押してみて、痛みを感じる箇所があったら不調のサイン。図を参考に、体の内側からケアを行ないましょう。

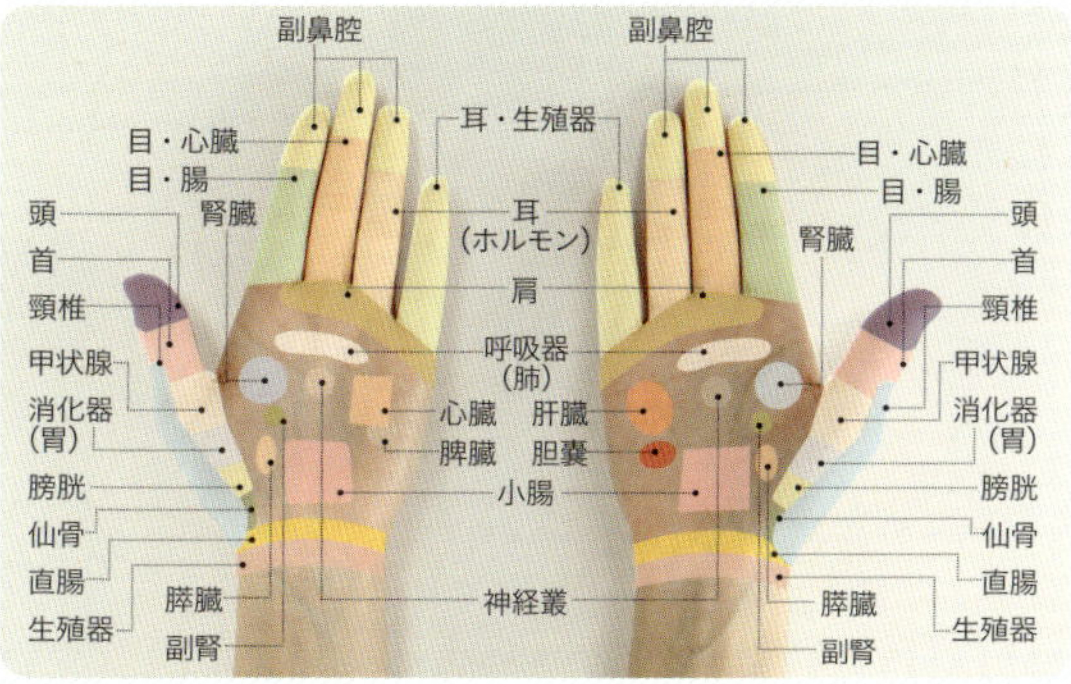

じっくりリンパ編 4

口周りの小じわをキレイに!

細かいけれど、意外と気になる口周りの小じわ。その部分だけメイクがよれてしまったりすると、余計に老けて見えてしまうもの。できるだけ薄くしたいものです。口元ケアで、ピンと張った若々しい口元美人に変身しましょう。

口の周りを押す

口の周りを親指と人さし指で押していきます。2本の指でつまむようにして、軽く押しましょう。

口の周りをさする

口の上下を人さし指と中指でさすります。2本の指で口を挟むようにして、両手を交互に使いましょう。

口の周りをさすり上げる

口の周りを2本の指でさすります。人さし指と中指をそろえて、片側ずつ、両手で交互にさすり上げましょう。

こんな人は要注意!

- ☑ 笑いじわが消えなくなった
- ☑ 口周りに細かいしわがたくさんある
- ☑ 口周りのメイクのよれが気になる

口の周りをたたく

口の周りを人さし指と中指でたたきます。2本の指をそろえて、両手で交互に刺激するようにたたきましょう。

＋ボディリンパ

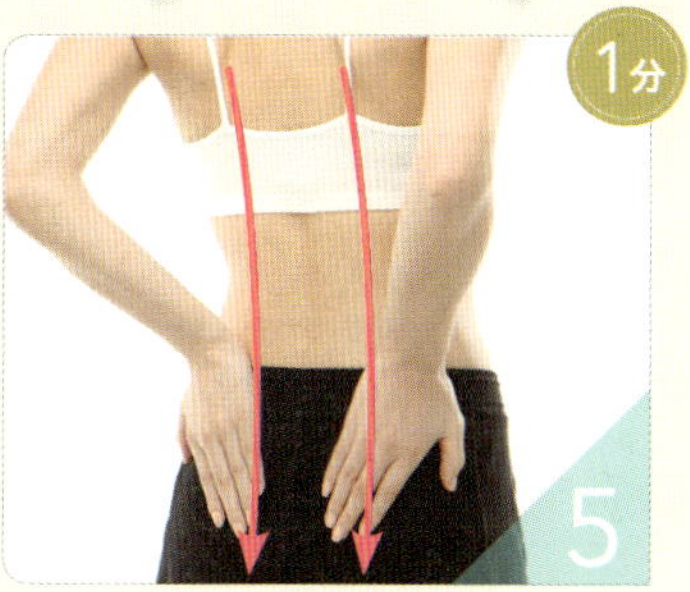

背中をさする

背中に手を当て、できるだけ高い位置から腰までを手のひらでさすり下ろします。

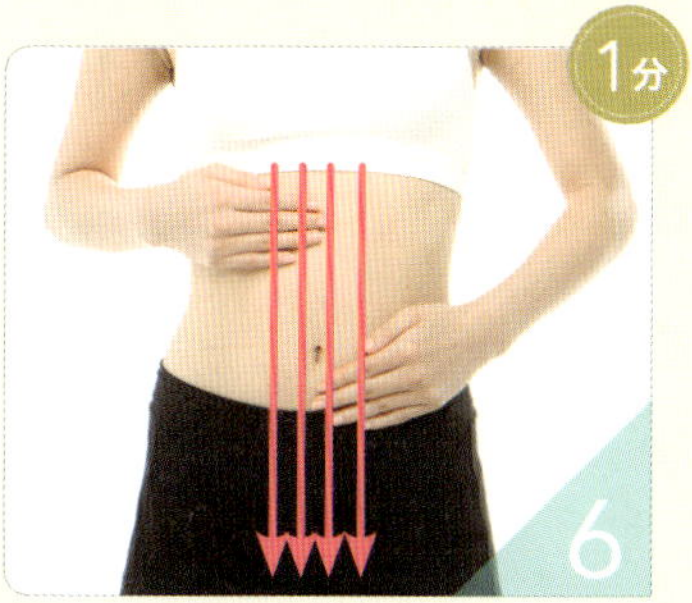

おへそ周りをさする

お腹の中心から外側を、みぞおちから下腹部まで4本の指で交互にさすります。

＋α で効果UP！

地倉（ちそう）

口周りの小じわに効果的なツボ

口角の外側にあるツボ。胃腸が原因の肌荒れなどに効果を発揮。口周りの筋肉も刺激します。中指を口角に、人さし指をその横にそえて息をはきながら、ゆっくりと押していきます。

じっくりリンパ編 5

慢性的な目の下のくまをスッキリ！

せっかくの魅力が半減してしまう、目の下の青くま。睡眠を十分にとっても、お肌をケアしても取れないのが悩みの種です。そんなしつこいくまも、根気強くマッサージすれば薄くすることができます。

くまの周りを押す

くまの周りを人さし指と中指で押していきます。2本の指をそろえて押しましょう。

くまの周りをさする

くまの周りを内側から外側へさすります。4本の指をそろえ、軽く持ち上げるようにさすっていきましょう。

目の周りをさする

目の周りを矢印に沿ってさすります。4本の指をそろえて円を描くようにさすっていきましょう。

こんな人は要注意！

- ☑ よく寝てもくまが取れない
- ☑ 慢性的な寝不足でくまができている
- ☑ 特に疲れていなくても常にくまがある

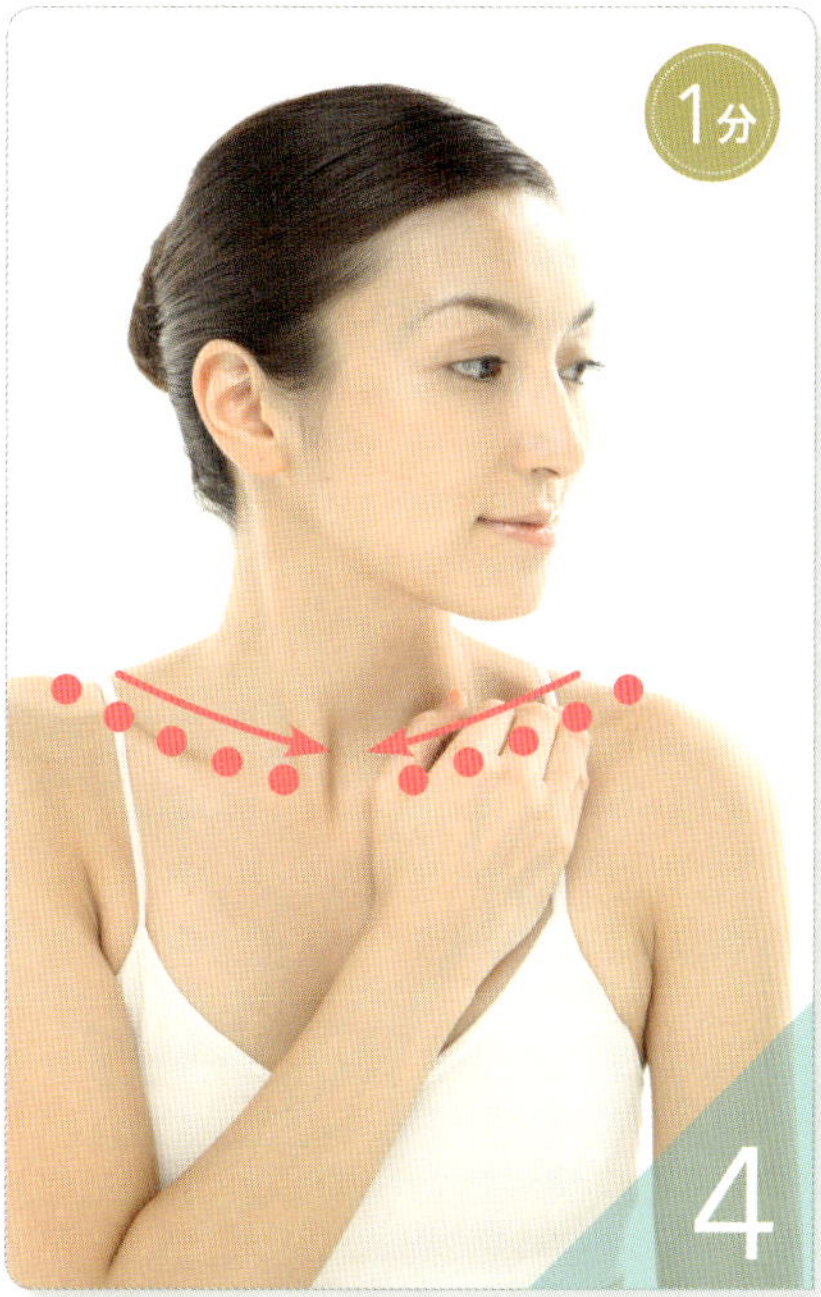

鎖骨のくぼみを押し、さする

4本の指を使い、手と反対側の鎖骨上部のくぼみを押します。次に、同じように4本の指で外側から内側に向かってやさしくさすりましょう。

+ボディリンパ

そけい部をさする

4本の指を使い、太ももの付け根にあるそけいリンパ節の周辺をさすります。

骨盤周りをさする

手のひらをぴったり骨盤あたりにあてます。ヒップの周りを円を描くようにさすりましょう。

+α で効果UP!

骨盤リンパストレッチ

青くまを改善するストレッチ

目の下のしつこいくまには、内臓が関係しています。両足を軽く開いて、まっすぐに立ち、腰に手をあて、息を吐きながら足を後ろに持ち上げます。息を吸いながら元に戻すことを10回行ない、反対の足も同様に。骨盤の内側から元気になりましょう。

じっくりリンパ編 6

目じりの小じわを薄く

年齢とともに気になり始める目じりの小じわ。笑いじわとはいえ、やっぱり気になるもの。目の周辺をしっかりケアしてあげれば、ピンと張りのある若々しい目じりがあなたのものに！

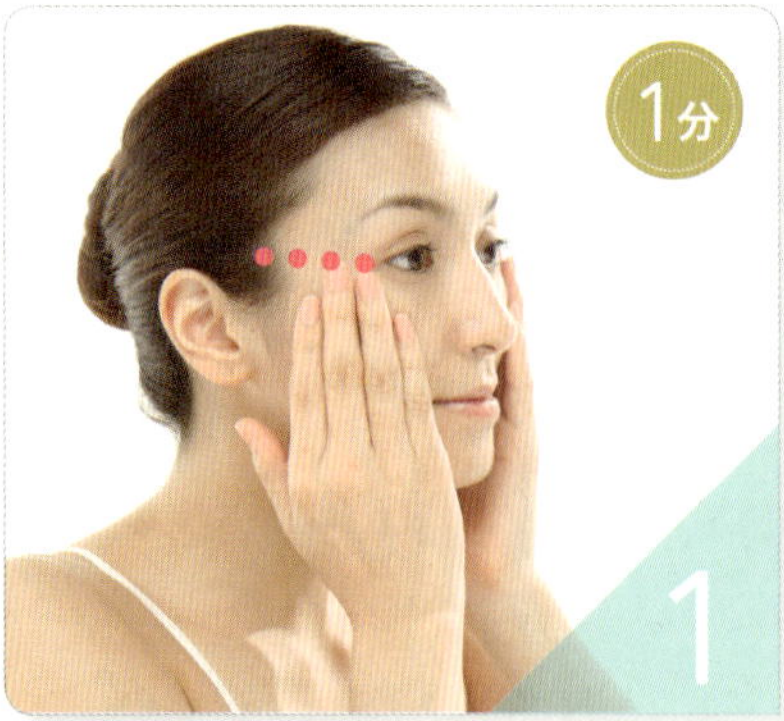

目尻を押す

4本の指を使い、指先で目じりからこめかみのあたりまでをゆっくりと押します。

目尻をもむ

親指と人さし指でつまむようにして目尻をもんでいきます。

目尻をさする

人さし指と中指を使い、目尻をひき上げるようにさすります。片目ずつ、両手で行ないましょう。反対側も同様に。

こんな人は要注意！

- 目じりに細かく薄いしわがたくさんある
- 笑った後目じりのしわが消えない
- 年齢とともに小じわが気になり始めた

＋ボディリンパ

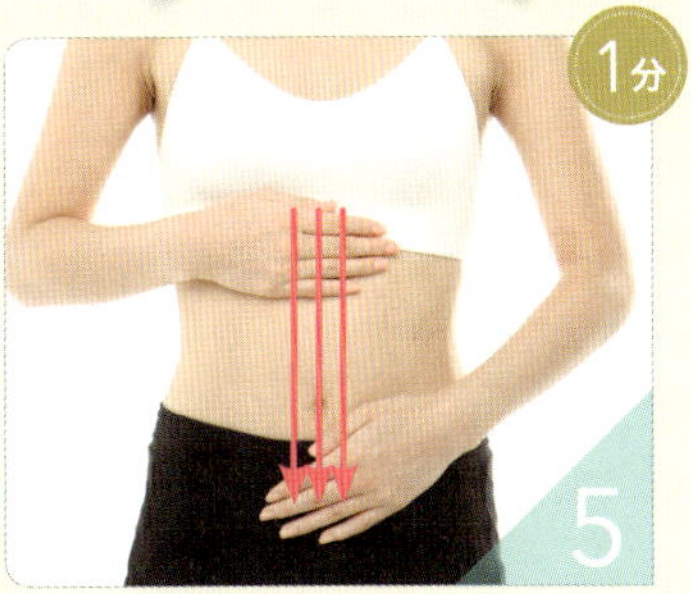

腹部をさする

腹部の前面をさすります。手のひらで、お腹の中心とその外側の2つのラインをさすります。

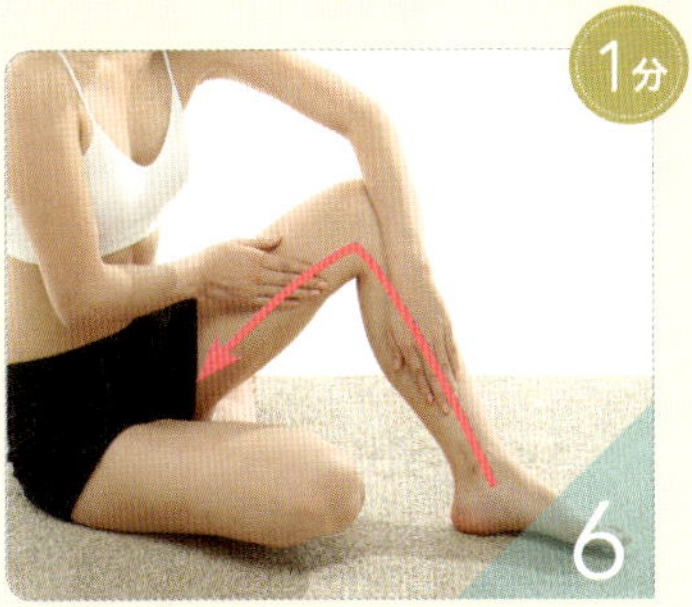

脚の内側をさする

足首から脚のつけ根へと、親指以外の4本の指を使って脚の内側をさすっていきます。

目尻をたたく

目じりからこめかみのあたりを、下から上へ軽く持ち上げるようにたたきます。両手を交互に動かして、2本の指の腹で片方ずつやさしくたたきましょう。反対側も同様に。

＋αで効果UP!

リンクルケアマッサージ

目尻のリンクル対策マッサージ

しわ対策のためにさまざまな成分が配合されたリンクルケアクリーム。せっかく塗るなら、マッサージをしながら塗って効果を倍増させましょう。人さし指と中指2本の指を使って、気になる目の周辺を円を描くように交互にやさしくさすりましょう。

眉間のしわをなくしてキレイに！

自分では普通にしているつもりなのに「怒ってる?」と言われるなど、眉間のしわは、トゲのある、きつい顔立ちに見せてしまいます。こまめにケアをして、幸せオーラをまとった和やかな笑顔をキープしましょう。

眉間をさする

眉間を人さし指と中指でさすります。2本の指をそろえ、両手を交互に使って、下から上に向かってさすりましょう。

眉間を押す

眉間を人さし指と中指で押します。次に眉の上も2本の指で押していきます。

眉の上下をさする

眉間から外側に向かって、眉の上下をさすります。人さし指と親指で眉をはさみながら、2本の指で横にさすります。

こんな人は要注意！

- ☑「怒ってるの?」とよく人に言われる
- ☑ 仕事でパソコンとずっと向かい合っていることが多い
- ☑ ついイライラして顔をしかめがち

眉間をたたく

眉間を2本の指でたたきます。人さし指と中指を使い、眉間を下から上に軽く持ち上げるように、両手で交互にたたきましょう。

＋ボディリンパ

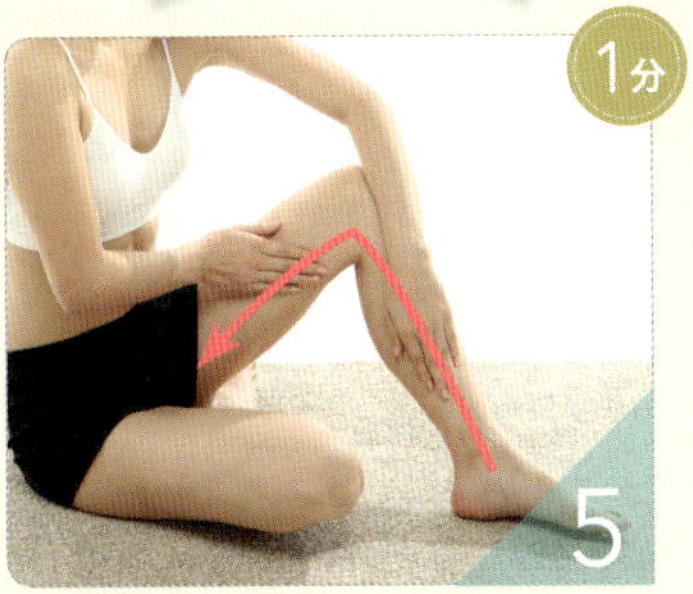

脚の内側をさする

足首から脚のつけ根にかけて、4本の指をそろえて脚の内側をさすっていきます。

みぞおちをさする

みぞおちを中心から肋骨に沿って、脇腹に向かって4本の指でさすります。

＋α で効果UP!

表情筋ストレッチ

眉間をのばすストレッチ

忙しいと、ついしかめっ面になってしまうもの。常に意識して、笑う練習をしましょう。口角と頬を上げ、ニコッと笑ってみてください。眉間もピンと張り、気持ちまで明るく前向きになります。

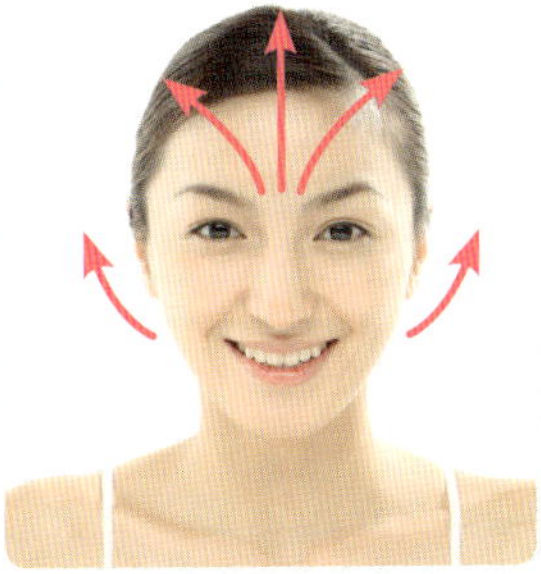

じっくりリンパ編 8

おでこのハリとつやをアップ！

うっすらしわがよっていたり、くすんでいたり……。そんなおでこの悩みを、メイクや髪型で隠している人も多いのでは？ ていねいにマッサージすれば、ピカピカのおでこをすっきり出すことができます。

おでこを上にさする

2本の指を使いおでこを下から上にさすります。人さし指と中指をそろえ、両手で交互にさすりましょう。

おでこから頭にかけてをもむ

両手を使い、おでこから頭にかけて指先でていねいにもんでいきます。

おでこを横にさする

人さし指、中指をそろえ、おでこの中心からこめかみに向かって、両手で交互にさすっていきます。

こんな人は要注意！

- おでこの横じわが気になる
- おでこがくすんでいて つい前髪で隠してしまう
- おでこに吹き出物がある

おでこをたたく

両手の指先を使い、おでこを軽くたたいていきます。おでこから頭にかけてリズミカルにたたきましょう。

＋ボディリンパ

腕をさする

手首から脇まで、手のひらを密着させて腕をさすっていきましょう。

お腹をたたく

手のひらをくぼませて自然な丸みをつくり、お腹全体をパコパコとたたいていきましょう。

＋α で効果UP!

首リンパストレッチ

首コリ改善に効果的なストレッチ

肌にハリとつやのある美しい小顔をつくるには、首から頭部全体のリンパの流れをよくすることが大切。その流れを邪魔するのが、首のコリです。首の後ろに手をあてて首を左右に動かすストレッチをマッサージと併せて行なうと、ハリつや効果も高まります。

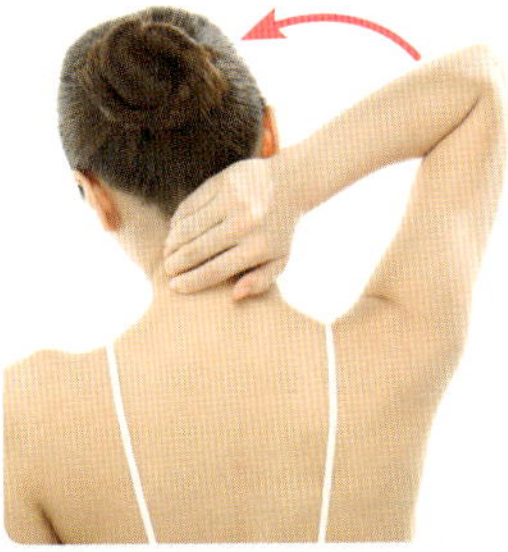

じっくりリンパ編 9

吹き出物・アトピーを改善

一度できてしまうとなかなか治らない、しつこい吹き出物。ようやく治ったと思ったら、すぐ別の場所にできてしまうことも。血行を改善し肌を活性化させることで、しつこい吹き出物もキレイになります。

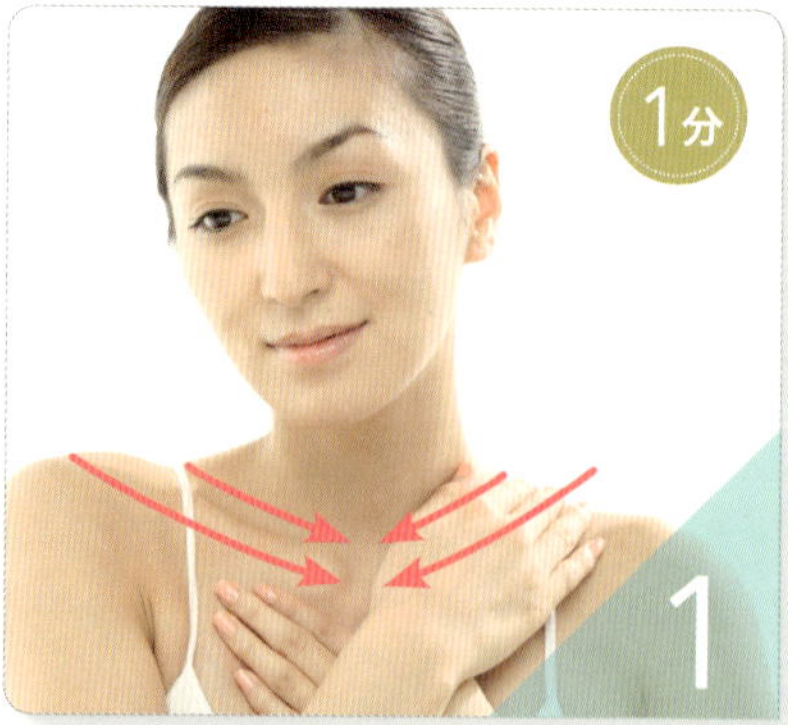

鎖骨周りをさする

手のひら全体を使い、鎖骨の周辺をさすっていきます。肩先から内側にかけて、片方ずつ両手を使ってさすりましょう。

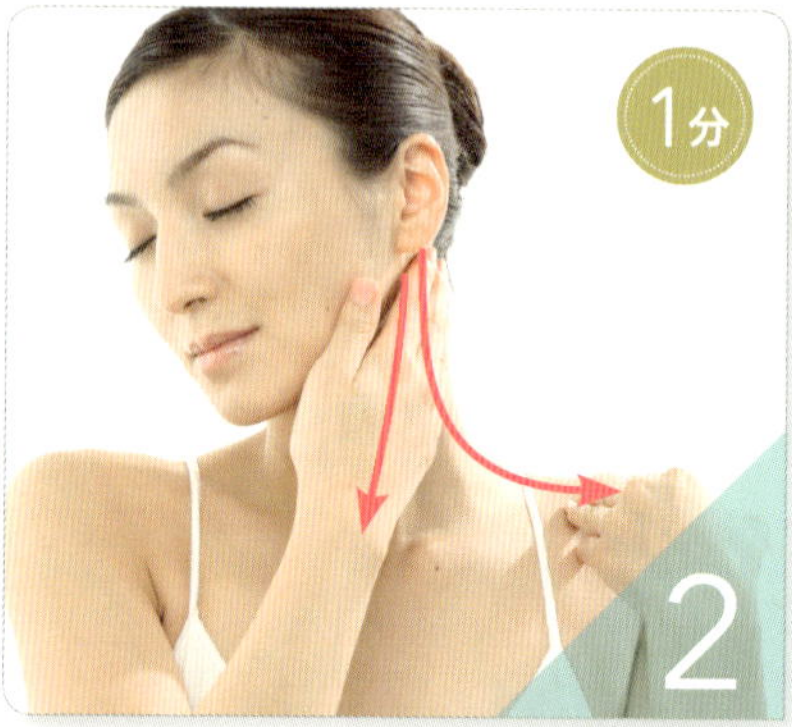

首側面をさする

4本の指を使い、首の側面を耳の下から鎖骨、耳の下から肩先まで片側ずつ、両手で交互にさすり下ろしましょう。

口角や吹き出物の周りを押す

2本の指で口角や吹き出物の周りを押しましょう。人さし指と中指をそろえ、軽く刺激します。

こんな人は要注意!

- ☑ しつこい大人ニキビがある
- ☑ いつも同じ場所に吹き出物ができる
- ☑ 生活が不規則で吹き出物ができやすい

吹き出物の周りをたたく

人さし指と中指の2本の指を使い、気になる吹き出物の周りをたたいていきます。人さし指と中指の指先で、両手を交互に使ってたたきましょう。

＋ボディリンパ

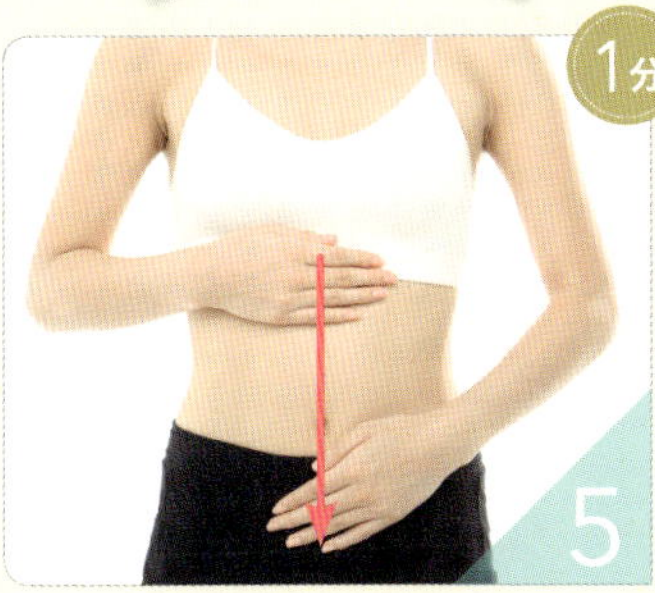

みぞおちとお腹をさする

手のひらを使い、みぞおちから下腹部に向かって、お腹をさすっていきます。

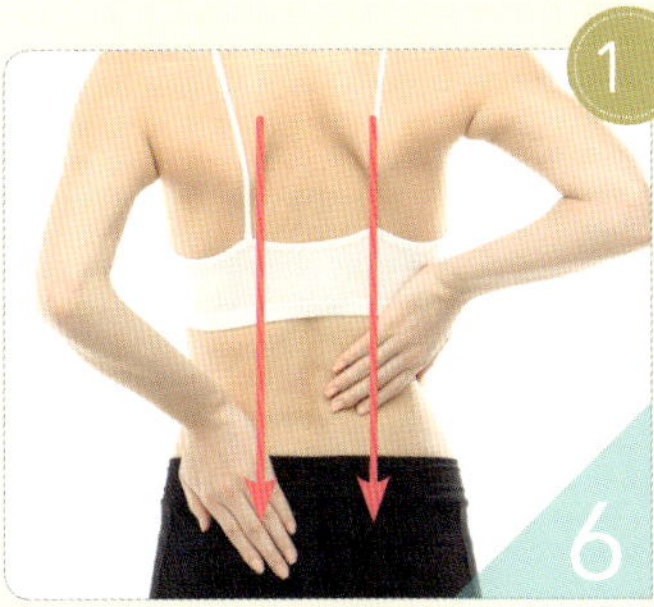

背中をさする

手のひら全体を使い、背中の手の届く範囲の高さから腰までを左右の手で交互にさすります。

＋α で効果UP!

足三里（あしさんり）

吹き出物を改善するツボ

吹き出物の原因となる内臓の不調を改善するツボ。特に胃など、消化器系の不調を緩和し、免疫力も高めます。ひざの横側、指4本分下にあります。両手の親指を重ねてゆっくり押してみましょう。

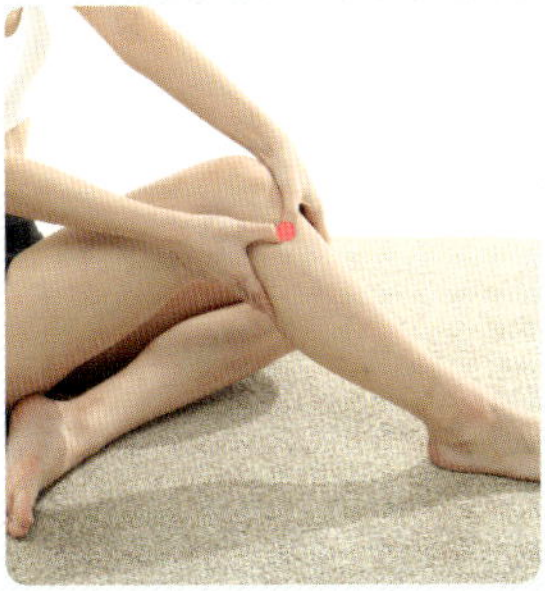

じっくりリンパ編 10

首のくすみ・しわをスッキリ!

いつの間にかできてしまう首のしわやくすみ……。首には年齢が出るとも言われ、いつもキレイにしていたいものです。きちんとケアを続ければ、しなやかで美しい首筋をキープすることができます。

首を手で押す

手のひら全体を首の側面にあて、頭の重みを手にかけるように押します。

首をもむ

首の側面を、親指と人さし指で皮膚を軽くつまみ、少し引っ張るようにしてもんでいきましょう。

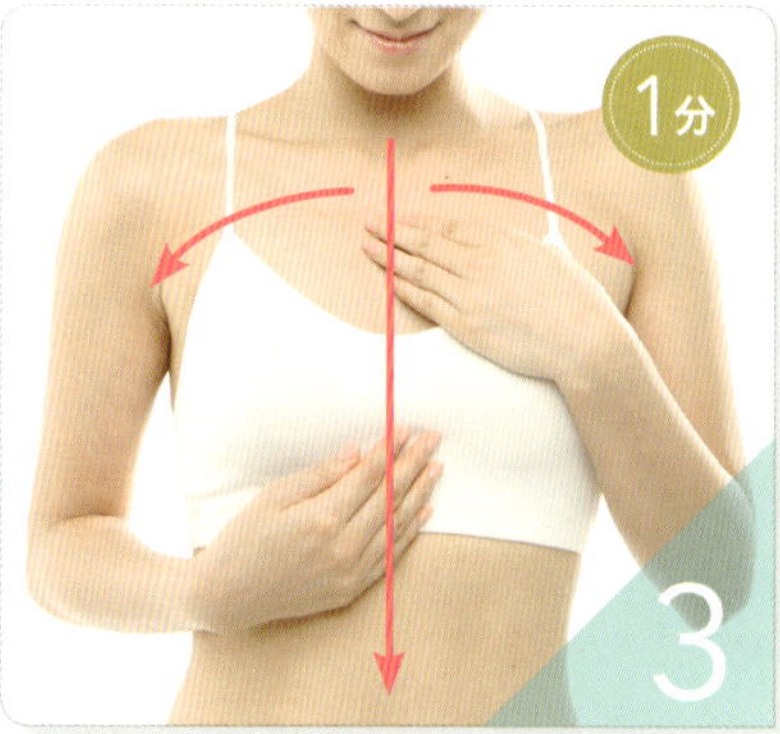

胸からお腹をさする

左右の手の4本の指で胸からお腹を交互にさすります。鎖骨の下から胸の中心を通ってさすりおろしましょう。また、鎖骨の下の中心から両脇の下に向けても、左右の手の4本の指でさすります。

こんな人は要注意!

- 首に横じわがくっきり入っている
- 首の肌がたるんでいる気がする
- 首筋の肌がくすんでいる気がする

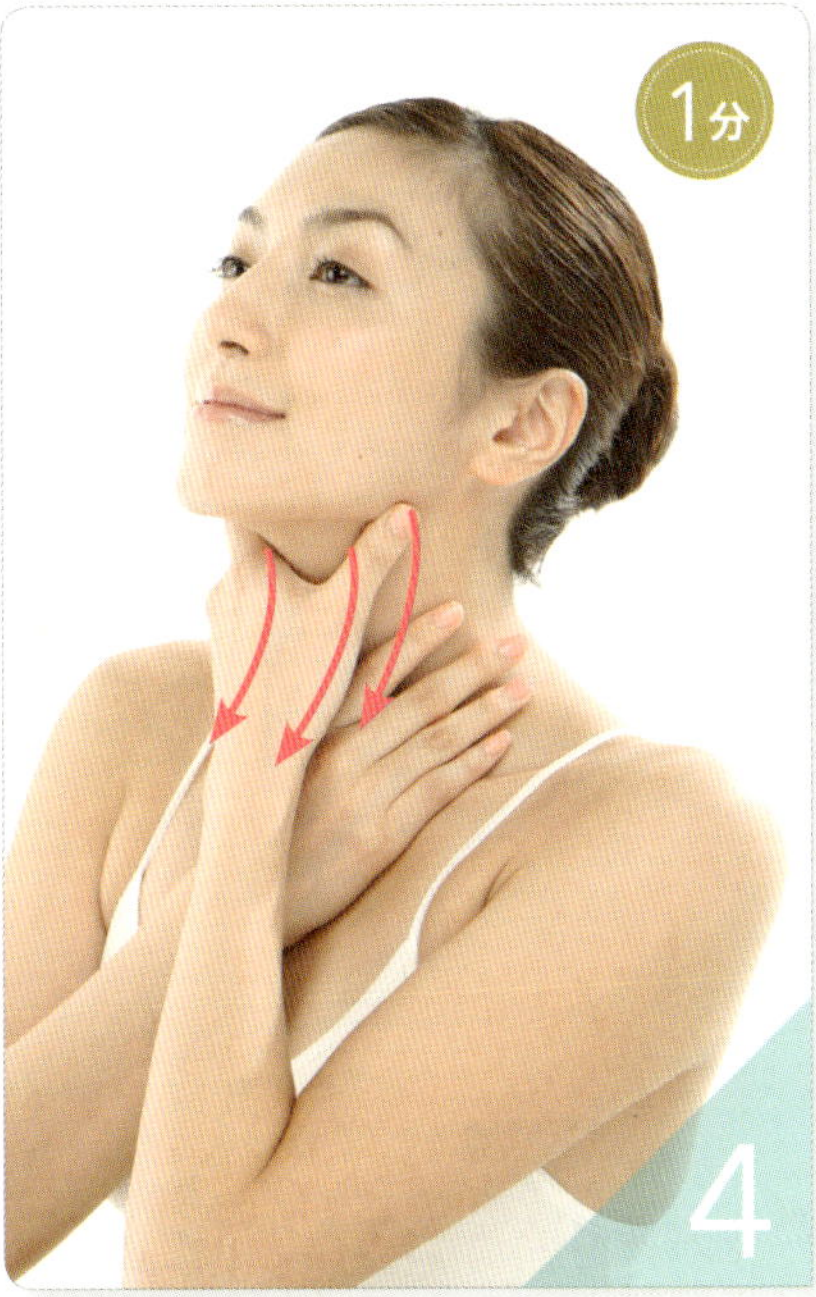

首全体をさする

親指とそのほかの指で首を挟みこむようにしてさすります。首全体を包み込むように、両手を使って交互に上から下へさすり下ろしましょう。

＋ボディリンパ

脚をさする

足首から太ももの つけ根にかけて、両手のひら全体を使って脚をさすりましょう。

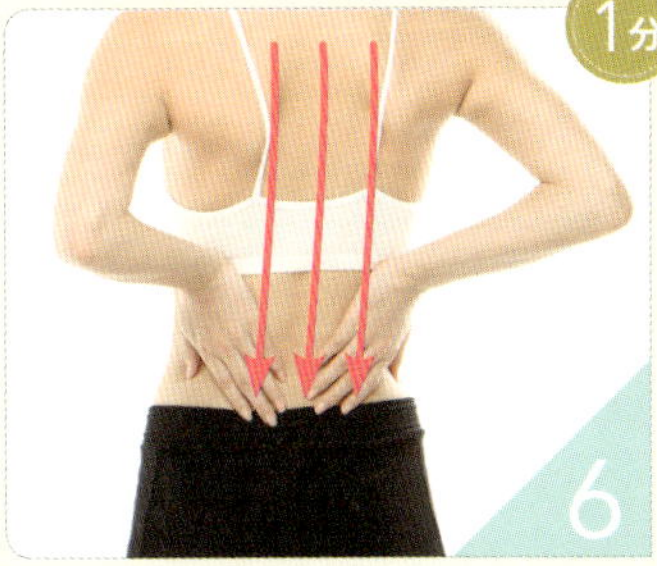

背中をさする

両手のひらを使い、背中の中心とその外側を上から下へとさすっていきましょう。

＋α で効果UP!

経絡ストレッチ

美しいボディと首をつくるストレッチ

❶陽の経絡を伸ばす　足は肩幅に開き、手を頭の後ろで組む。息を吐きながら10秒かけて上体を前に倒し10秒キープ。息を吸いながらゆっくり戻す。
❷陰の経絡を伸ばす　両手をあげ、息を吐きながら10秒かけて上体を後ろにそらし10秒キープ。息を吸いながらゆっくり戻す。

特別な日のための……

スペシャル小顔スパ

体がじっくり温まるお風呂は、マッサージの強い味方。
時間のある日や大事な日の前夜などは、お風呂の中で集中ケアを。
マッサージの効果が上がるだけでなく、お肌もツルツルに！

Step 1
シャワーマッサージと半身浴で温める

首や脇、そけい部などのリンパ節に、それぞれ3〜5回ずつシャワーを当てます。続いて、体がじーんとしてくるまでを目安に全身にシャワーを浴びます。その後、38〜40度の、ぬるめのお湯で約20分半身浴。

Step 2
全身マッサージで代謝を上げ、気になる部分を集中マッサージ

バスタブの外で、スリミングジェルやオイルなどを使いながら、全身マッサージ（P48）を行ないます。泡立てた石けんで、体を洗いながらのクレンジングマッサージも効果的。続いて、全身浴で5〜10分首まで温めてから、特に気になる部分や顔のマッサージを行ないます。

Step 3
ラッピングで体の中から毒素を排泄させる

さらに効果を高めるなら、ボディもケア。お腹や太ももなど、冷えや滞りの気になる部分にスリミングジェルを塗り、ラップを巻きます。一度お風呂の外に出て、15〜20分休憩。バスルームに戻り、シャワーでジェルを流したらバスタブにつかって体を温めてから上がります。お風呂上りに、フェイスパックやボディミルクなどで全身を保湿して終了です。

Chapter 4

実践！ 首ケアで ダイエット・不調改善・運気アップ！

首の流れをよくして、今ある悩みを改善。
ここでは、ダイエット、不調改善、運気アップのためのマッサージ法を紹介。
詳しい症例別になっているので、悩みに合わせてプログラムを実践していきましょう。

ダイエット編 1

体重をスピーディに落とす

「最近体重が重い気がする」「急に体重が増えた」などと感じる人は、全身の代謝機能が低下し、余分な水分や老廃物が排泄されず、全身がむくんでいる可能性が高いといえます。全身のむくみを改善するカギは、頸部リンパ節。この周辺がこり固まっている人は、とくに顔がむくみやすく、体重も落ちにくくなっています。自己流マッサージでは見落としがちな耳の下から鎖骨を、丁寧にマッサージして流れをよくしていきましょう。

ここが首ポイント!

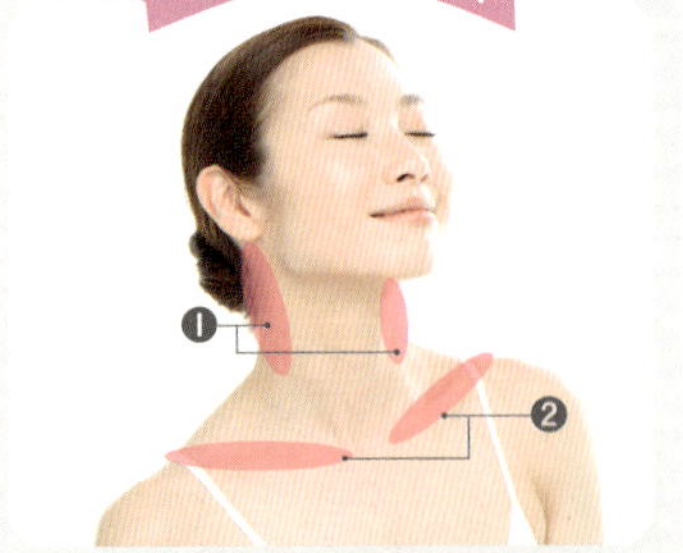

❶頸部《けいぶ》リンパ節　❷鎖骨《さこつ》リンパ節

この部分の滞りは、全身のリンパの流れにも悪影響。早めに滞りを改善し、痩せる体に変えましょう。

首の側面をさする

手のひらで、耳の下から鎖骨までさする。反対側も同様に。

足をさする

足首から足の付け根まで、足全体を両手のひらで包むようにして同時にさすり上げる。反対側も同様に。

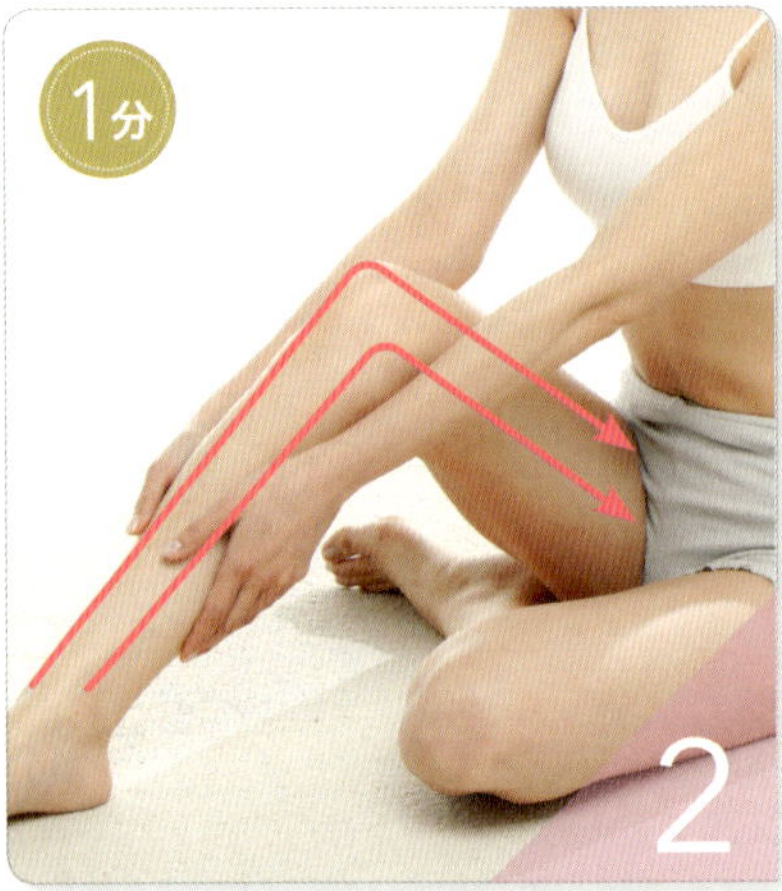

こんな人は要注意!

- ☑ 食事制限をしても体重が減らない
- ☑ 全体的に太っている
- ☑ 体が重く感じるような気がする

背中からヒップをさする

背中のできるだけ高いところから腰、ヒップまで左右の手のひらで交互にさすり下ろす。

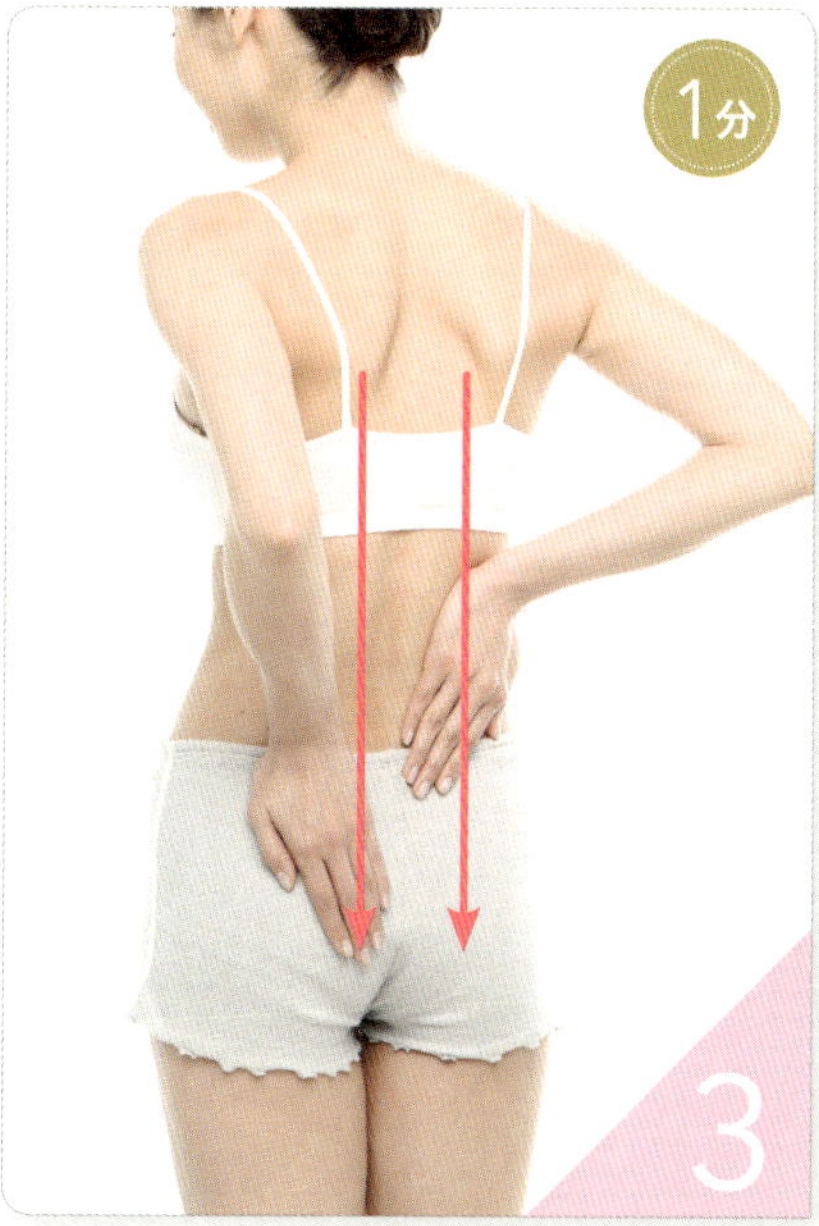

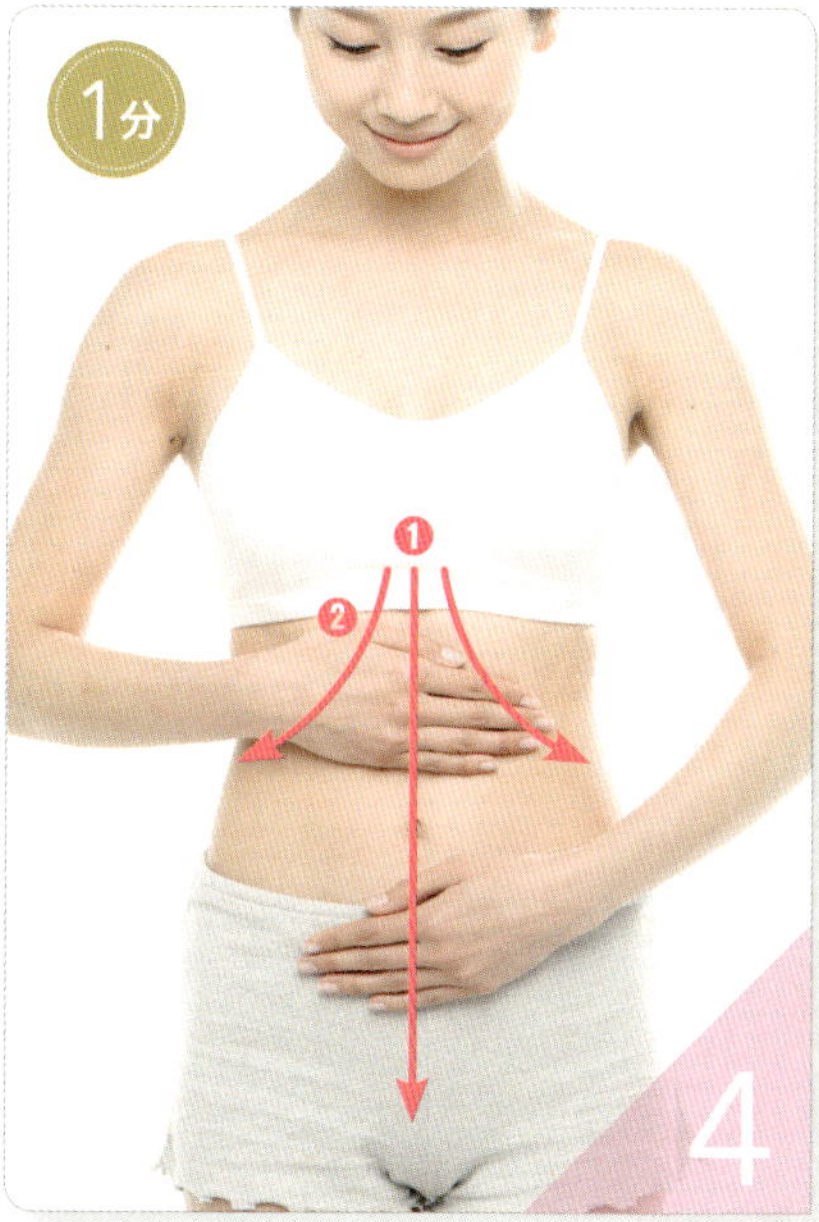

お腹をさする

❶みぞおちから下腹部までお腹の中心線を、左右の手のひらで交互にさすり下ろす。❷みぞおちから脇腹まで、左右の親指以外の４本の指で交互にさする。

+α で効果UP!

1分ダイエットストレッチ

全身のむくみを取って体重を落とすには股関節のストレッチが効果的。片足を曲げて反対脚を伸ばして座り、そのまま息を吐きつつ上半身から頭を後ろにそらせるように体の前側を伸ばして10秒キープ。反対側も同様に。

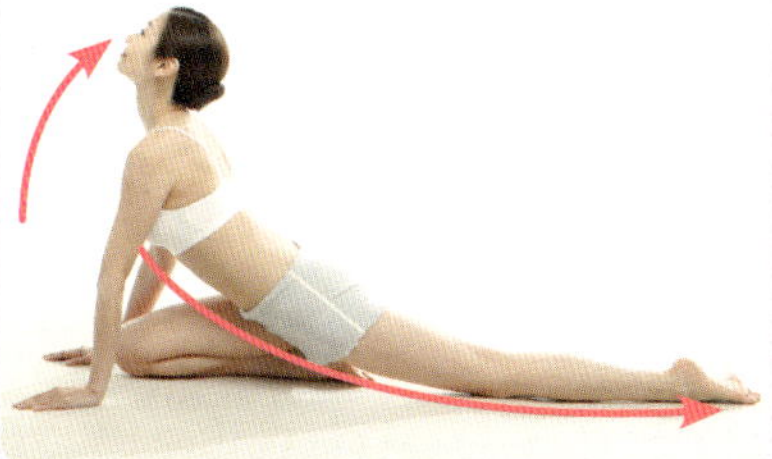

ダイエット編 2

食事制限をしても痩せない

太るのは、摂取カロリーが消費カロリーを上回っているから。しかし、きちんと食事制限をしてもなかなか痩せない人は、食事以外の要因も疑ってみるべきです。食事制限で痩せないのは、全身にコリがあり流れが悪くなっているために、代謝の悪い体になっているという原因が考えられます。現代人がこりやすい首や体の側面、足などをほぐして、流れのいい体を目指してください。

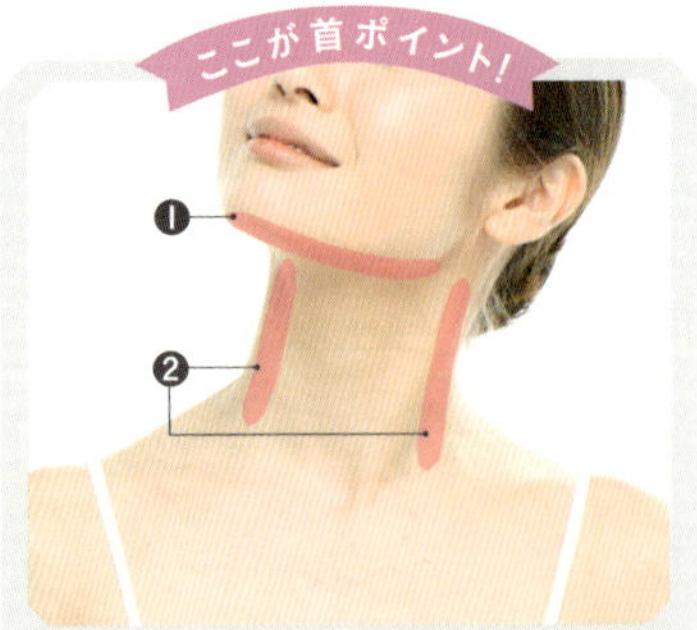

❶顎下《がくか》リンパ節　❷頸部《けいぶ》リンパ節

リンパの集中するフェイスラインの中でも、集合場所となるリンパ節。全身の流れに影響します。

首と肩をさする

耳の下から鎖骨、耳の下から肩先までの首の側面を、左右の手のひらで交互にさする。反対側も同様に。

足をさする

足の外側と内側を、足首から足の付け根まで両手のひらで交互にさする。反対側も同様に。

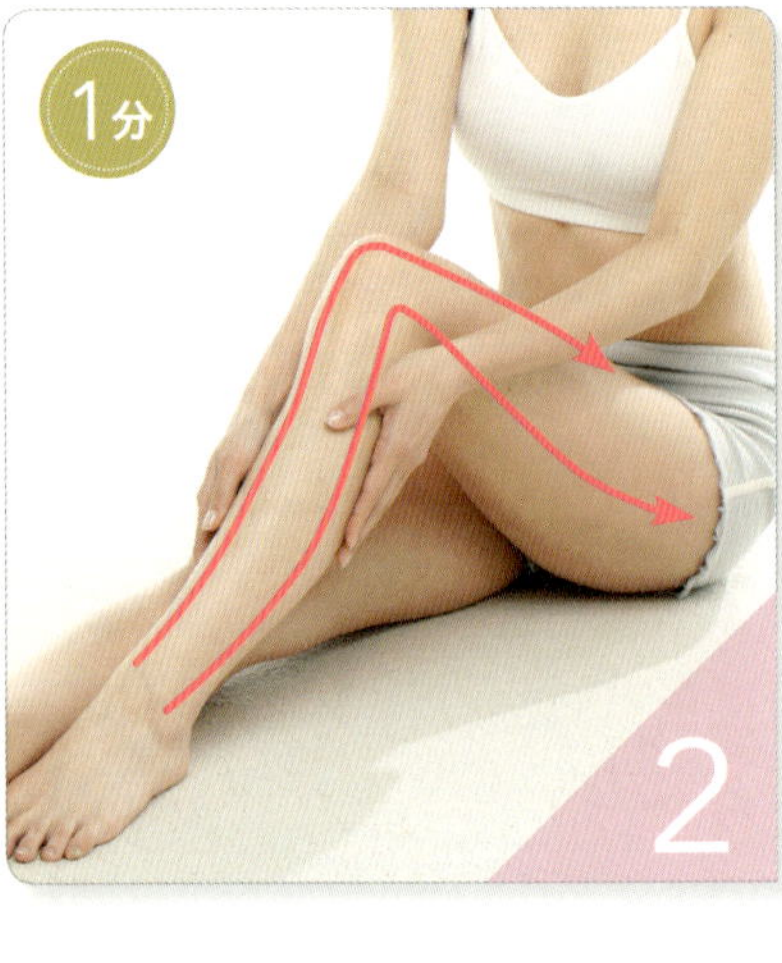

こんな人は要注意!

- ☑ 食べていないのに太る
- ☑ 水を飲んでも太る気がする
- ☑ 食事制限ダイエットで失敗したことがある

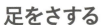

体の側面をさする

ワキの下から腰まで、体の側面を左右のひらで交互にさする。反対側も同様に。

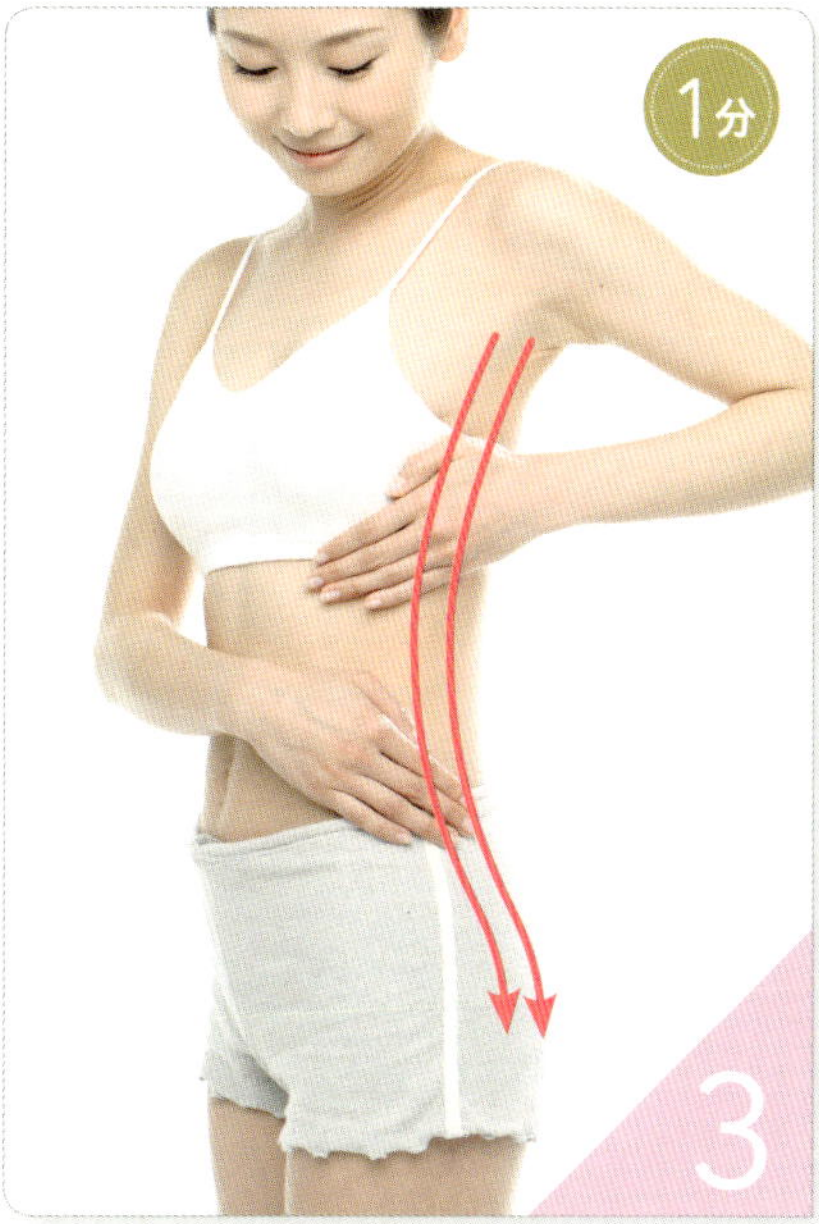

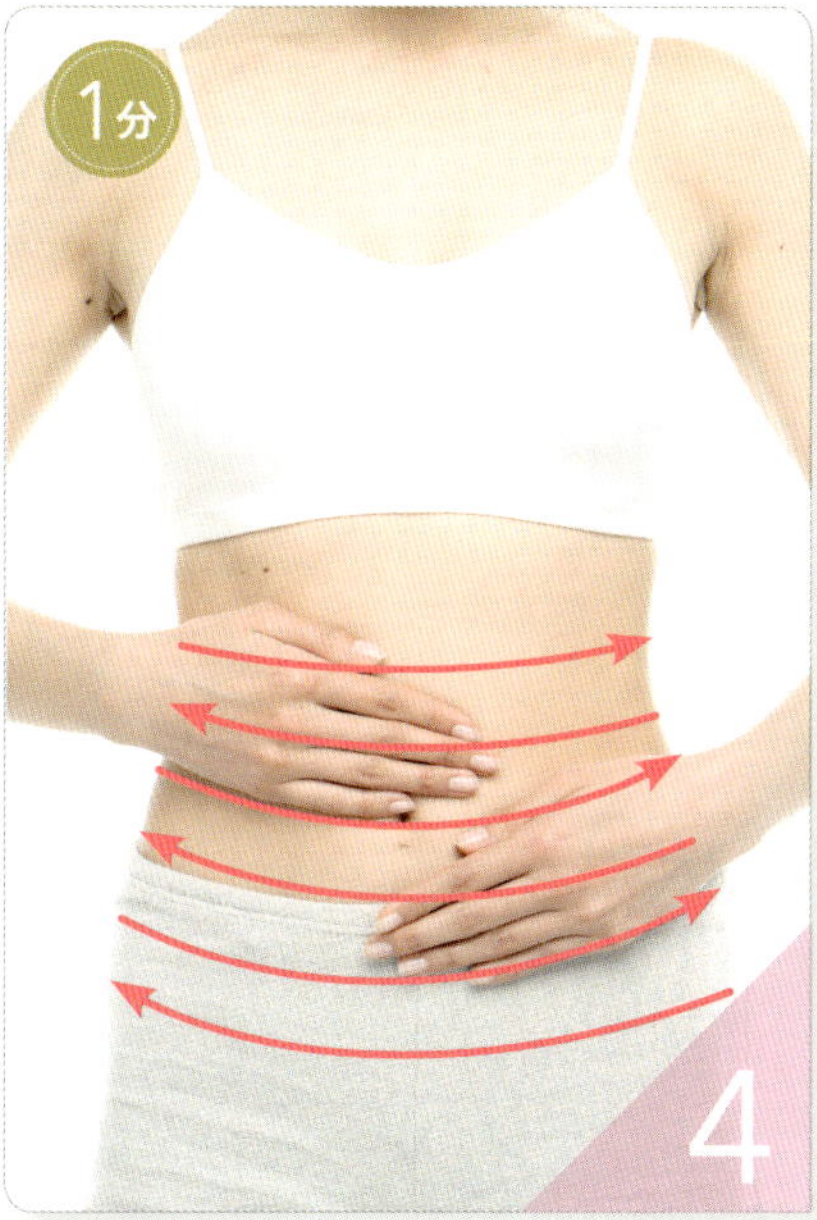

お腹をさする

右手は左の脇腹に、左手は右の脇腹にあて、お腹全体を、左右の手のひらで横方向に交互にさする。

+α で効果UP!

1分代謝アップストレッチ

上体ひねりストレッチで内臓の働きを活発にし、全身の代謝をアップさせます。開脚して座って腕を横に伸ばし、息を吐きながら上半身を片側にひねって10秒キープ。息を吸いながら上半身を戻して、反対側も同様に。

ダイエット編 3

バストアップしながら体重を減らしたい

冷えてガチガチになったお肉はなかなか落ちませんが、反対に、バストのように温かくて柔らかい部分は燃焼しやすく、落ちやすいのが特徴です。食べないダイエットはまずバストから痩せますが、リンパマッサージダイエットであれば体のバランスが整った状態で痩せることが可能です。形のよいバストを目指すならワキにある腋窩リンパ節の滞りを改善。ここを意識的に流すことで、バストラインが美しく変わります。

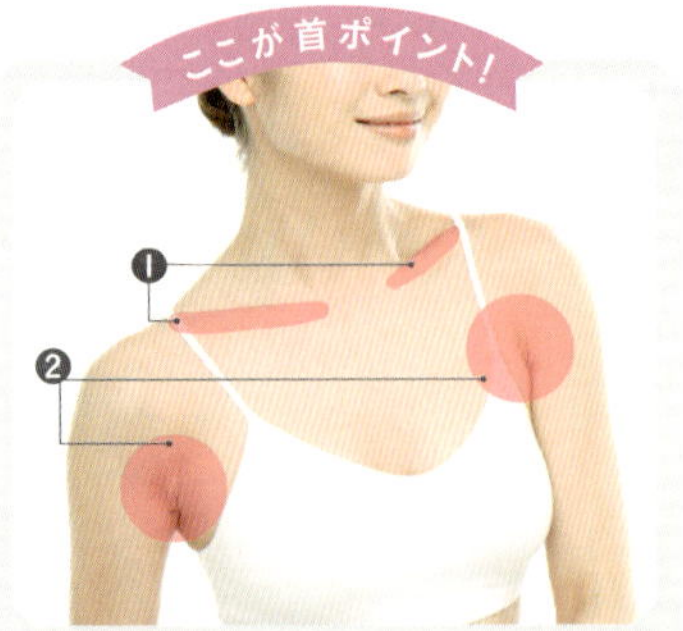

❶鎖骨《さこつ》リンパ節　❷腋窩《えきか》リンパ節

バストまわりや腕のリンパの流れの、大切なポイントです。滞りを改善し、美しいバストラインに。

首をさする

あごの下から鎖骨に向かって、首の前面を、左右の手のひらで交互にさする。

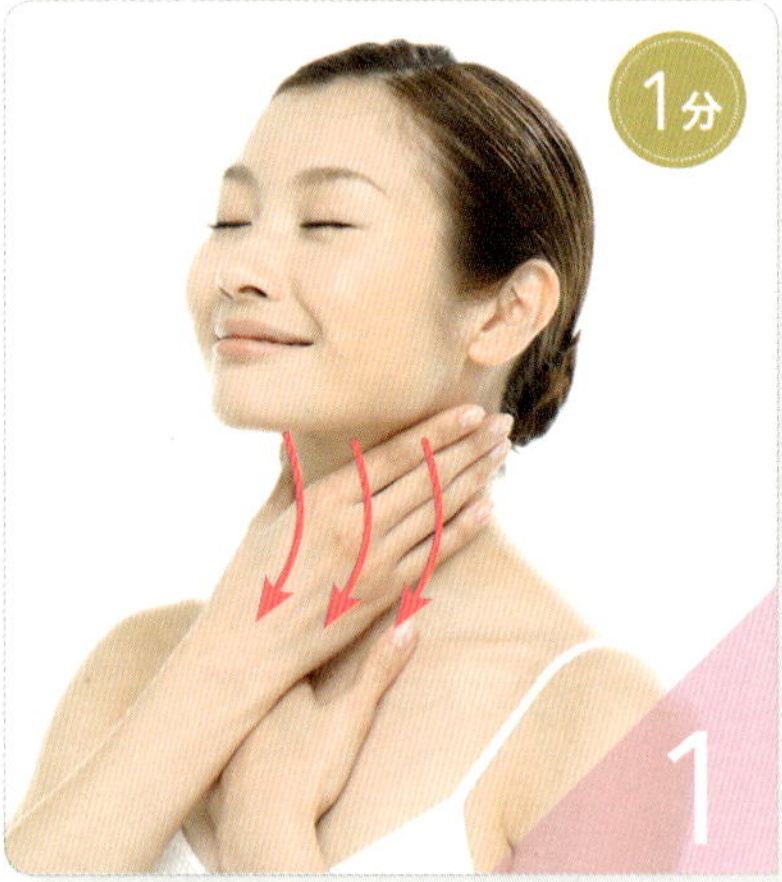

お腹をさする

腹部からバストの下（アンダーバスト）まで、左右の手のひらで交互にさすり上げる。

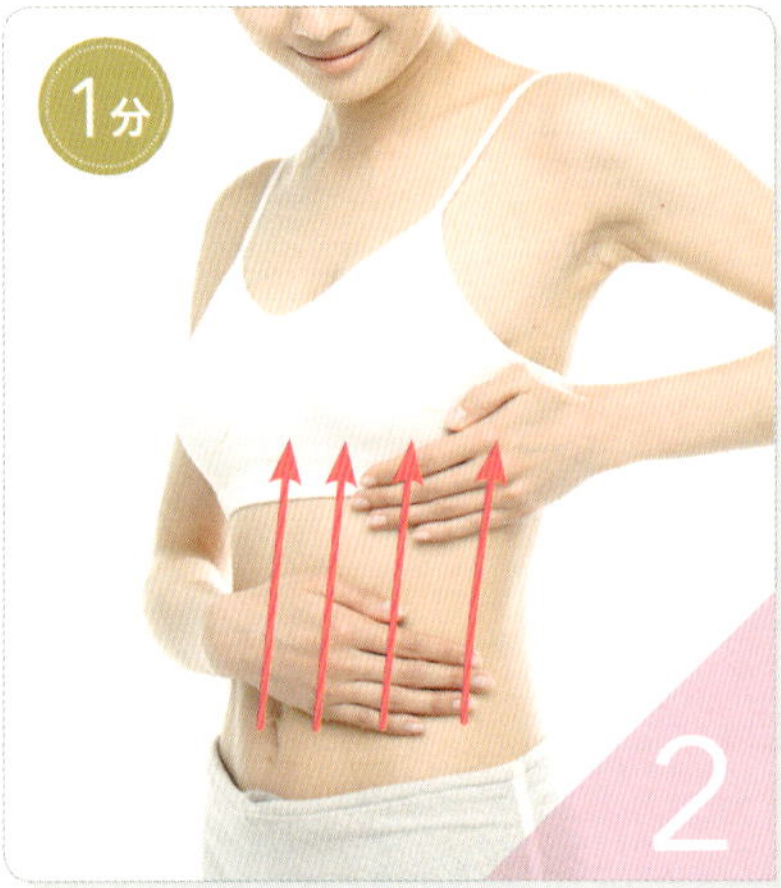

こんな人は要注意!

- ☑ ダイエットをすると胸から痩せる
- ☑ 胸がなくなりそうで痩せるのが怖い
- ☑ 全体的に太いのに胸は小さい

バスト周りをさする

バスト周りを、上は内側から外側、下は外側から内側に向けて左右の手のひらで同時に円を描くようにさする。反対側も同様に。

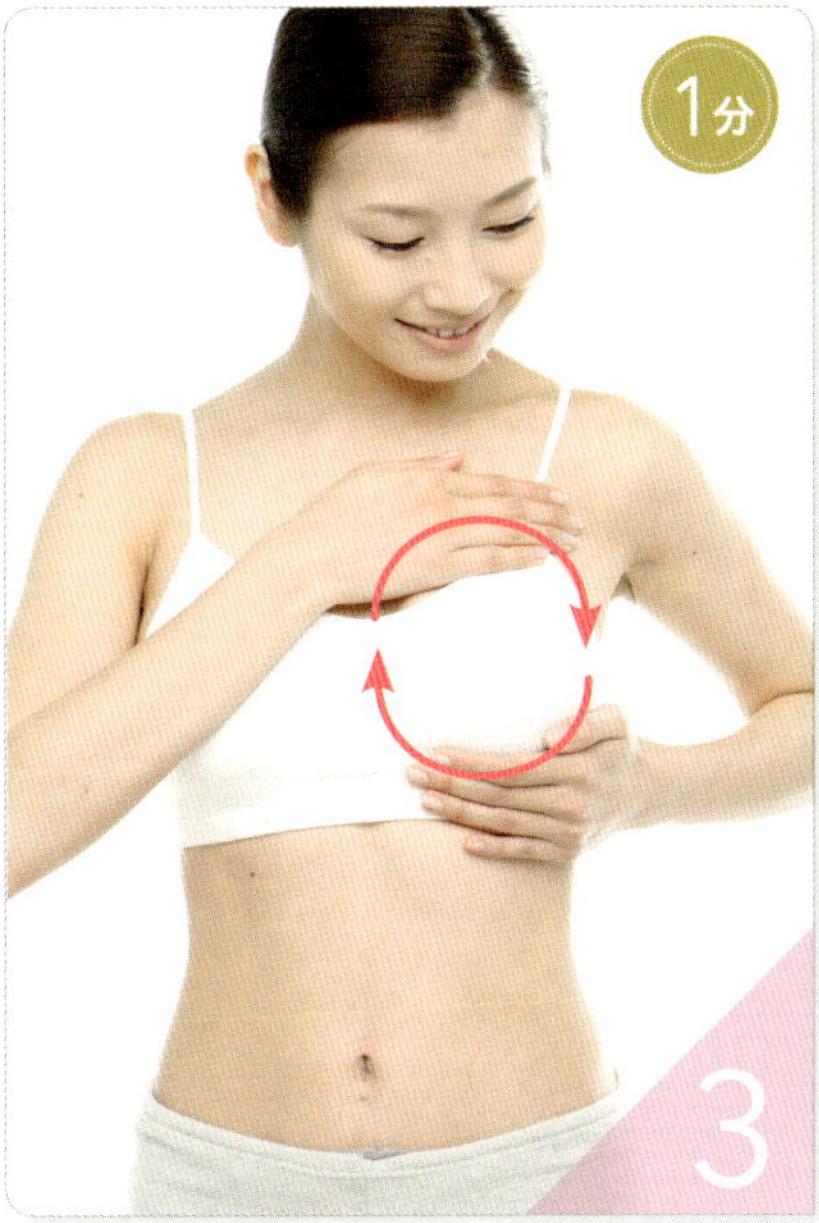

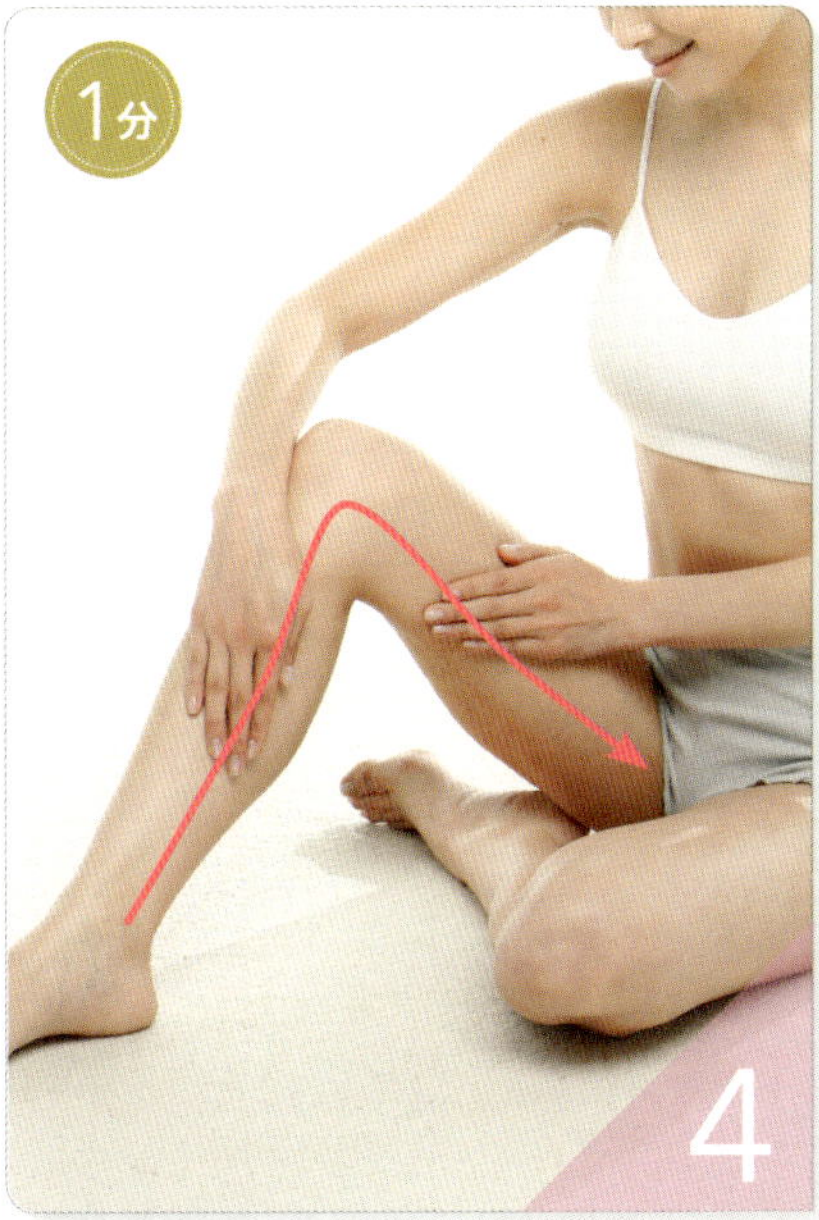

足をさする

足首から足の付け根まで、足の内側を両手のひらで交互にさすり上げる。反対側も同様に。

+α で効果UP!

1分バストアップストレッチ

胸の筋肉を刺激し、バストからお腹にかけての経絡を刺激します。脚を肩幅に開いて立ち、両手を胸前で合わせて少し力を込めて押しながら、上半身を片側にひねって10秒キープ。その後力をゆるめ、反対側も同様に。

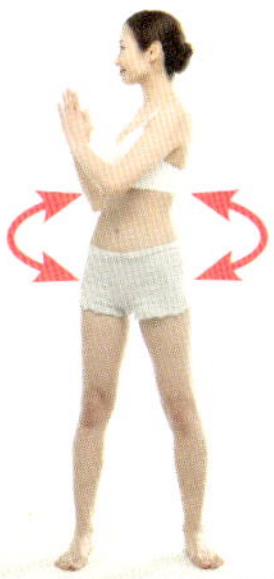

ダイエット編 4

ボディラインにメリハリを出しながら痩せたい

東洋医学では、心身ともに、バランスのとれている状態が健康であるといわれています。身長や全身のバランスと比較して太く感じる部分は、滞っているところ。またそれは不調のサインでもあります。全身のバランスを整えて余分なものが排泄されれば、メリハリのあるボディが取り戻せます。ボディバランスを整えるポイントは、むくみの改善。そけい部やウエストの滞りを改善して、あなた本来の美しさに!

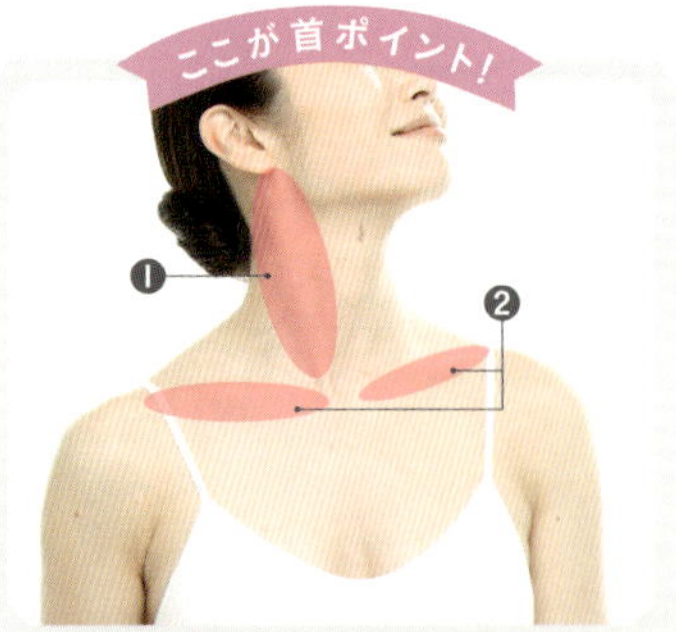

❶胸《きょう》鎖《さ》乳《にゅう》突《とつ》筋《きん》　❷鎖《さ》骨《こつ》リンパ節

首の側面にある❶の筋肉は、現代人が特にこりやすいところ。こまめにマッサージして流して。

首をさする

耳の下から鎖骨まで、耳の下から肩先までを、左右の手のひらで交互にさする。反対側も同様に。

足の外側をさする

足首から足の付け根まで足の外側を左右の手のひらで交互にさすり上げる。反対側も同様に。

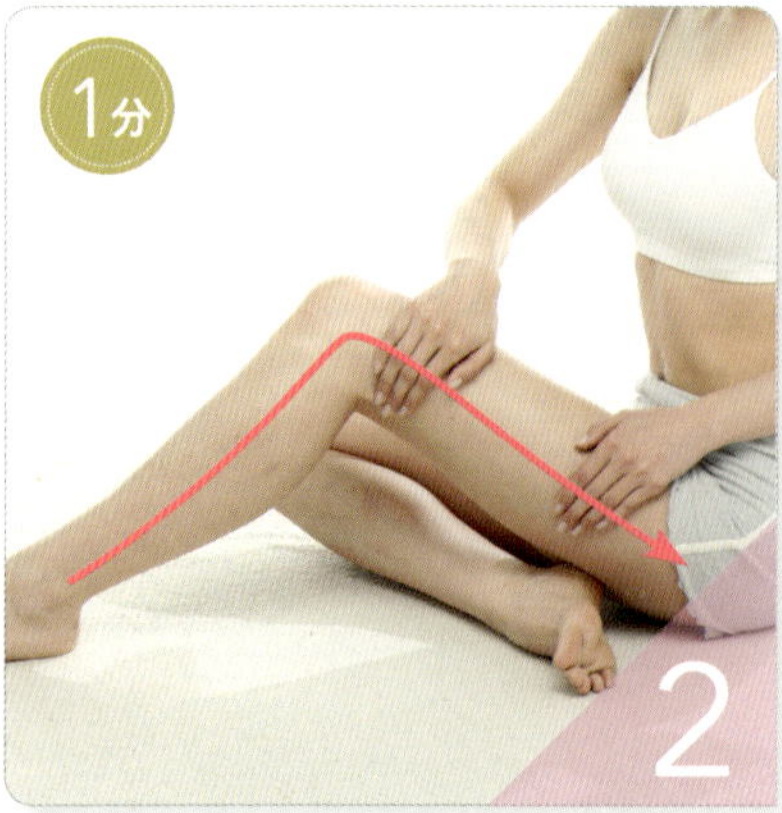

こんな人は要注意!

- ☑ 全体的にむくんでいる
- ☑ 最近、ウエストのくびれがなくなってきた
- ☑ ボディにメリハリがない

そけい部と下腹部をさする

そけい部と下腹部を、外側から内側に向けて手のひらでさする。

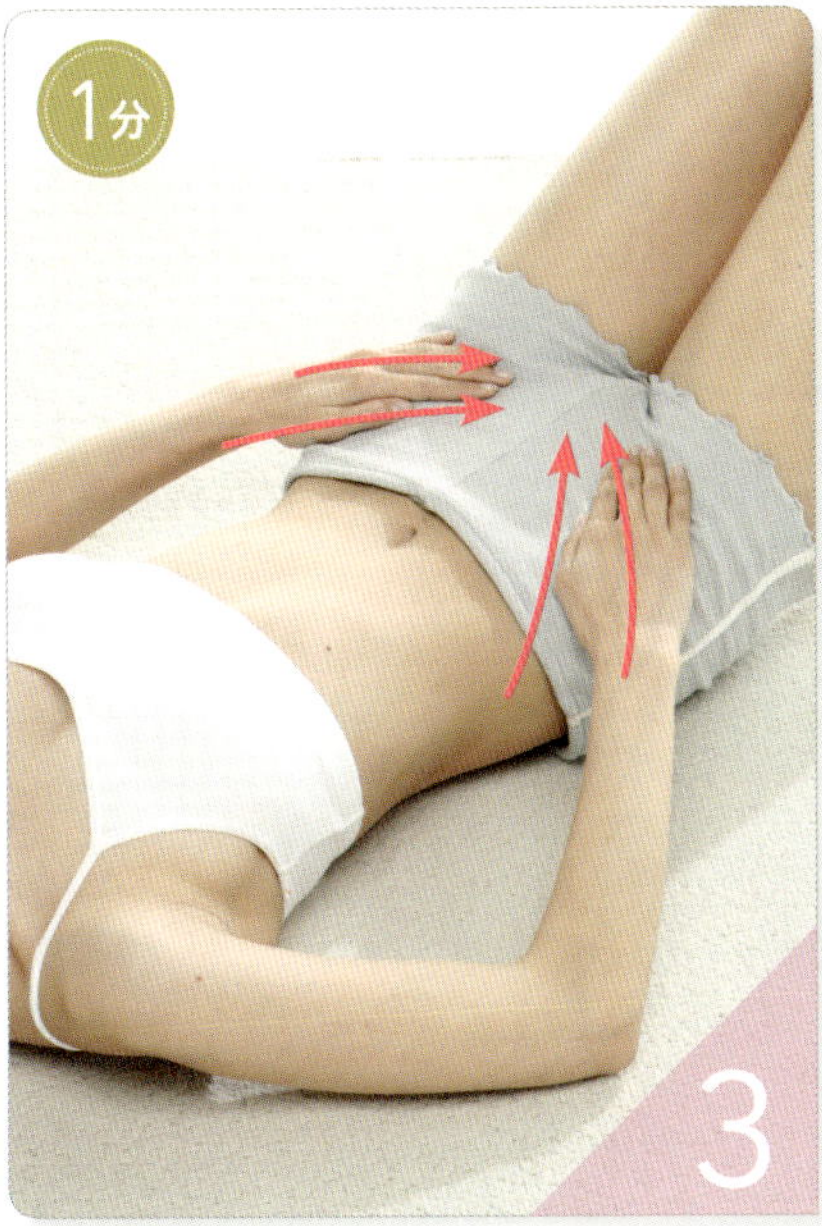

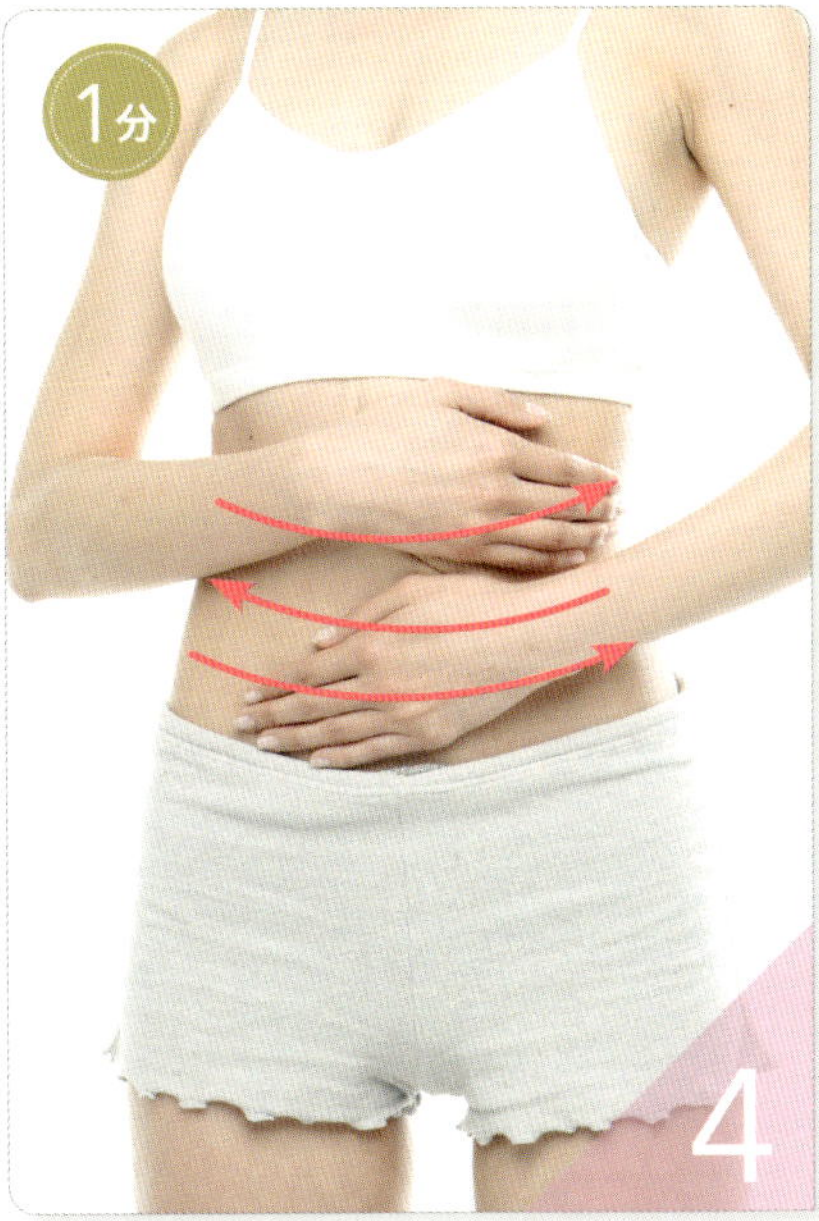

ウエストをさする

右手は左の脇腹に、左手は右の脇腹にあて、お腹全体を左右の手のひらで横方向に交互にさする。

＋α で効果UP!

1分メリハリボディストレッチ

体の後ろ側の筋肉を刺激することで、メリハリのあるボディラインを作ります。床にひざと手をついてから片足を後ろに伸ばし、息を吐きながら伸ばした脚を引き上げて10秒キープ。息を吸いながら戻して、反対側も同様に。

ダイエット編 5

お腹まわりを中心に痩せたい

食べすぎや運動不足などで、太ったことを感じやすいお腹。「まずお腹につく」という人も多く、美と健康のバロメーターといえる部位です。ぽっこりした下腹を改善するには、筋肉を引き締めることはもちろん、内臓を元気にすることも重要です。脾経や胃経の流れが改善すれば、内臓から元気なお腹に。お腹まわりが痩せると動きやすくなり、身動きも軽く、ますます痩せやすくなります。

ここが首ポイント!

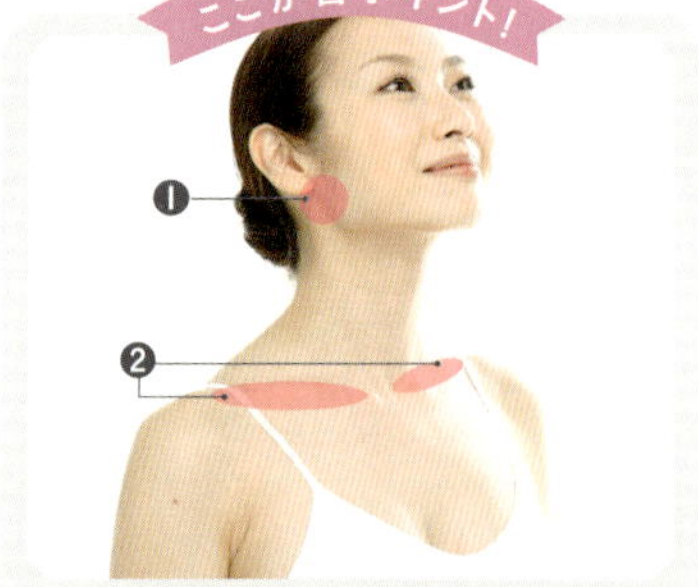

❶耳下腺《じかせん》リンパ節 ❷鎖骨《さこつ》リンパ節

全身のリンパの流れに関係する大切なリンパ節。お腹まわりにも大きく影響します。

肩をさする

背中から鎖骨に向かって、左右の手のひらで交互にさする。反対側も同様に。

足をさする

足首から足の付け根まで、足の外側と内側を左右の手のひらで交互にさすり上げる。反対側も同様に。

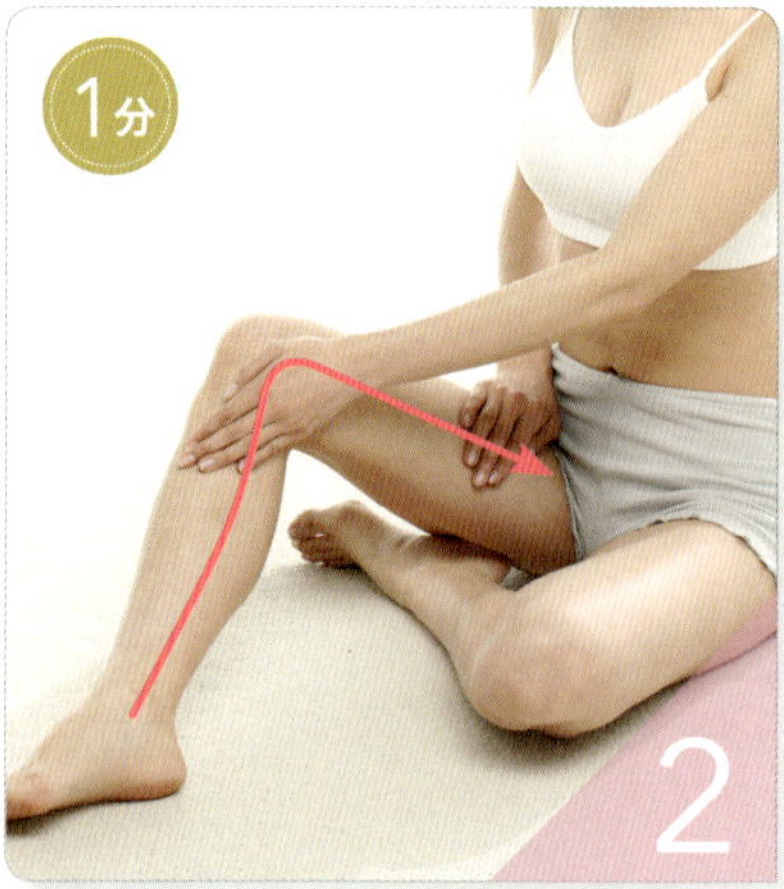

こんな人は要注意!

- お腹がぽっこり出ている
- 三段腹が気になる
- ベルトの上にお肉が乗る

お腹をさする

❶お腹の中心線をみぞおちから下腹部まで左右の手の親指以外の4本の指で交互にさすり下ろす。❷次にそけい部を左右の親指以外の４本の指で内側に向けて同時にさする。

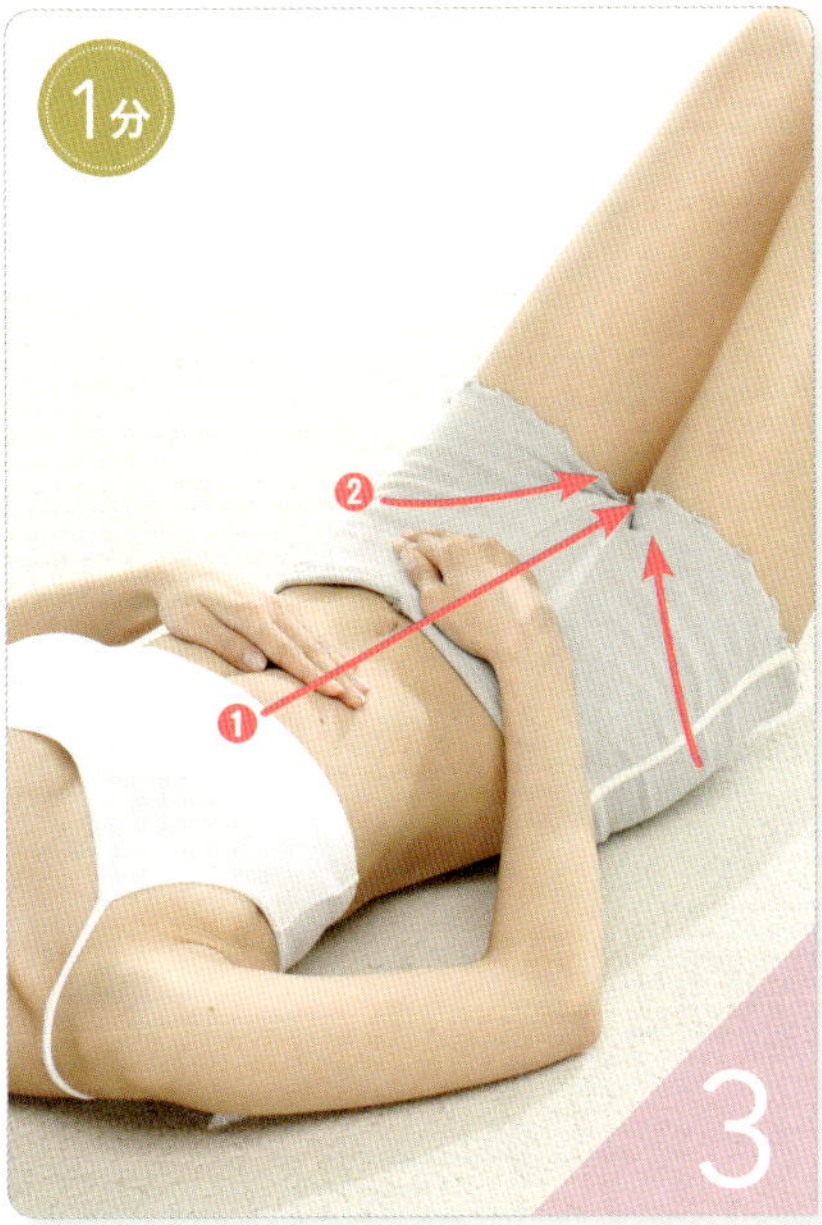

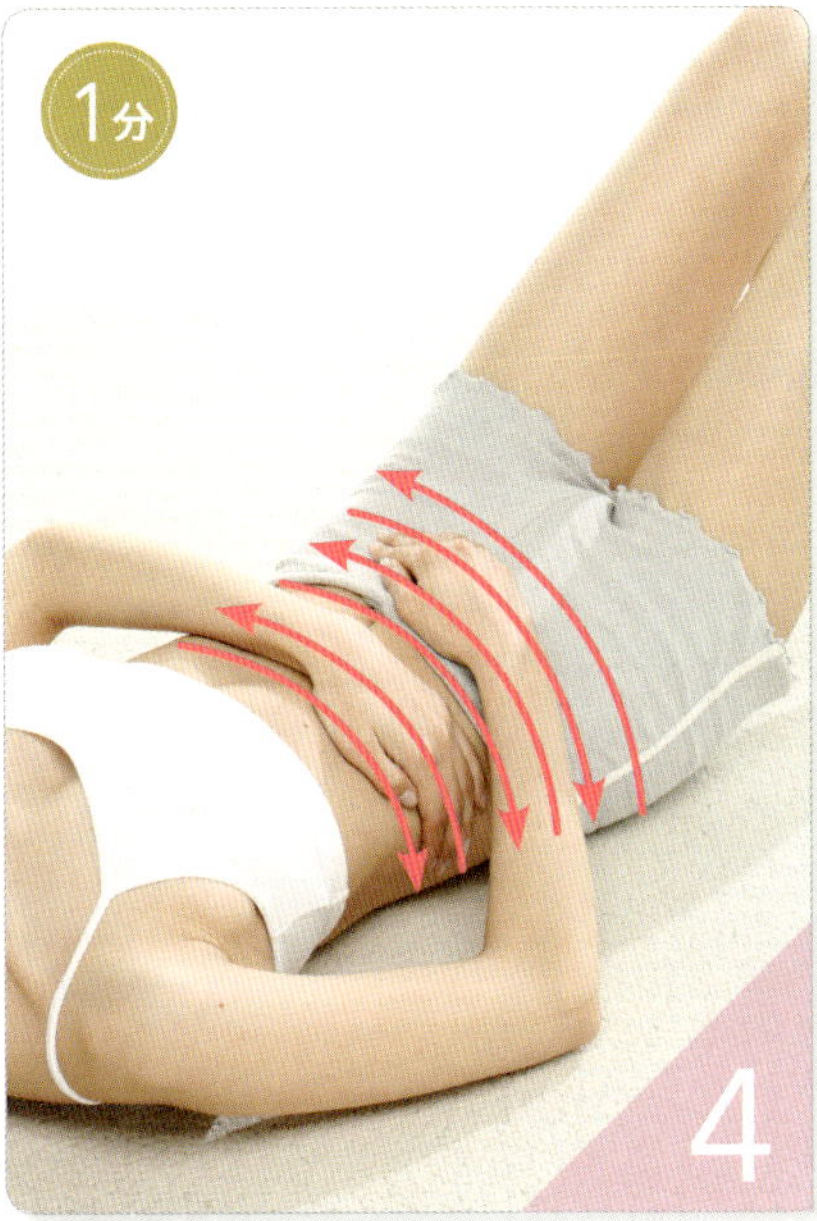

お腹をさする

右手は左の脇腹に、左手は右の脇腹にあて、左右の手のひらで交互に、お腹周りを横にさする。

+α で効果UP!

天枢（てんすう）

お腹痩せツボ

ぽっこりお腹の原因は、脂肪だけでなく、便秘や胃下垂なども考えられます。天枢は、胃や腸など消化器系の働きを活発にし、便秘を改善するツボ。胃下垂、泌尿器系、生殖器系のトラブルのほか、腰痛にも効果的といわれています。

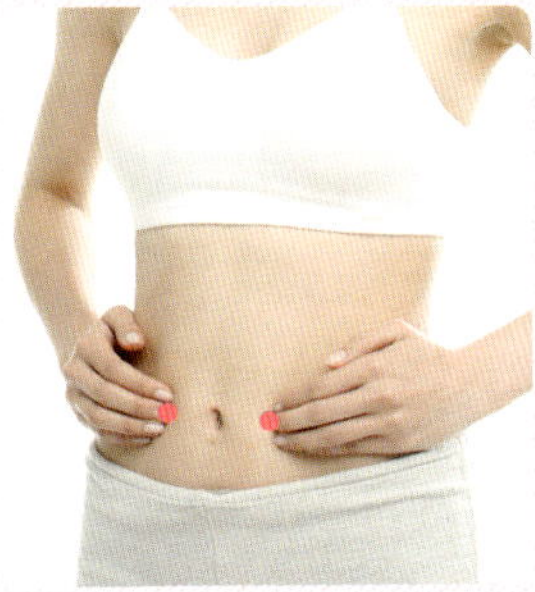

健康的な美脚に!

ただ細いだけでは、美脚にはなれません。美しい足の条件は、健康的で引き締まった、形のいい足であることです。足首が太い、アキレス腱が埋もれているなどでメリハリがないのは、足のむくみが原因です。むくみにくい足を手に入れるには、全身のリンパの流れをよくすることが大切。デコルテ、特に鎖骨周辺には、全身の流れに関係するリンパがあります。足とデコルテのケアを併せて行なってむくみを改善し、美脚を手に入れて。

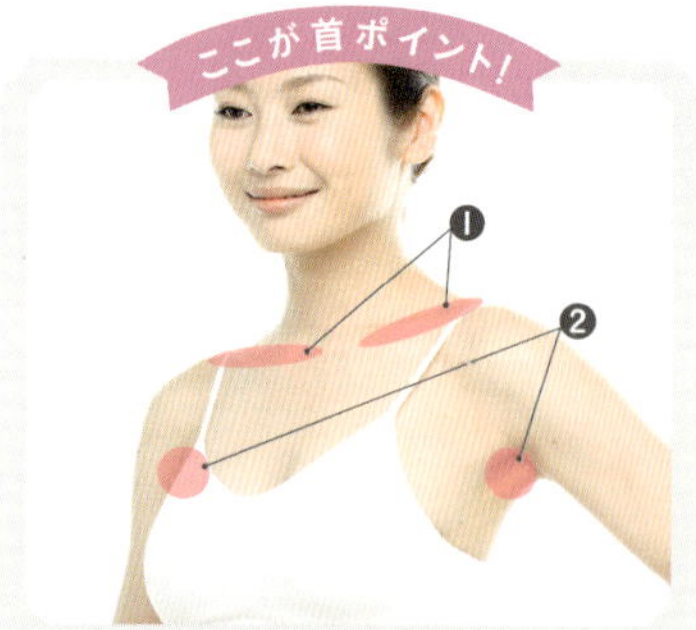

❶鎖骨《さこつ》リンパ節　❷腋窩《えきか》リンパ節

❶はリンパの流れの最終地点で、全身の流れに関係する大切なポイント。❷も刺激すればさらに効果的。

首からデコルテをさする

耳の下から反対側のワキの下まで、左右の手をクロスして、手のひらで交互にさする。

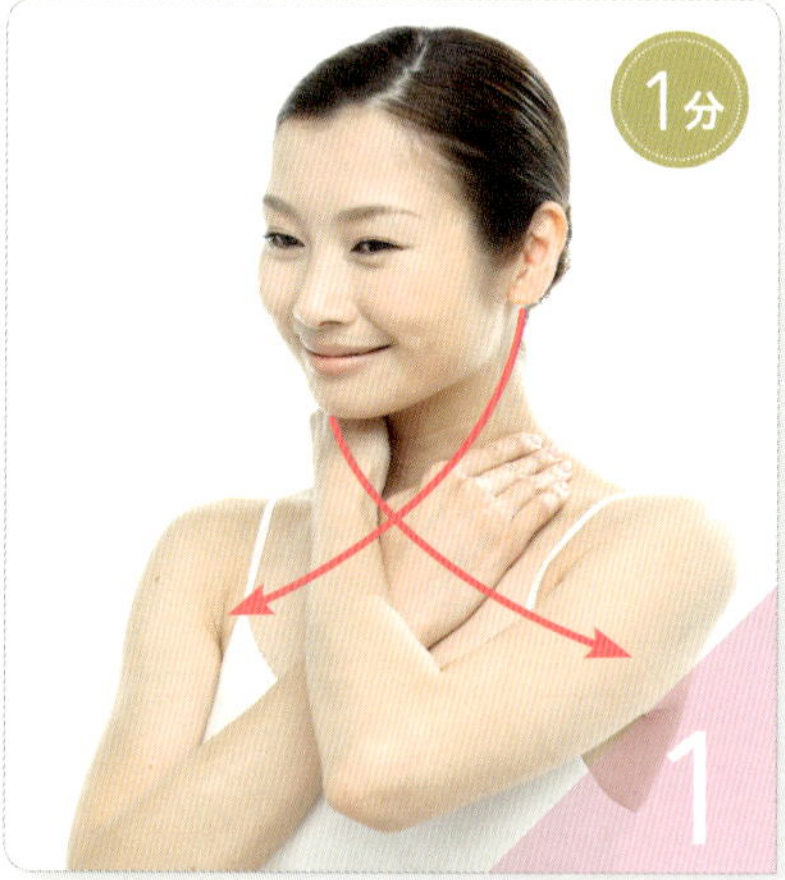

腰をさする

腰からヒップラインに沿って、両手のひらで同時にさする。

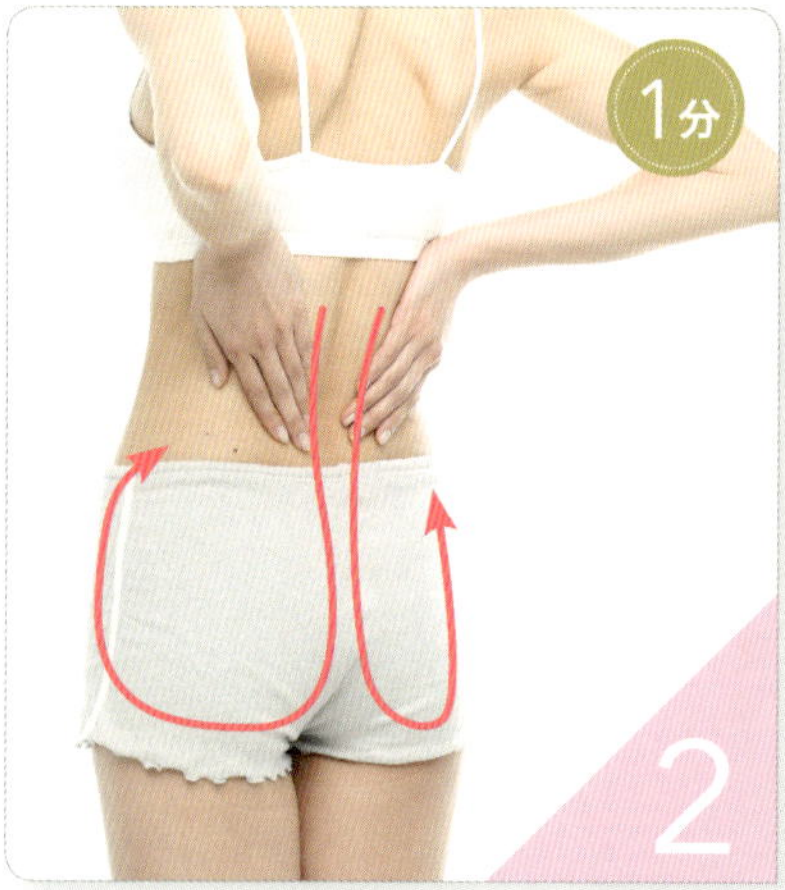

こんな人は要注意!

- ☑ 足全体が太い
- ☑ むくみやすい
- ☑ 足にメリハリがない
- ☑ 足がいつも冷えている

お腹をさする

❶おへその中心からやや外側のラインを、胸の下から下腹に向かって親指以外の4本の指で交互にさする。
❷そけい部を外側から内側に向かって、親指以外の4本の指で同時にさする。

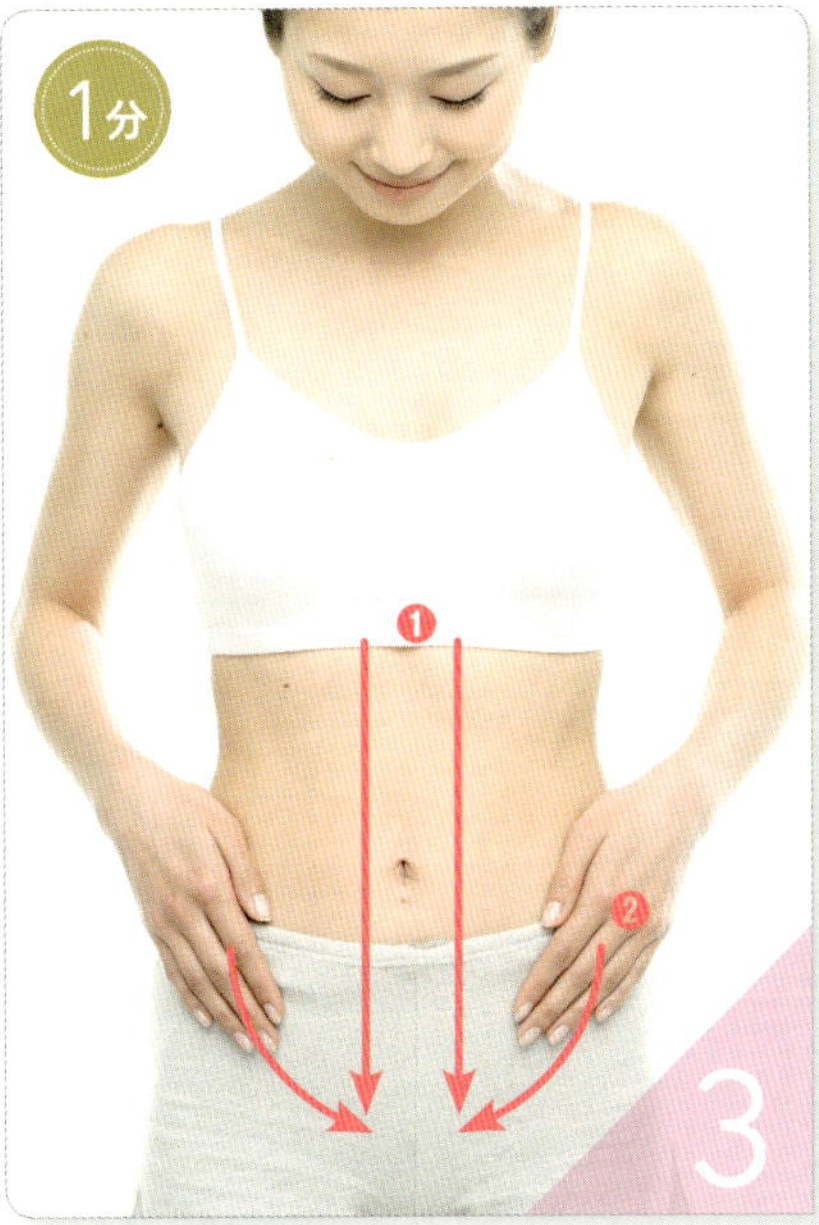

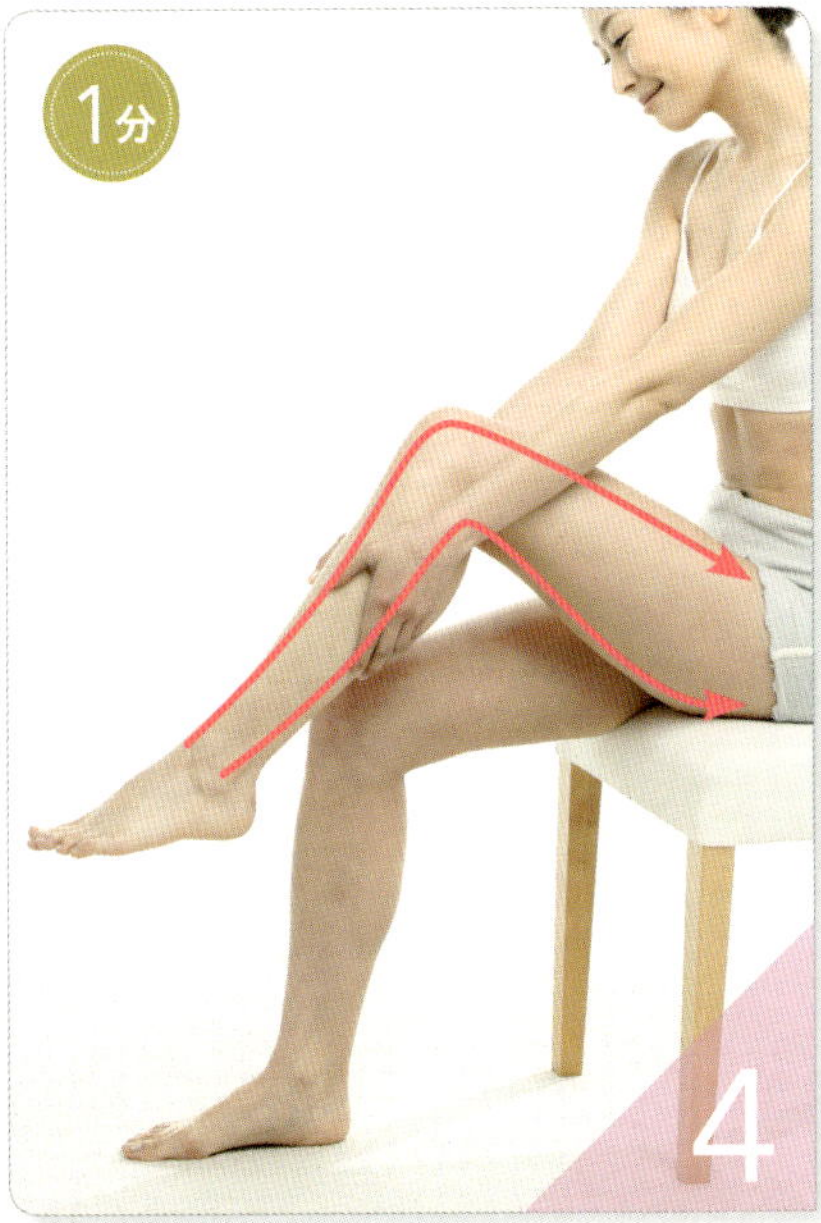

足をさする

座って、左右の手のひらで足を包むようし、足首から足の付け根まで同時にさすり上げる。足を上に上げて、自転車をこぐようにしてさすってもよい。反対側も同様に。

+α で効果UP!

尺沢（しゃくたく）

美脚ツボ

全身のくすみをとり、肌をキレイに見せてくれます。足の色ムラを改善し、美脚度をさらに高めましょう。また、ひじの痛みをはじめ、せき、かぜ、のどの痛みなどの呼吸器系のトラブルにも効果的です。

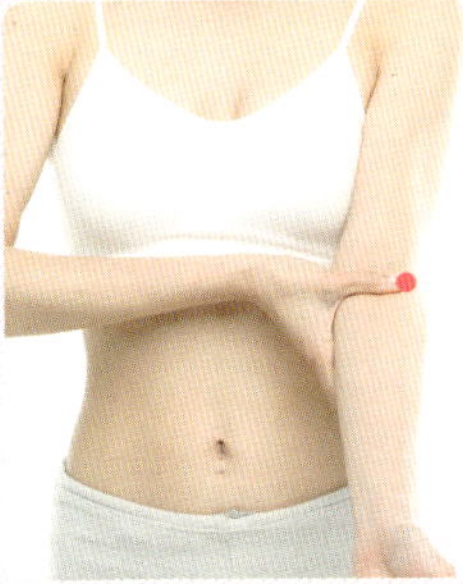

ダイエット編 7

肩・背中太りをスッキリ！

年齢を重ねるにつれて、次第に盛りあがってくる肩と背中のお肉。その盛り上がりの原因は、首・肩から背中全体がこっていることです。日常の生活では上半身を動かすことが少ないうえ、パソコン作業などで同じ姿勢を続けることも、コリを悪化させてしまいます。セルフケアで背中をさするのは難しいけれど、関連する腕やお腹をさすれば、肩から背中の流れもよくなっていきます。

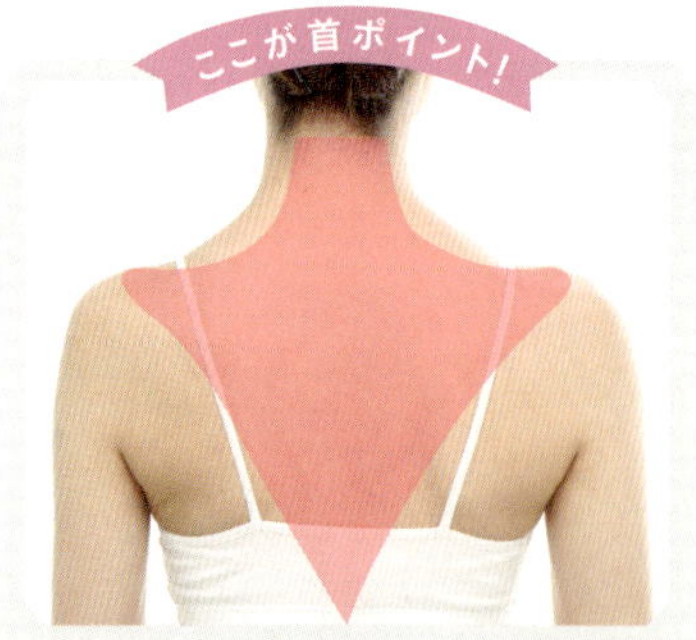

僧帽筋《そうぼうきん》

肩から背中上部のラインに関係する筋肉。この部分が滞ると、首や肩のコリの原因にもなります。

首をさする

耳の下から肩先、耳の下から鎖骨まで左右の手のひらで交互にさする。反対側も同様に。

腕をさする

手首からワキの下まで腕の内側と外側を片手のひらでさすり上げる。反対側も同様に。

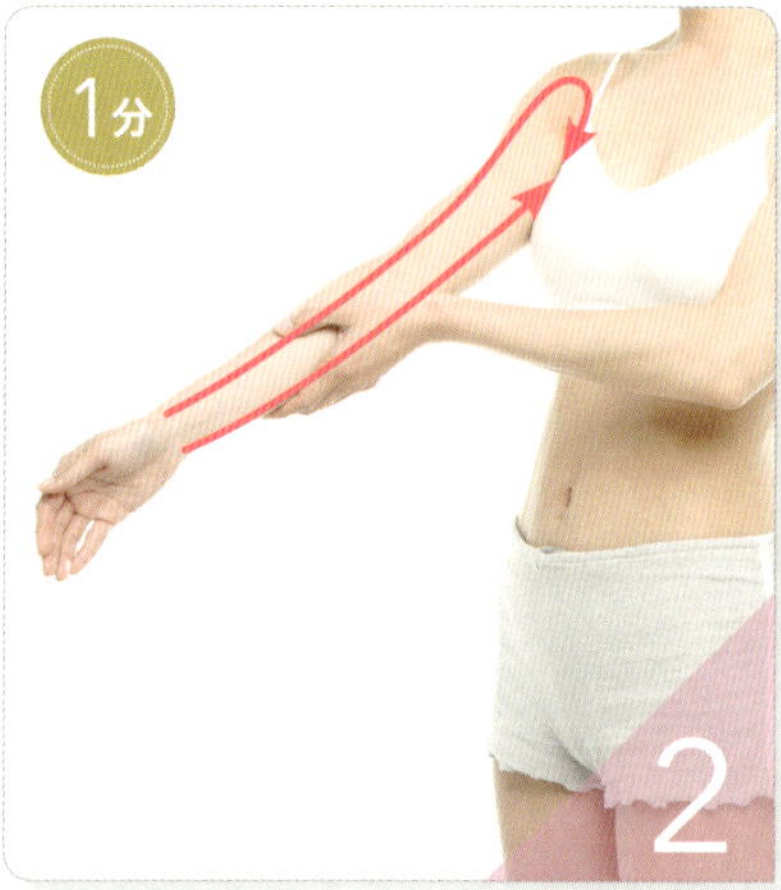

こんな人は要注意！

- ☑ 肩コリがひどい
- ☑ 後ろ姿、特に背中が老けて見える
- ☑ 肩や背中のハリを感じることがある

お腹をさする

反対側の脇腹に片手のひらをあて、上半身をねじるように動かしながら、左右の手で交互に、ウエストラインを横にさする。

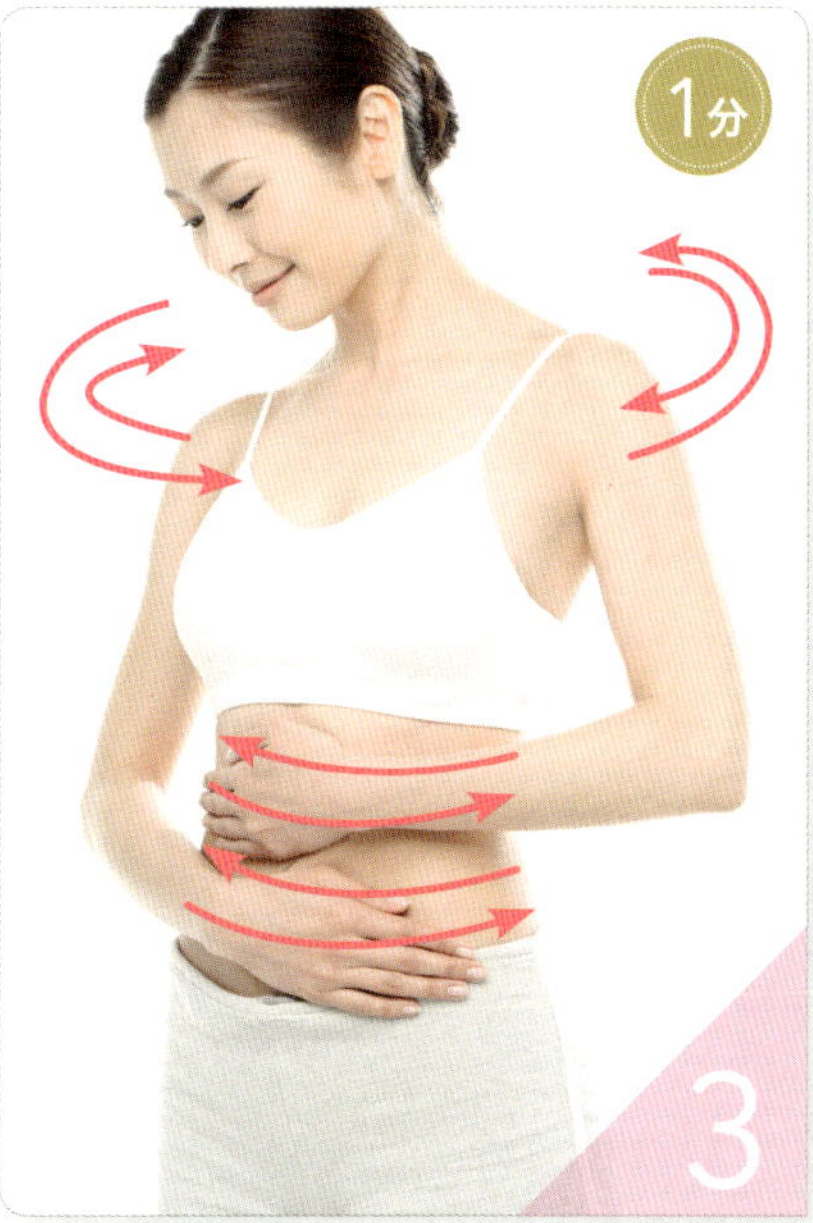

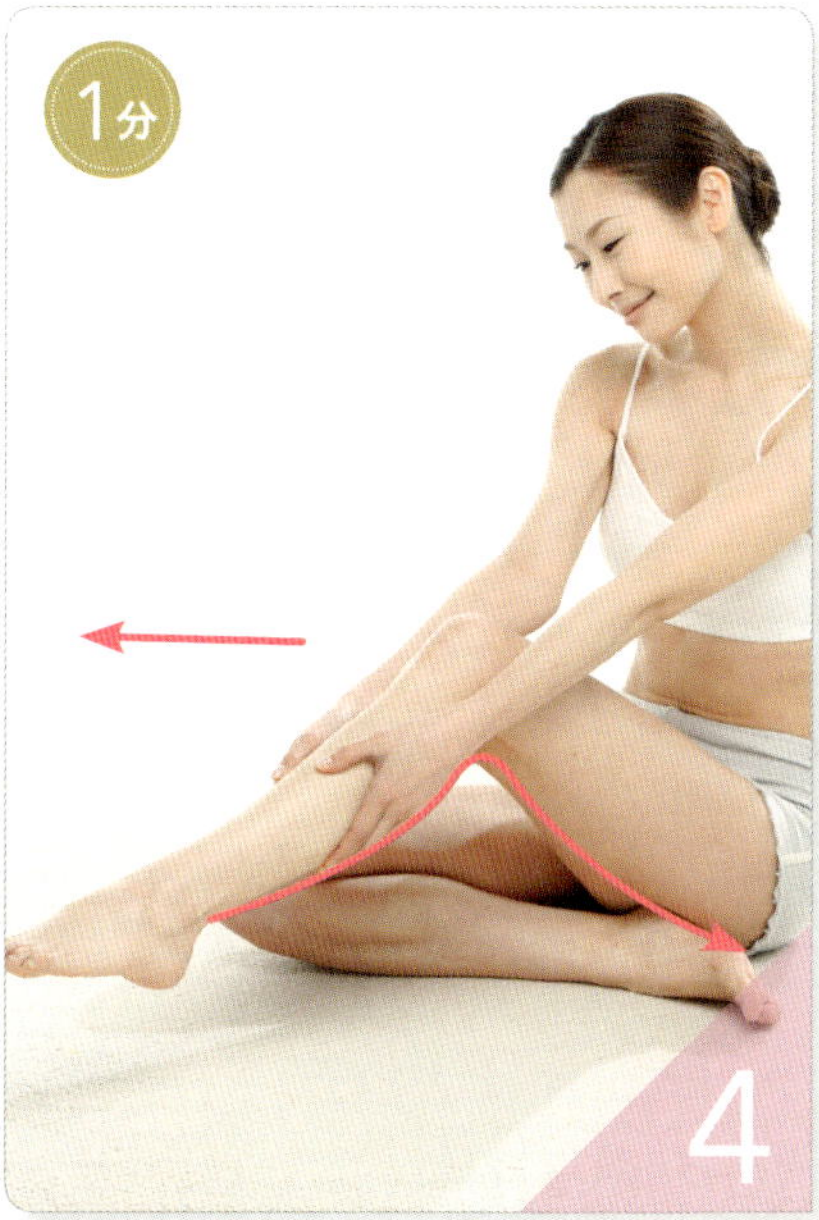

足をさする

床に座った状態で片足を立て、両手のひらで足を包むようにもつ。足全体を前の方へ動かしながら、足首から足の付け根まで手のひらをすべらせて同時にさする。反対側も同様に。

+α で効果UP!

1分背中スッキリストレッチ

背中から肩周りの経絡と筋肉を刺激するストレッチです。足を肩幅に開いて立ち、両手を後ろで組んで、息を吐きながら肩甲骨を中心に寄せ、腕を少し上に引き上げて10秒キープ。一度肩をゆるめてから、3回繰り返して。

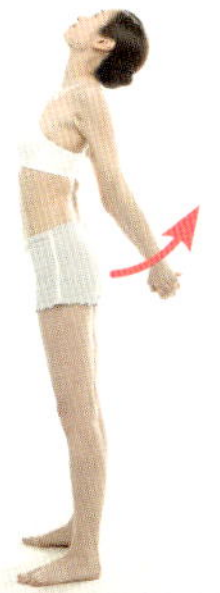

ダイエット編 8

気になるセルライトを撃退

セルライトがつきやすい人は、体が冷えていて、老廃物が溜まっている状態です。冷えと老廃物を放っておくとさらに血行が悪くなり、どんどんセルライトが溜まりやすくなってしまいます。また冷えは、健康にも悪影響を及ぼします。首周辺の流れがよくなれば全身の体温がアップ。また、足や腰の流れをよくして温めるのも、冷え改善に効果的です。全身を温めて、元気で美しい体になりましょう。

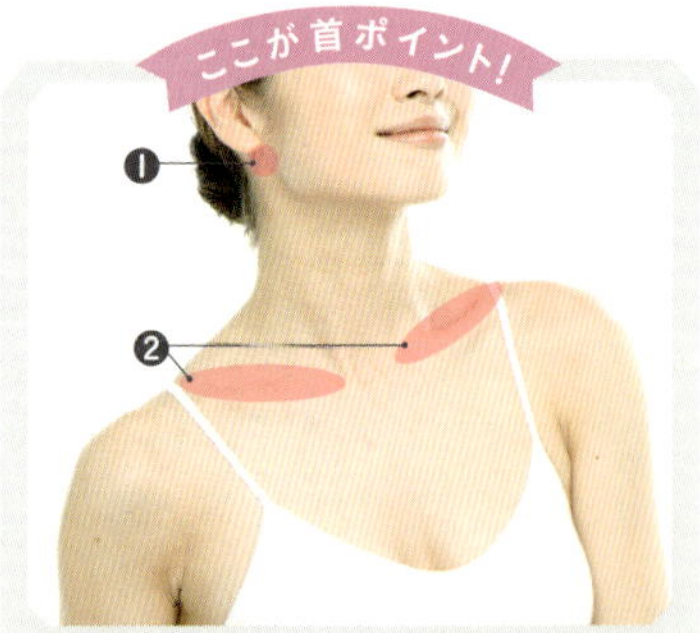

❶耳下腺《じかせん》リンパ節　❷鎖骨《さこつ》リンパ節

全身の流れを活性化するポイント。全身の代謝機能も高まり、痩せやすい体に変わります。

顔をさする

❶両手のひらであごからこめかみに向かってフェイスラインを同時にさする。❷次に首の側面を耳の下から鎖骨まで、両手のひらで同時にさする。

ヒップをさする

手のひらで、ヒップから腰までヒップラインに沿ってさする。やさしく手のひらで温め、上半身を左右に傾けながら、ヒップを引き上げるように。

こんな人は要注意!

- ☑ 冷え性である
- ☑ セルライトが気になる部位がある
- ☑ ヒップや太ももなど下半身が太い

背中からお腹に向かってさする

お腹と腰周りを、背中からお腹に向かって横に手のひらで交互にさする。反対側も同様に。

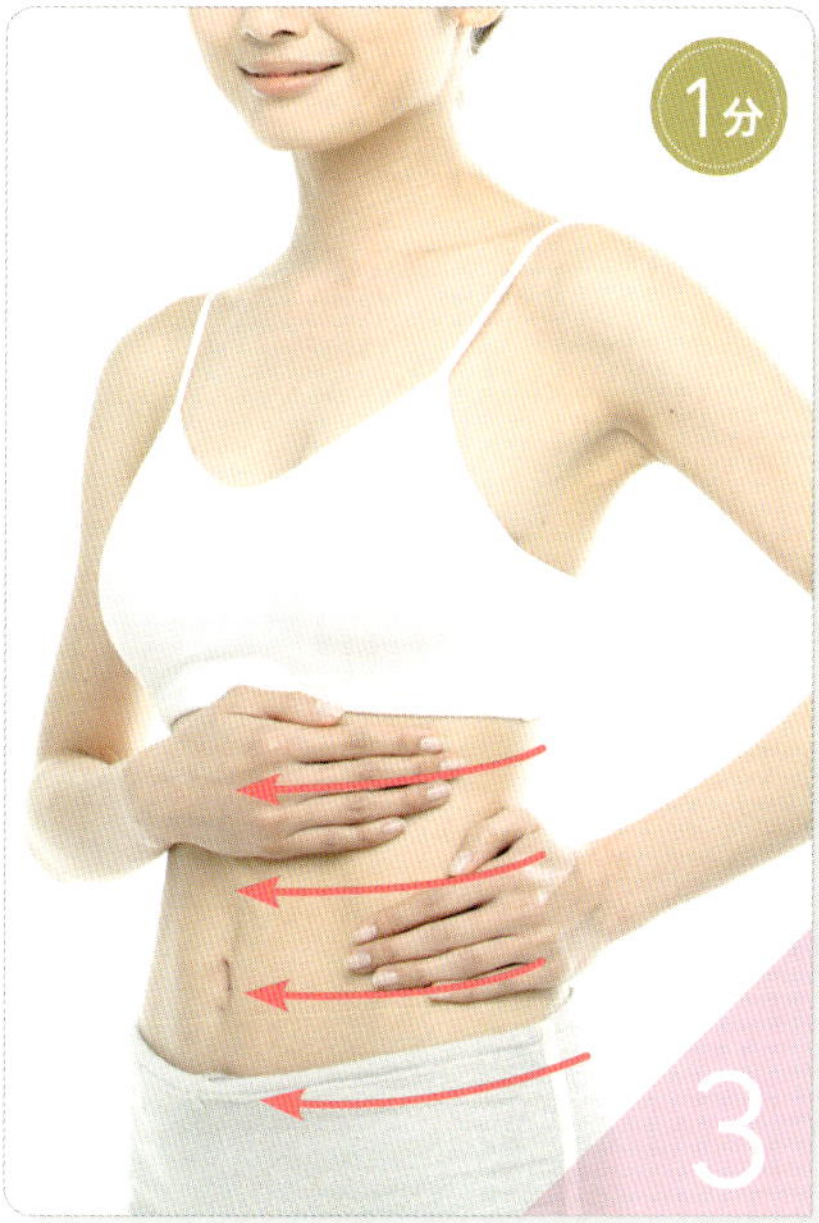

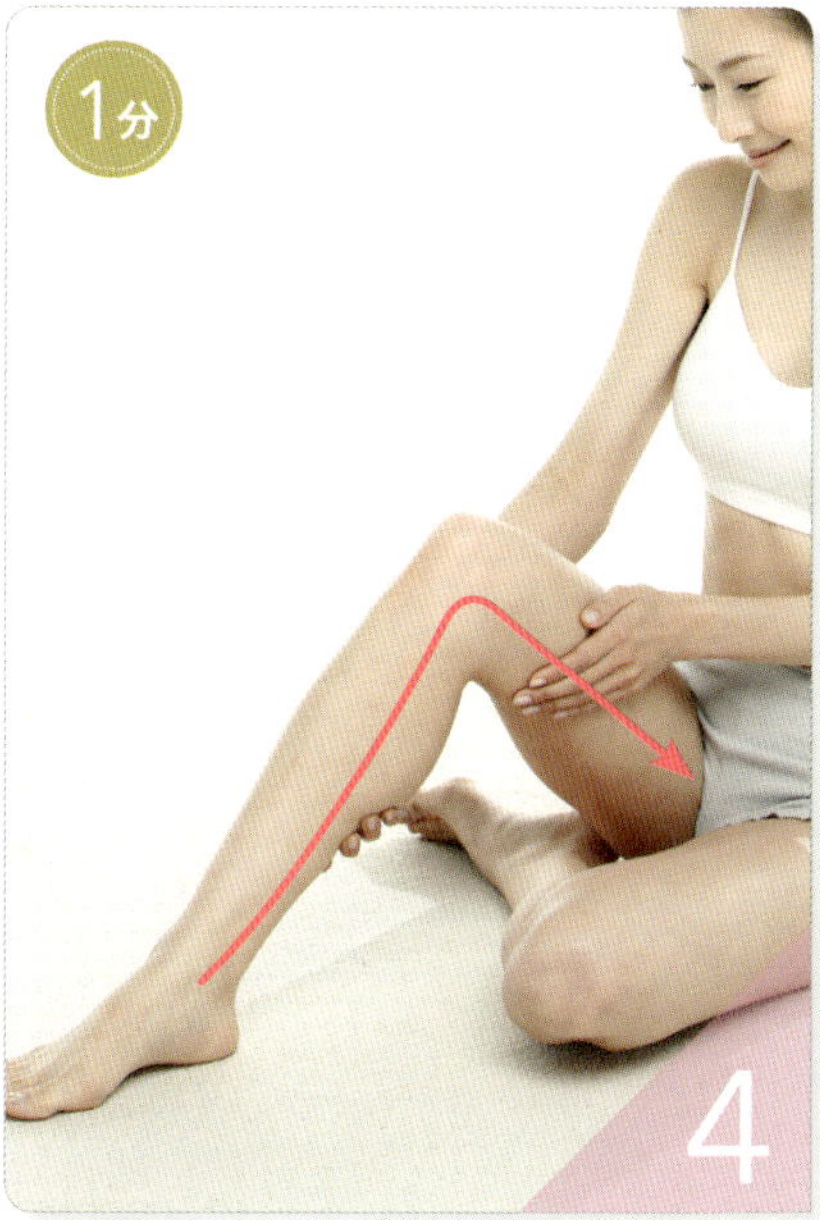

足をさする

足首から足の付け根まで足全体を左右の手のひらで交互にさする。反対側も同様に。

+α で効果UP!

湧泉（ゆうせん）

冷え改善ツボ

セルライトの原因になる冷えを改善します。流れがよくなるので、余分な水分を排泄してむくみや全身疲労を改善するほか、体力の低下を防ぐ働きもあります。

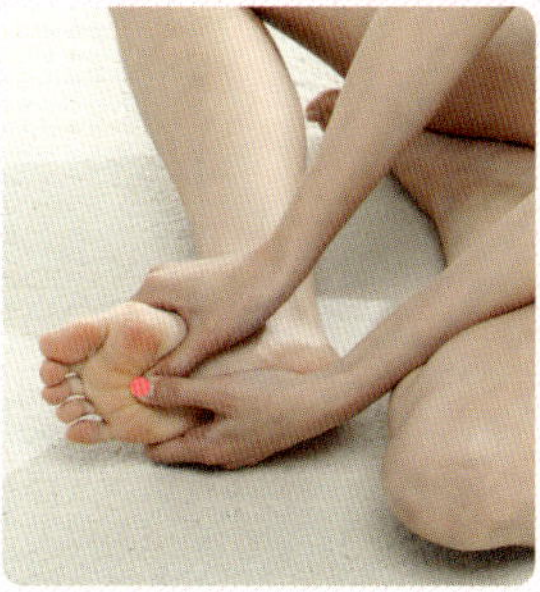

スッキリした二の腕に

二の腕にぷるんとついた、いわゆる〝ふりそで〟状態のお肉は、上半身全体を太く見せてしまうばかりか、老けた印象にもなってしまいます。また、二の腕は日常生活で動かす機会が少なく、たるみやすい部位でもあります。特に首からデコルテ周辺の滞りは、場所の近い二の腕のたるみに直結！腕だけでなく鎖骨の下や首までマッサージするのがポイントです。特に、ワキの下周辺は念入りにマッサージを行なって。

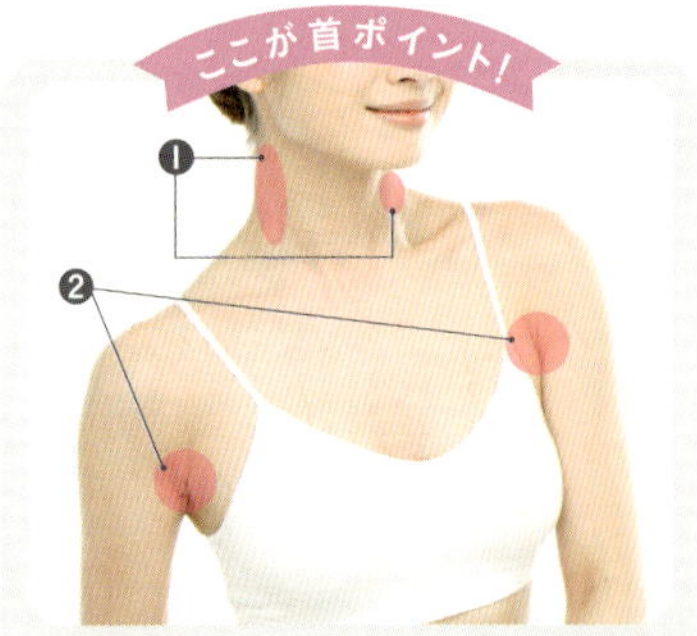

❶頸部《けいぶ》リンパ節　❷腋窩《えきか》リンパ節

❷は二の腕痩せのポイントになる部分。腕の滞りは、ここで浄化されます。❶も流すとさらに効果的。

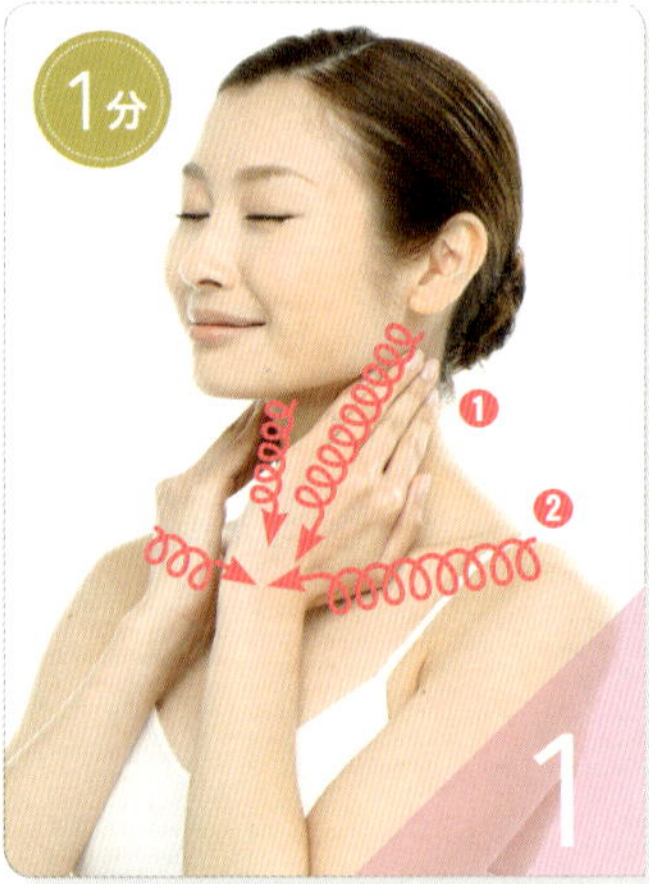

首とデコルテをさする

❶耳の下から鎖骨に向かって左右の手の親指以外の4本の指で同時にらせん状にさする。❷デコルテを、肩先から胸の中心に向かって、反対側の4本の指でらせん状にさする。反対側も同様に。

デコルテをさする

肩から反対側のワキの下に向かって、両手をクロスさせながら左右の手のひらで交互にさする。

こんな人は要注意！

- ☑ 二の腕にやわらかい肉がついている
- ☑ 肩から二の腕にかけてが太い
- ☑ ノースリーブを堂々と着られない

足をさする

足の外側を足首から足の付け根に向かって手のひらで交互にさすり上げる。反対側も同様に。

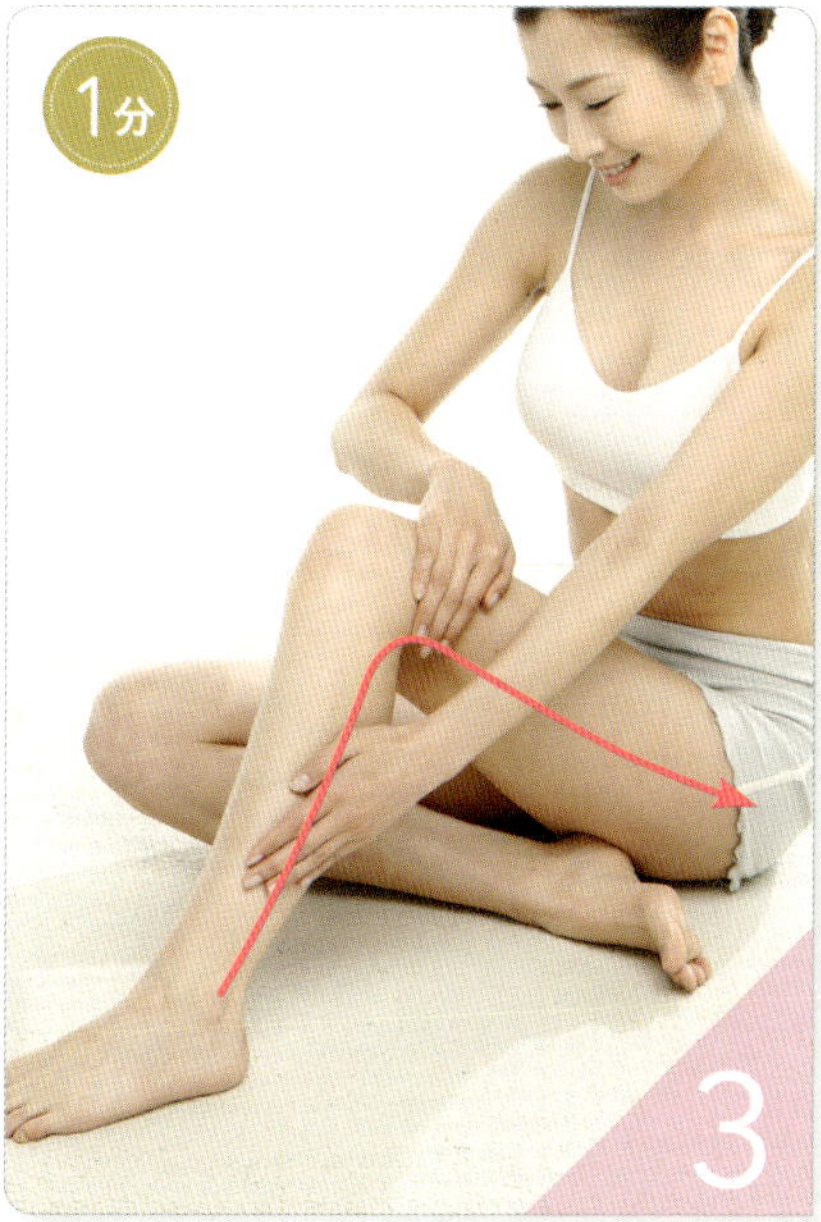

腕をさする

手首からワキの下までの腕の内側をさすり上げる。腕を下ろした状態で、反対の手をピタッと手首に密着させて軽く握り、下ろしていた腕を前に上げていきながらさすり上げるとやりやすい。反対側も同様に。

+α で効果UP!

1分二の腕痩せストレッチ

二の腕の経絡とリンパを伸ばして刺激。足を前後に開いて立ち、両手のひらを頭上で合わせて前足に体重をかける。胸のあたりの背骨を伸ばすように、顔は上を見るようにして、ひじを曲げて腕の裏側も伸ばし10秒キープ。

ダイエット編 10

リバウンドしない体に！

食事制限などでストレスを溜めながら無理に痩せても、すぐに元に戻ってしまうようでは意味がありません。ダイエットをするなら、「痩せる」だけでなく、「痩せやすく太りにくい体になる」ことも同時に行なうと効果的！ 首のコリはメンタル面とも関連が深く、ストレスによる過食の原因になることも。首のケアをしっかり行なえば、リンパの流れも促進され、気持ちもおだやかになってリバウンドしにくい体質に改善できます。

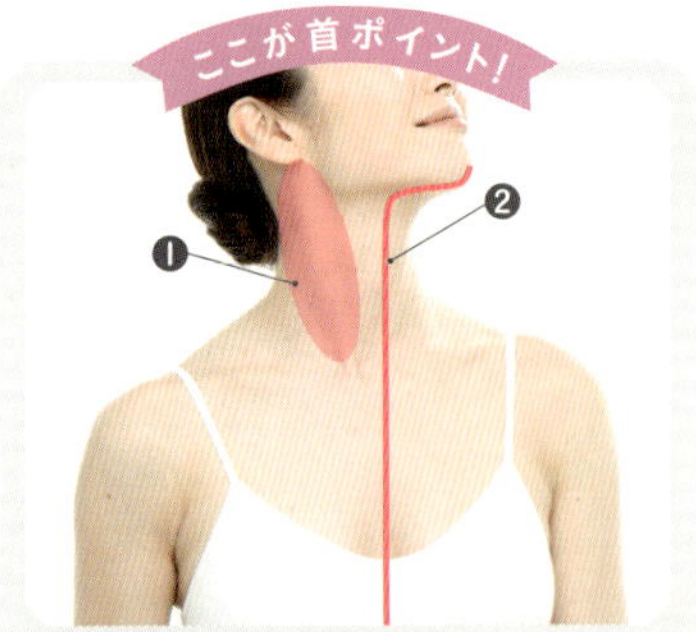

❶胸鎖乳突筋《きょうさにゅうとつきん》　❷任脈《にんみゃく》

❶はストレスと関係の深い筋肉。お腹まわりに通じる❷の経路を整え、心身の状態を健やかに保ちましょう。

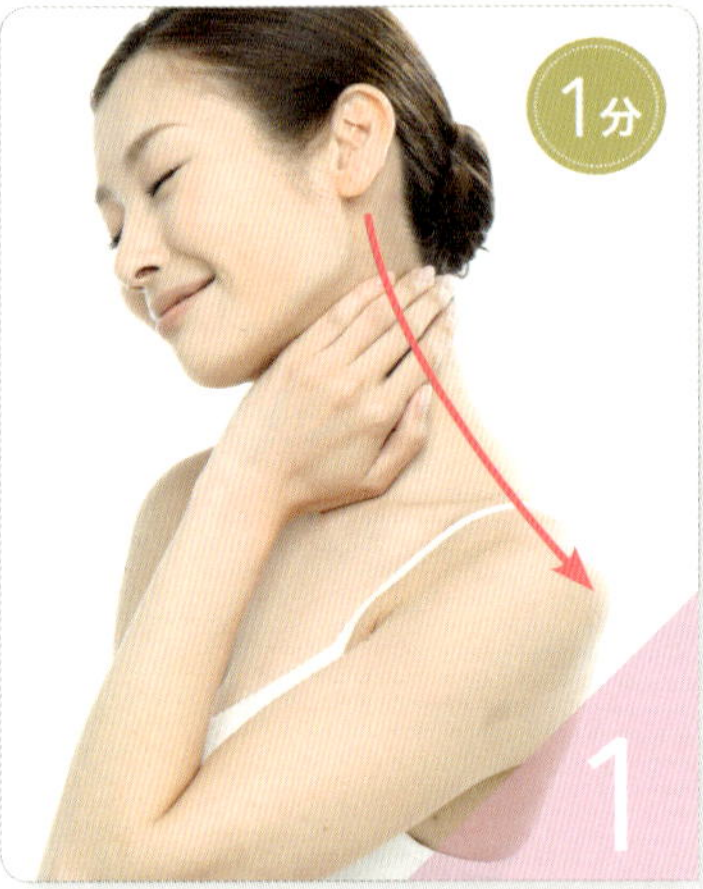

首の側面をさする

耳の下から肩先まで、首の側面を片方の手のひらでさする。反対側も同様に。

首の前面から胸をさする

首の前面にやさしく手をあて、あごの下から胸に向かって、両手のひらでやさしく交互にさすり下ろす。

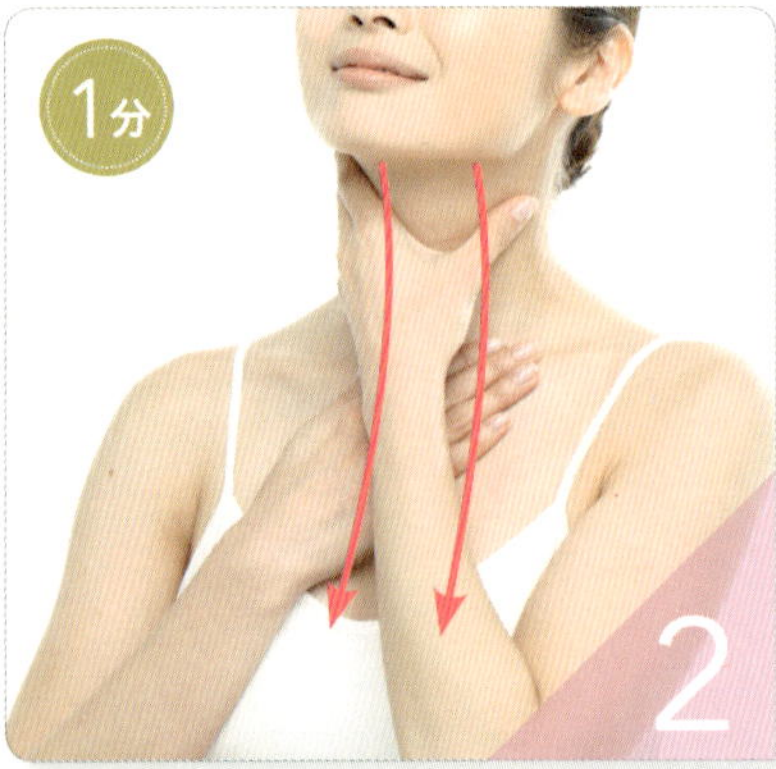

こんな人は要注意！

- ☑ ダイエットをしてもすぐ元通り
- ☑ 大幅な減量を考えている
- ☑ ダイエットがストレスになり長続きしない

お腹をさする

❶みぞおちから脇腹まで、肋骨に沿って左右の手の親指以外の4本の指で交互にさする。❷次にお腹を時計まわりに手のひらでさする。❸脚の付け根を、外側から内側に向かって、左右の手のひらで同時にさする。

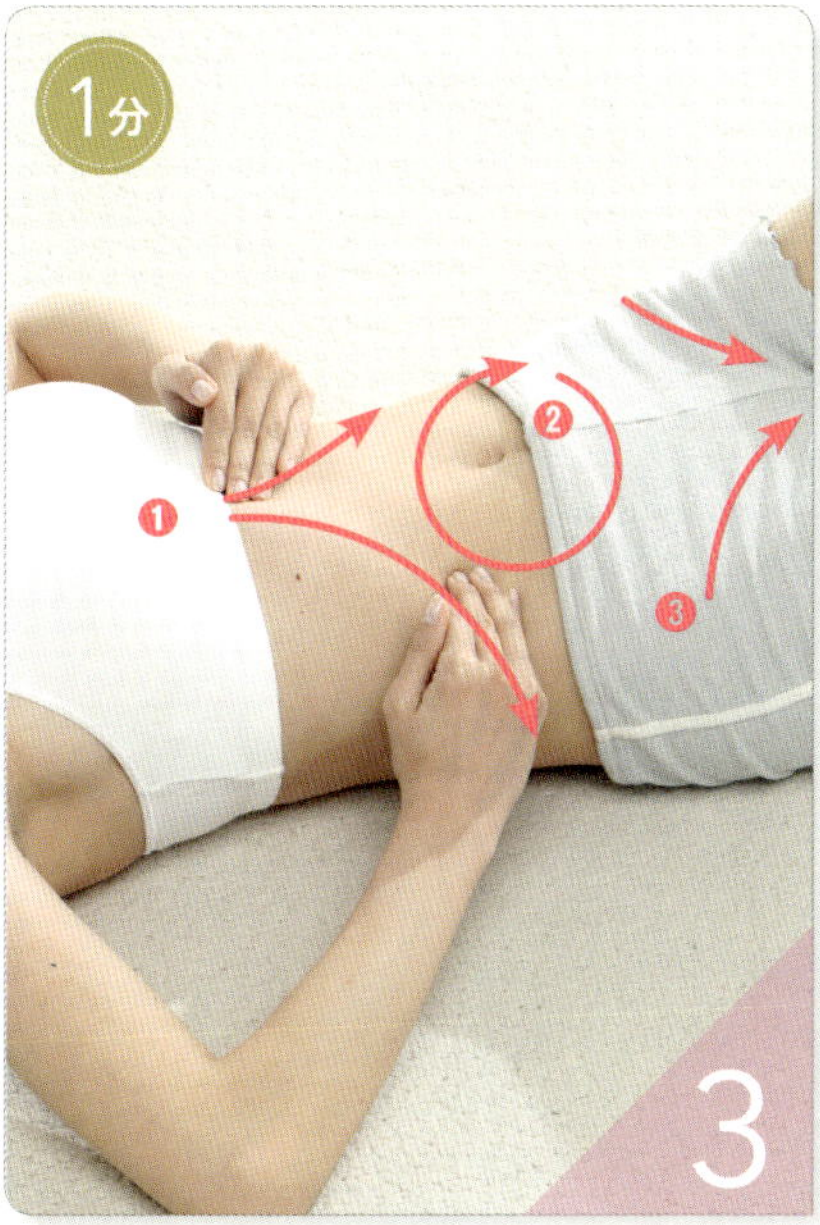

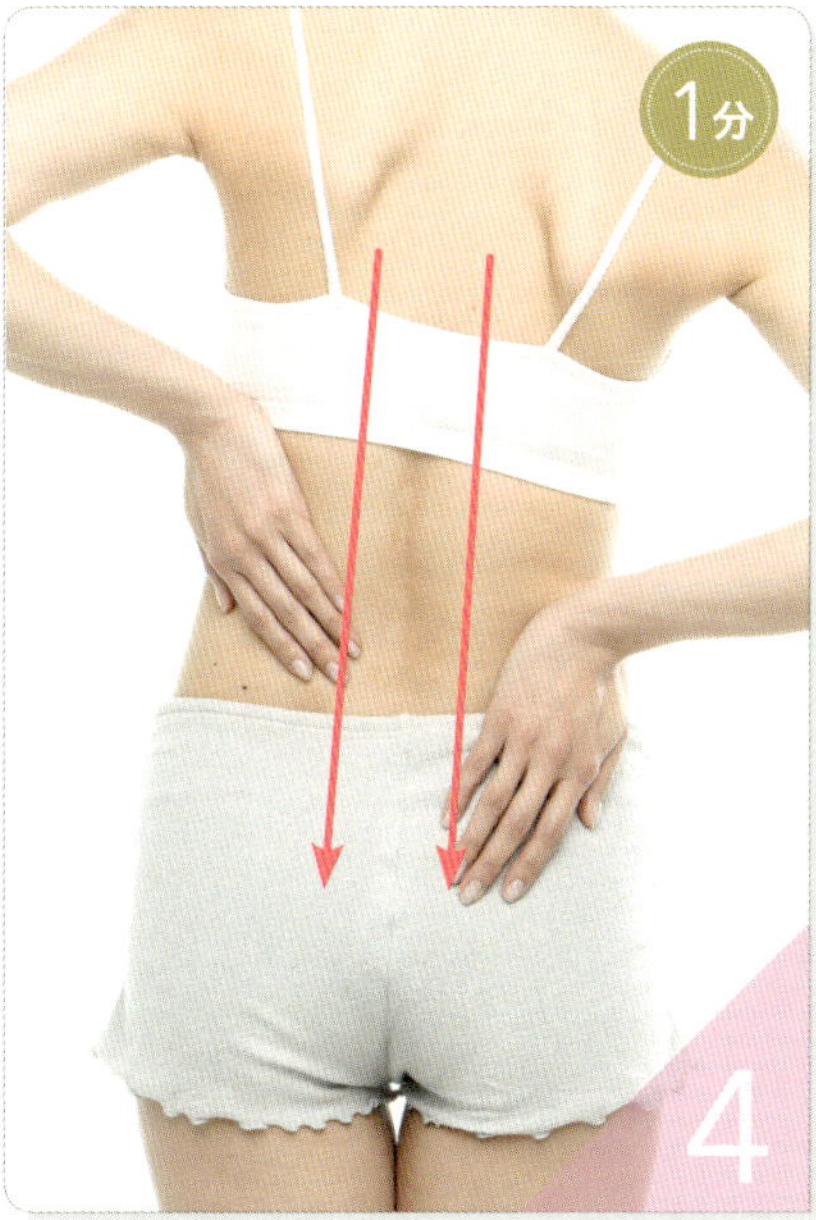

背中をさする

両手を後ろに回し、背中のできるだけ高い位置に手のひらをあて、腰に向かって上半身を横に傾けながら交互にさすり下ろす。

+α で効果UP!

1分体質改善ストレッチ

体の側面の経絡と筋肉を伸ばすストレッチで全身の流れを改善しましょう。足は横に広めに開いて立ち、片腕を上に伸ばす。息を吐きながら体の側面を伸ばして10秒キープ。息を吸いながら体を戻して、反対側も同様に。

不調改善編 1

肩コリがつらい

肩がつらいときには、肩だけでなく首の付け根や首全体もマッサージしましょう。現代人に急増している首のコリは、特に首側面がカギ。耳の下から鎖骨にかけての胸鎖乳突筋のコリをほぐすことがポイントです。また、首には、大切な血管や神経、リンパ管、さらに経絡なども通っています。ここがこると、心身のさまざまな不調の原因になるほか、美容面でも悪影響を及ぼします。気づいたときにはこまめにマッサージを行なってください。

ここが首ポイント!

三焦経《さんしょうけい》

腕から肩・首の側面を通る三焦経は肩コリに関係する経絡です。流れを整えて肩コリを改善しましょう。

首の側面をさする

耳の下から鎖骨まで首の側面を左右の手のひらで交互にさする。反対側も同様に。

背中から肩をさする

肩甲骨の内側に手をあて、鎖骨に向かって左右の手のひらで交互にさする。反対側も同様に。

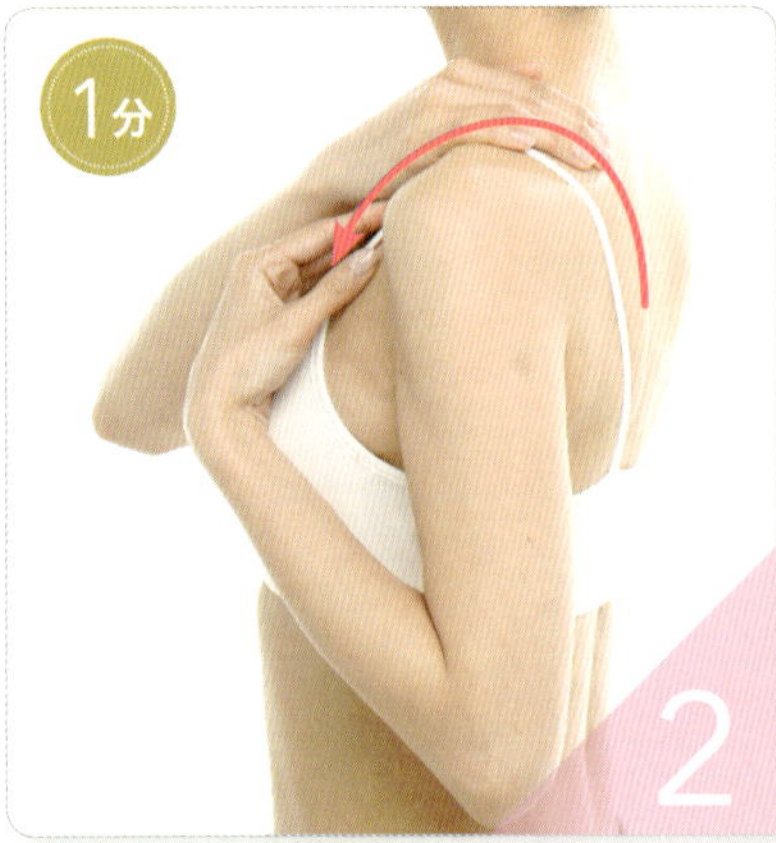

こんな人は要注意!

- ☑ 姿勢が悪い
- ☑ いつも肩や首がこっている感じがする
- ☑ 長時間のデスクワークをしている

鎖骨をさする

肩先から鎖骨の中央まで、鎖骨の上と下を左右の4本の指で交互にさする。

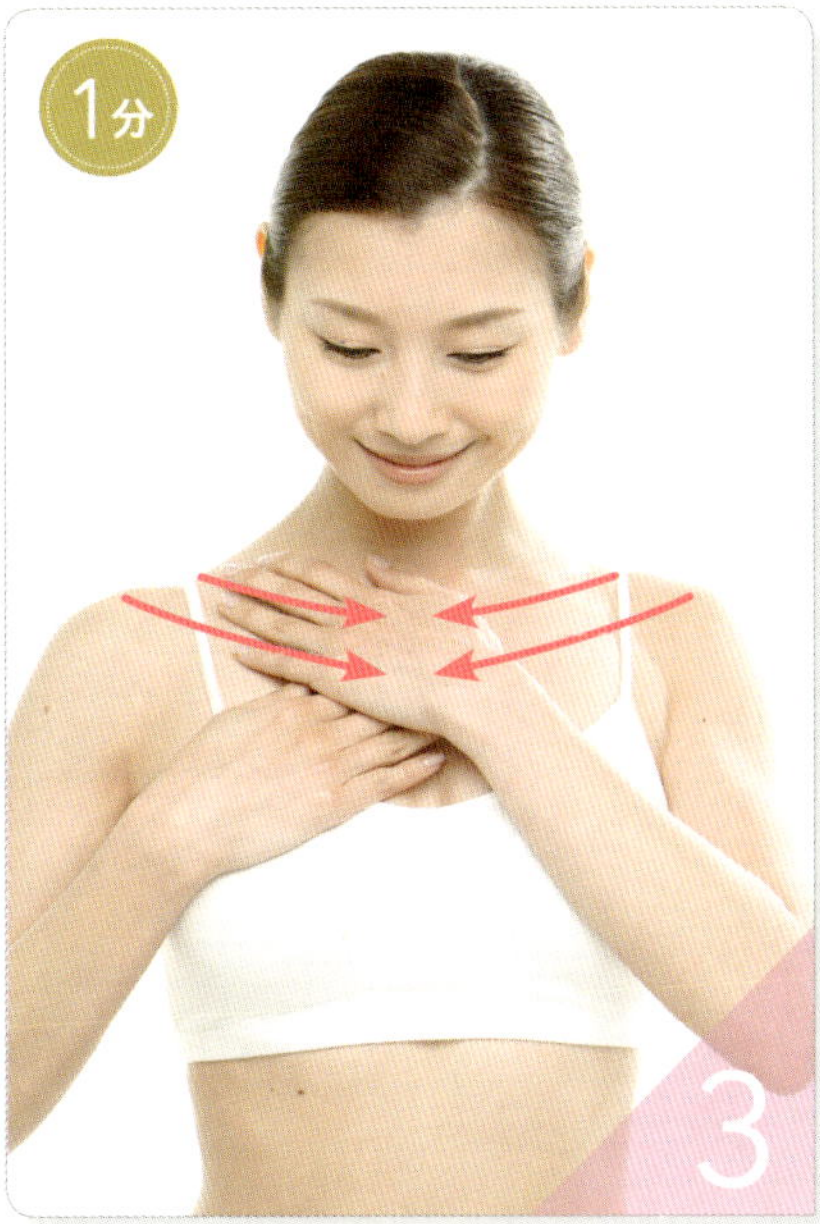

腕をさする

手首からワキの下まで、手のひらを密着させて腕の内側と外側をさする。ワキの下にある腋《えき》窩《か》リンパ節に向かってさすることがポイント。反対側も同様に。

+α で効果UP!

肩井（けんせい）

肩コリ改善ツボ

こり固まった肩の流れをよくするので、肩コリはもちろん、寝違えや全身の疲労感、頭痛、めまいなどの症状にも効果があります。デスクワークが多い人は、ときどき押す習慣をつけるといいでしょう。肩の盛り上がりやハリも改善され、スッキリと美しいラインに。

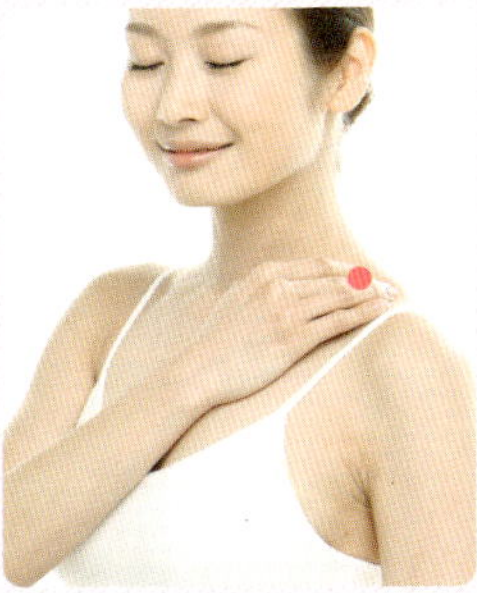

疲れがなかなか抜けない

疲れを感じる原因は、全身の老廃物がきちんと排泄されていないからかもしれません。寝ても疲れが取れない、最近疲れやすいなどの悩みがある人は、気が不足し、体がこっていたり、どこかが滞ったりしているものです。リンパの重要なポイントである首の、特に側面や後ろ面などを意識してほぐしてみてください。この部分をさすることで経絡の流れもよくなり、疲れにくい体質に改善されていきます。毎日のケアで、元気な体を維持しましょう。

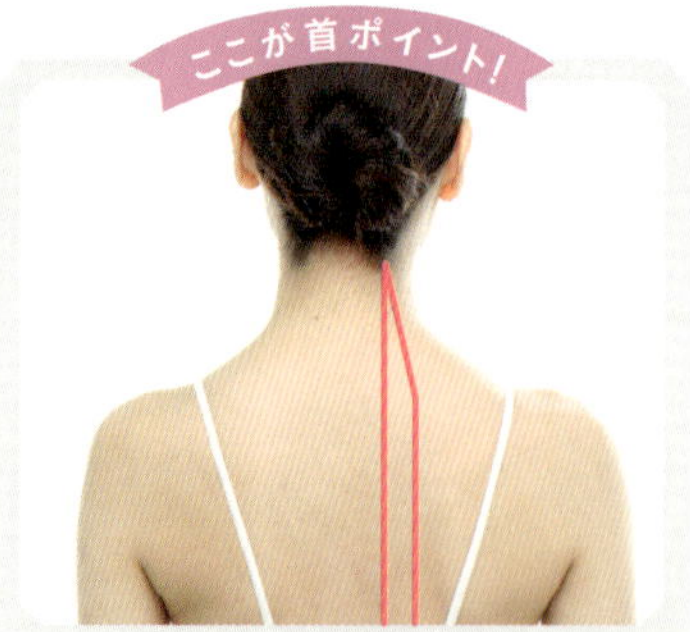

膀胱経《ぼうこうけい》

慢性的な疲労は、気の不足が原因。首の後面から背中、腰にある膀胱経は、内臓を整え気を高めます。

首の後ろ側をさする

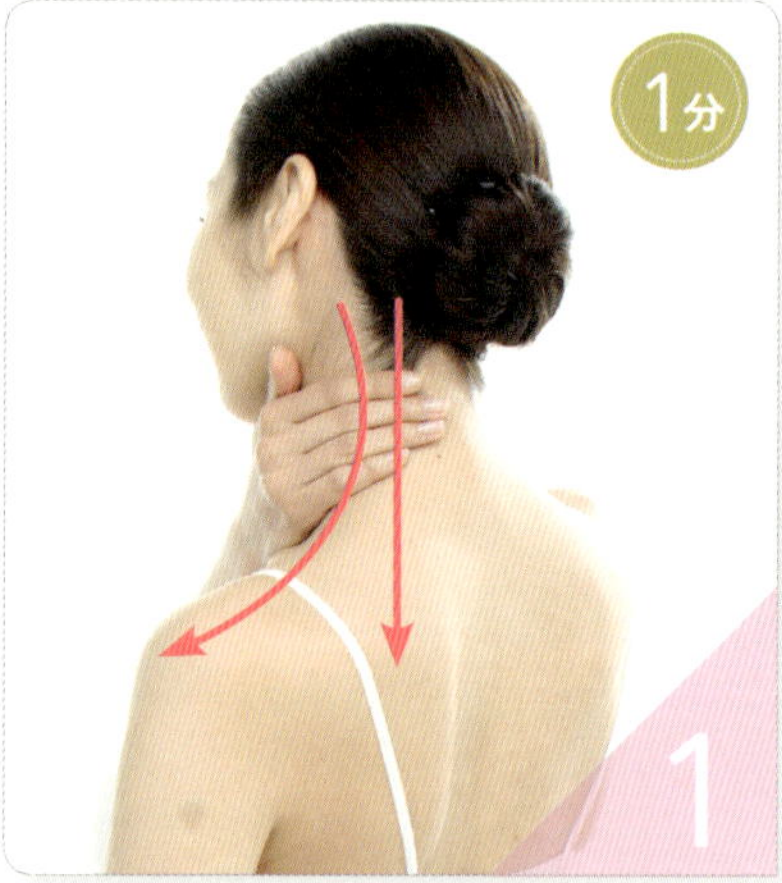

首の側面から後ろ側を、首から肩先まで、反対側の4本の指でさする。反対側も同様に。

足の裏をさする

足の裏を、指先からかかとへ向けて両手の親指でさする。反対側も同様に。

こんな人は要注意!

- ☑ ほかの人と比べて疲れやすい気がする
- ☑ 毎日多忙である
- ☑ ストレスを感じることが多い

背中をさする

両手のひらを背中のできるだけ高い位置にあて、背中から腰まで同時にさすり下ろす。

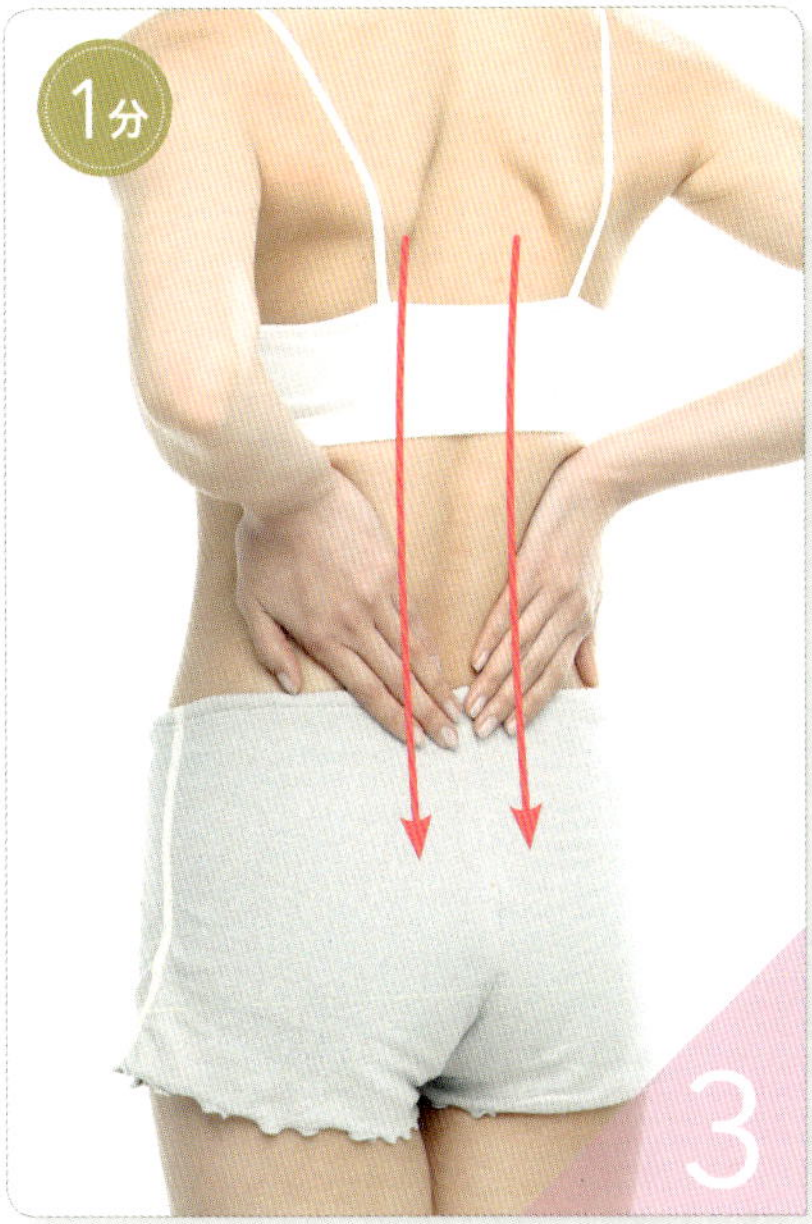

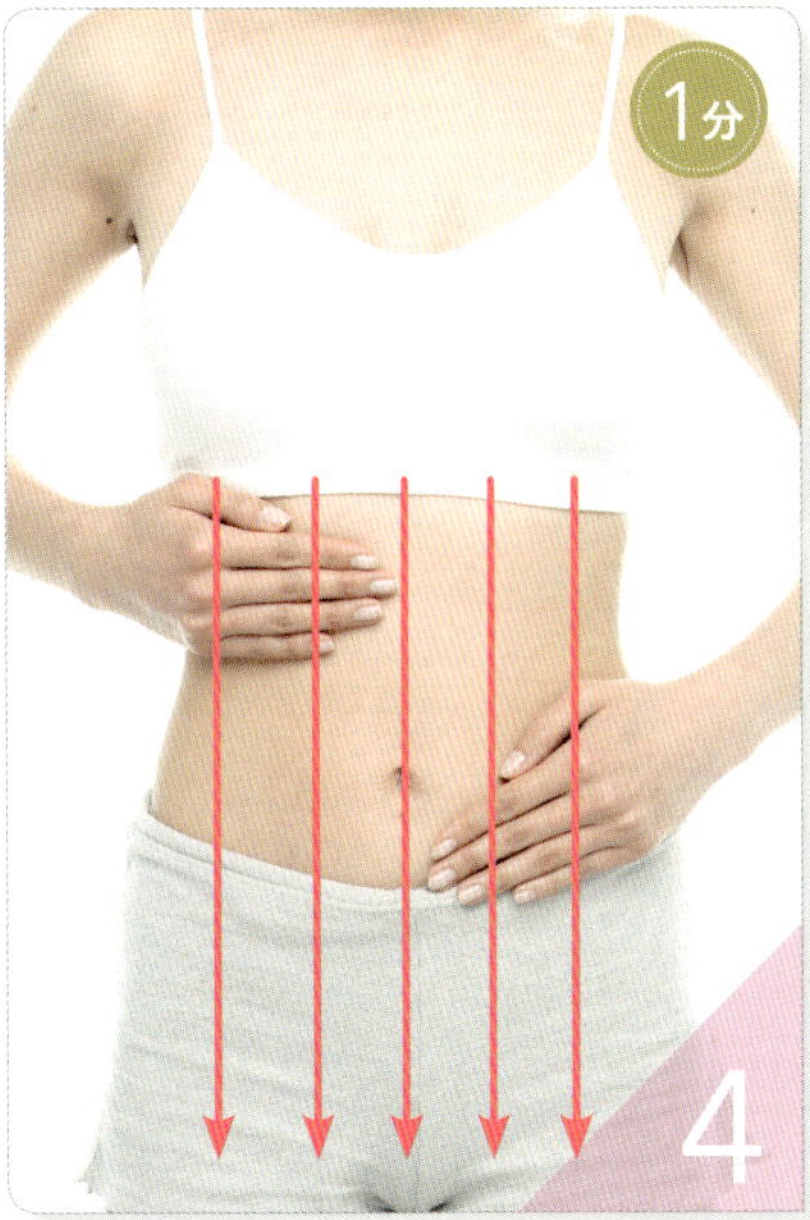

お腹をさする

お腹全体を、胸の下から下腹に向かって手のひらで交互にさすり下ろす。

+α で効果UP!

腎兪（じんゆ）

疲労改善ツボ

むくみや腰痛、冷え、下痢などに効果があります。泌尿器系の疾患にもよいといわれているので、そうした症状の予防にもおすすめ。全身をスッキリさせ、疲労感を軽減させるほか、老化予防やたるみを改善させる作用もあります。

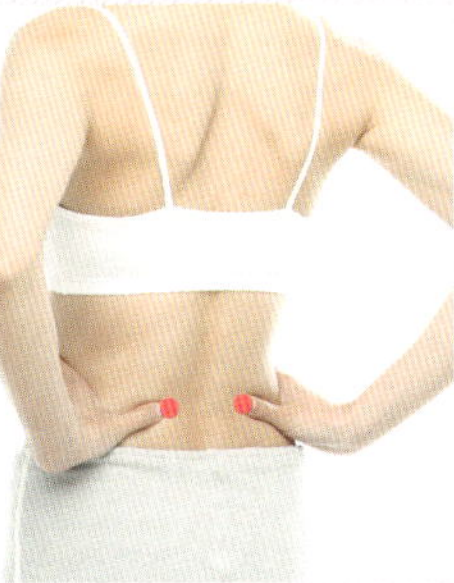

不調改善編 3

眼精疲労&頭の疲れ

ストレスの多い環境で頑張っている人や細かい作業をしている人、パソコンをよく使う人などは、眼精疲労やメンタル面の疲れのケアも必須です。胆経は、首の側面にある経絡です。この経絡は肝とも関係し、目の疲れを改善します。また、目の疲れは脳の疲れとも関係しているので、決断力のアップにもつながります。忙しい人ほど早め早めのケアで、こまめに疲れをリセットしましょう。

ここが首ポイント!

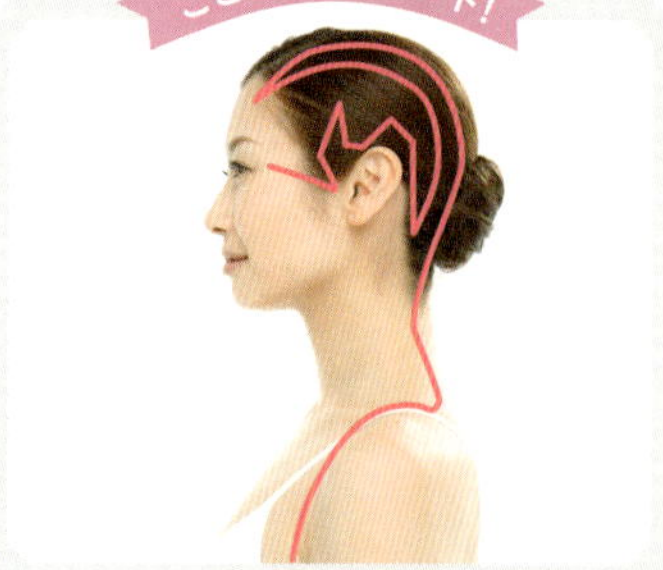

胆経《たんけい》

目の疲れと頭の疲れは連動しています。首の側面から頭の側面を通る胆経の流れをよくしましょう。

首をさする

頭の付け根から肩まで、首の側面を左右のこぶしで同時にやさしく滑らせるようにさする。

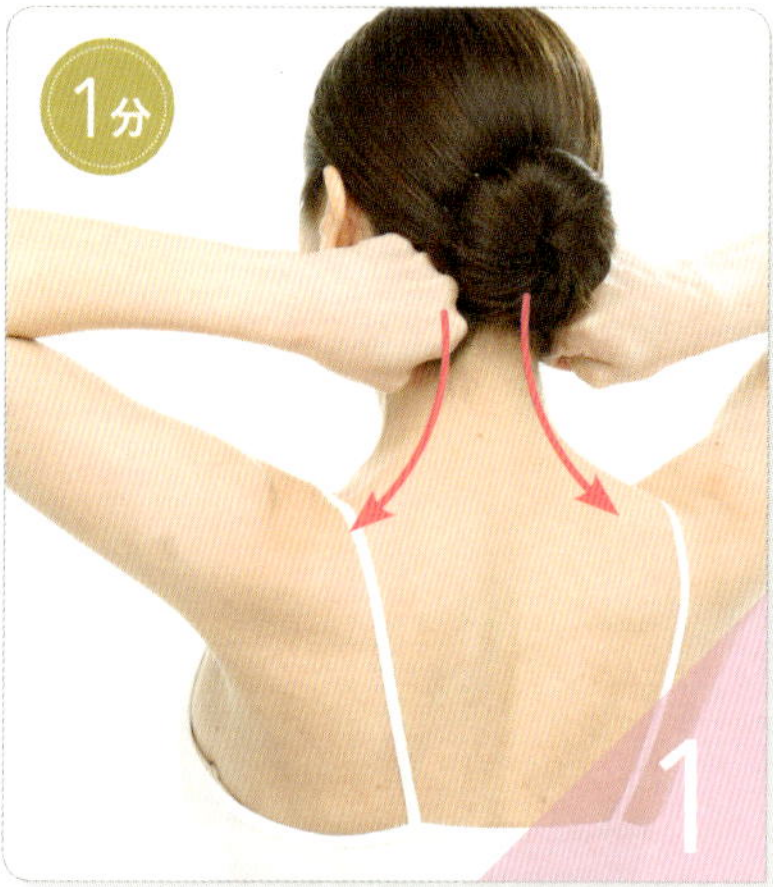

目のまわりをさする

目の上と下を、目頭からこめかみに向かって、人差し指と中指の2本の指をそろえてさする。皮膚の弱い部分なので、指の腹を使ってやさしく軽いタッチでさする。

こんな人は要注意!

- ☑ パソコンや携帯電話などをよく使う
- ☑ 細かい作業をすることが多い
- ☑ 目の疲れから頭痛が起きることもある

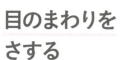

頭をさする

こぶしを軽くにぎり、頭全体を前後に、左右のこぶしで交互にさする。

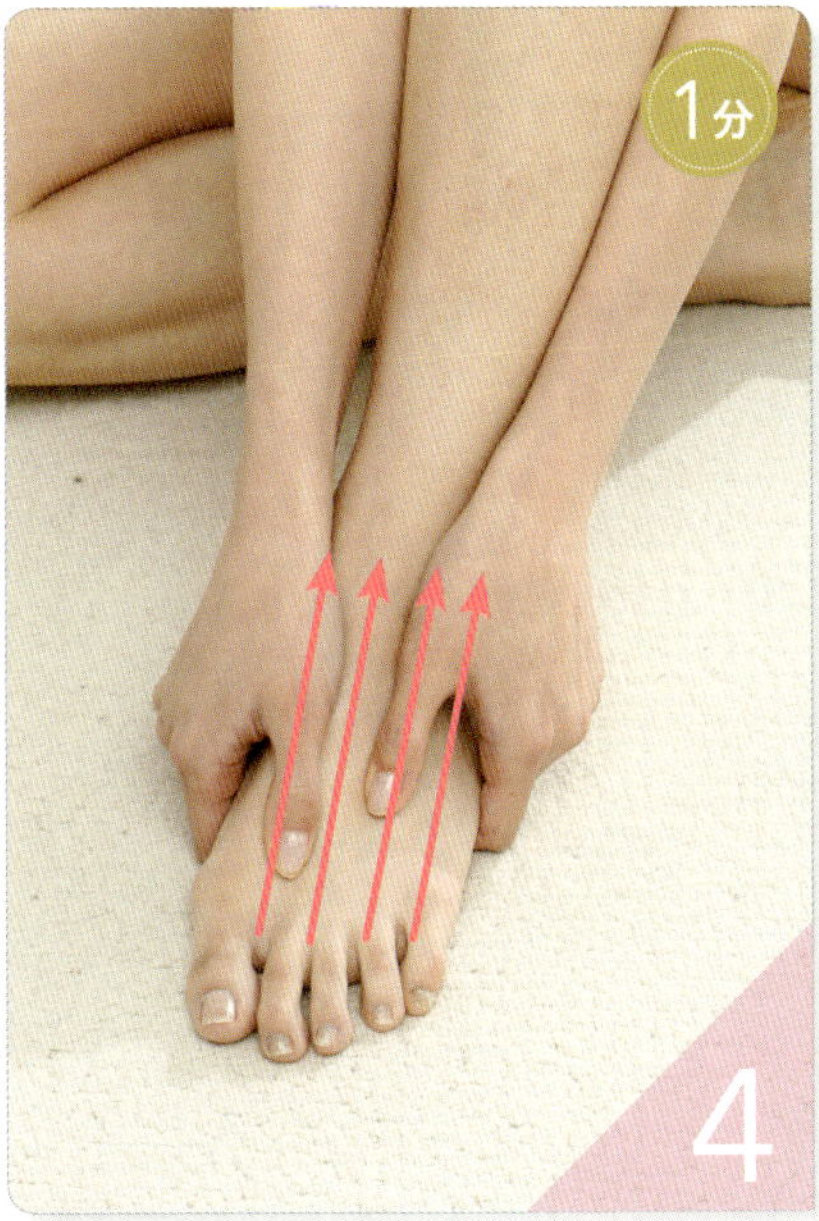

足の甲をさする

足の甲を、指先から足首に向けて左右の手の親指で交互にさする。反対側も同様に。

+α で効果UP!

太陽（たいよう）

眼精疲労ツボ

眼精疲労をはじめとした目のトラブルや、偏頭痛などに効果があります。頭がスッキリするので、長時間の勉強などで疲れたときや、集中力を高めたいときにも効果的なツボです。

不調改善編 4

生理不順・生理痛

婦人科系の不調は、気血のめぐりが悪くなっていることが原因です。さらに、ストレスも大きな要因となります。脾経や任脈経は、女性機能と関係が深い経絡。ケアすれば、臓腑の働きが活性化され、女性機能のバランスがよくなり、生理周期も安定します。全身のめぐりが改善されれば骨盤内の流れもよくなり、生理痛も楽になるでしょう。生理の始まる2、3日前から行なってください。また、特に下半身は冷やさないようにしましょう。

ここが首ポイント!

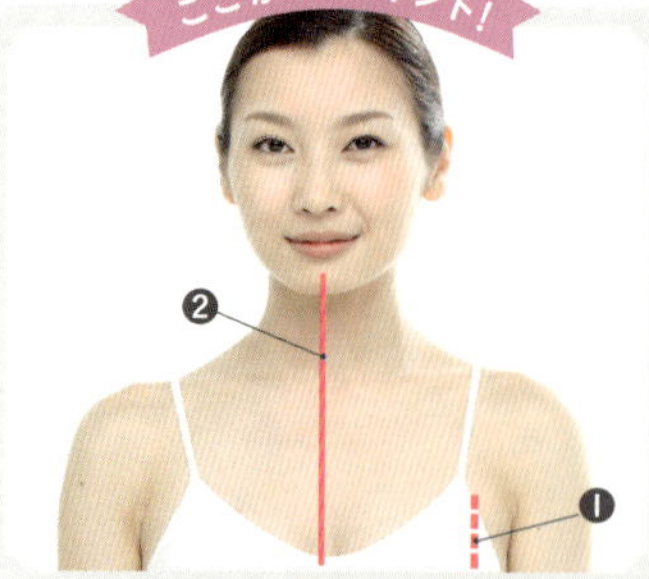

❶脾経《ひけい》 ❷任脈《にんみゃく》

婦人科系の臓腑と関連する2つの経絡です。これらの流れを整えて気血のめぐりを改善します。

首の側面をさする

耳の下から鎖骨まで、左右の手の親指以外の4本の指で交互にさする。反対側も同様に。

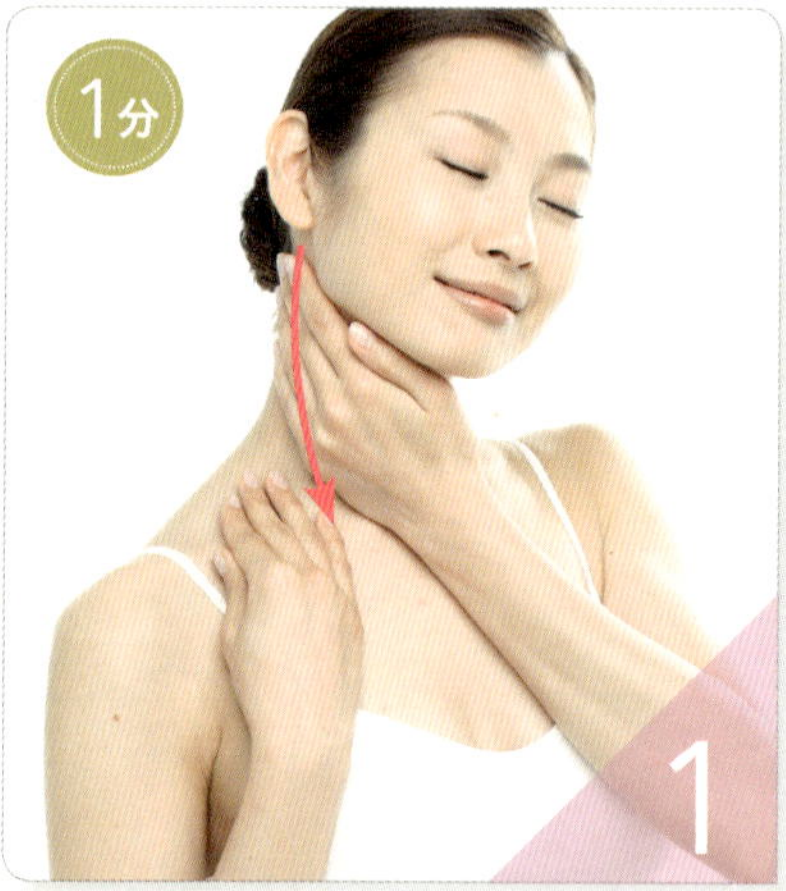

ヒップをさする

ヒップと骨盤部分を、両手のこぶしで交互にさすり上げる。

こんな人は要注意!

- ☑ 生理が毎月重い
- ☑ 職場や学校を休むほど生理痛がひどい
- ☑ 冷えを感じやすい

そけい部をさする

❶そけい部を、外側から内側に向けて両手の親指以外の4本の指で同時さする。❷さらに下腹部全体を左右の手のひらで、交互にさする。

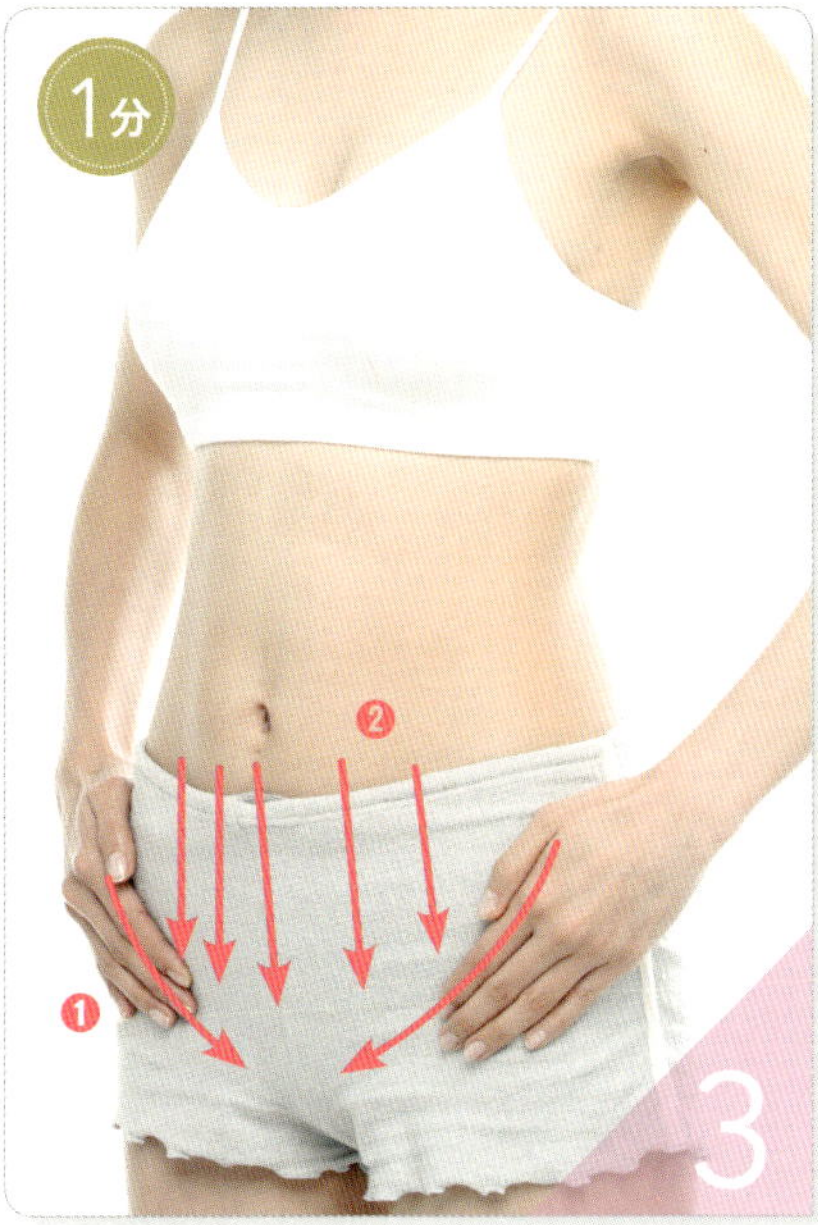

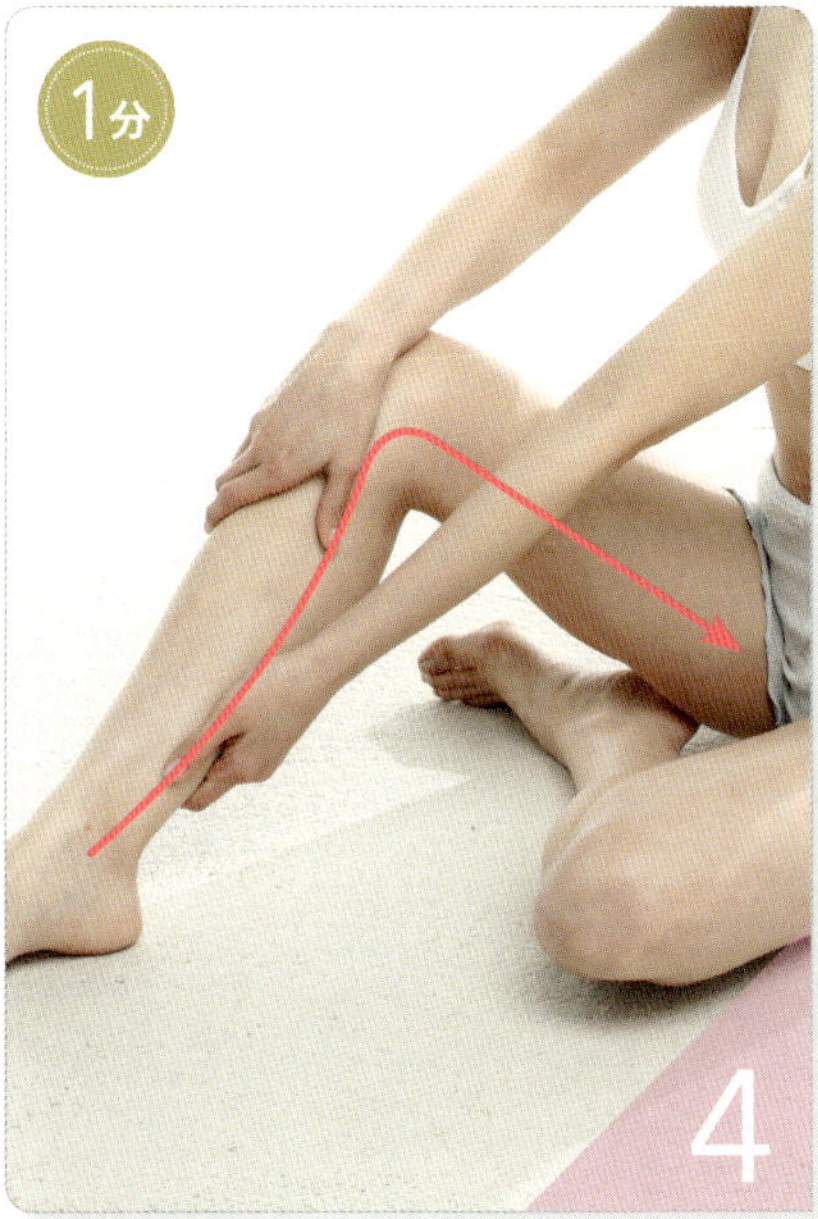

足をさする

足首から足の付け根まで、足の内側を左右の親指で交互にさすり上げる。

＋α で効果UP！

三陰交（さんいんこう）

生理不順改善ツボ

生理不順や生理痛など婦人科系全般の不調や、生殖器のトラブルに効果があります。冷えにも効果が高く、女性の不調全般に対応してくれるツボです。

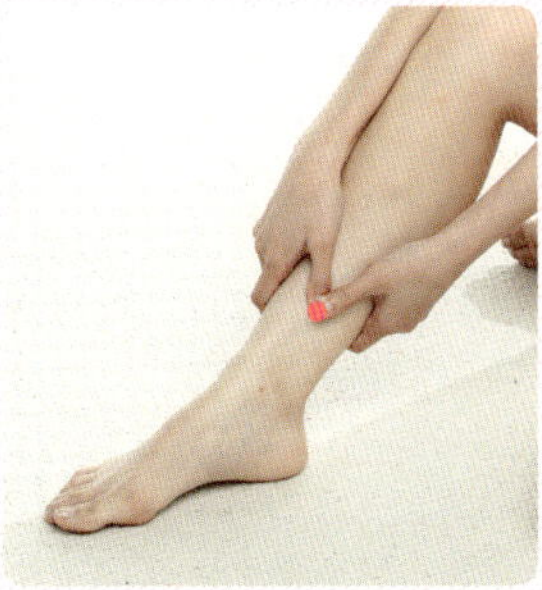

不調改善編 5

便秘しがち

代謝が落ちると内臓の働きも鈍くなり、排泄力が低下して便秘などさまざまなトラブルを引き起こします。また、食生活の偏りや運動不足なども原因になります。消化器系に関係する経絡は大腸経や小腸経ですが、これらも、首を通っています。これらの経絡をやさしくさすって経絡の流れを整え、仕上げにお腹もマッサージ。胃腸を活性化させ、便秘を改善します。

首をさする

❶耳の下から鎖骨を反対側の手の4本の指でさする。❷次に肩先から鎖骨の中央まで鎖骨の上と下を片手の4本の指でさする。反対側も同様に。

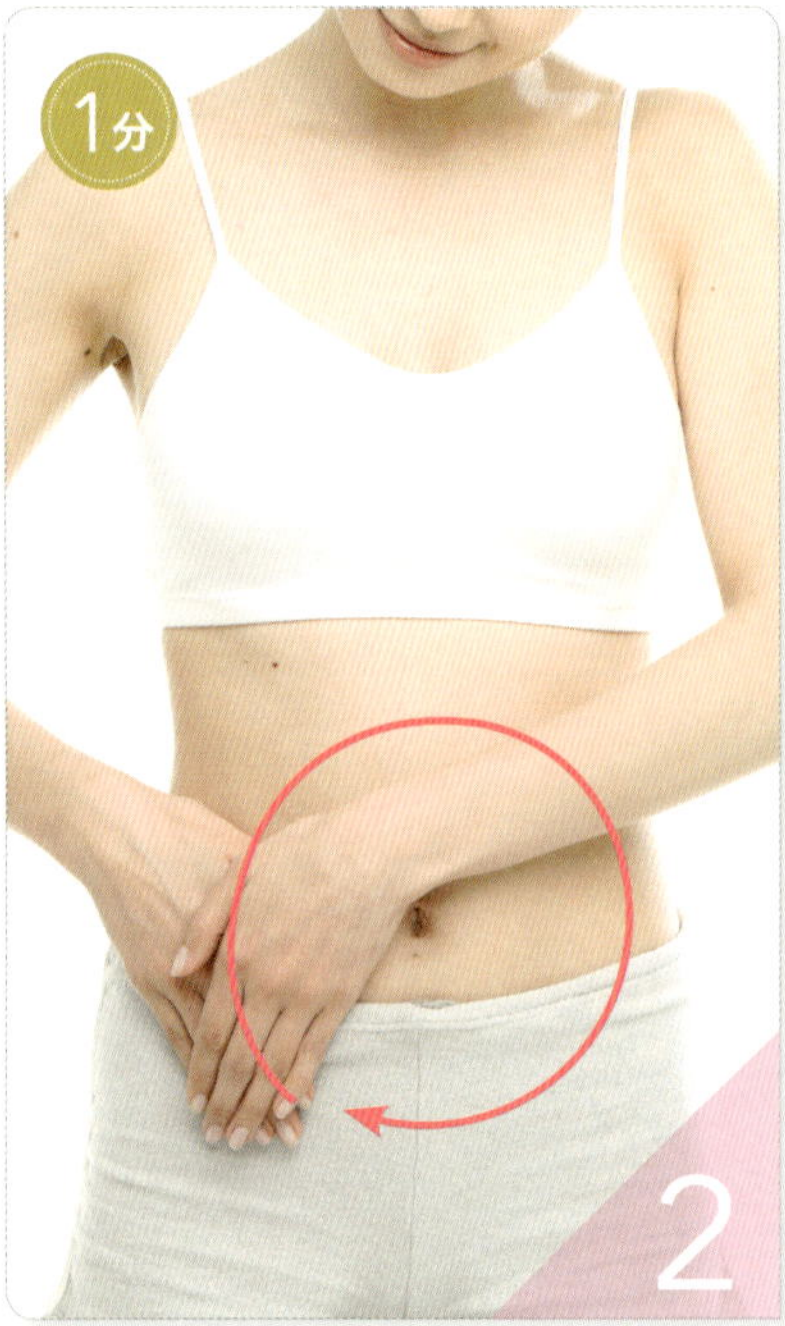

お腹をさする

両手のひらを重ねて、おへそを中心にしてお腹を時計まわりにさする。

こんな人は要注意!

- ☑ いつも便秘している
- ☑ ちょっと体調がすぐれないと便秘になる
- ☑ お腹のハリが気になる

腕をさする

手首からワキの下まで、腕の外側をさすり上げる。反対側も同様に。

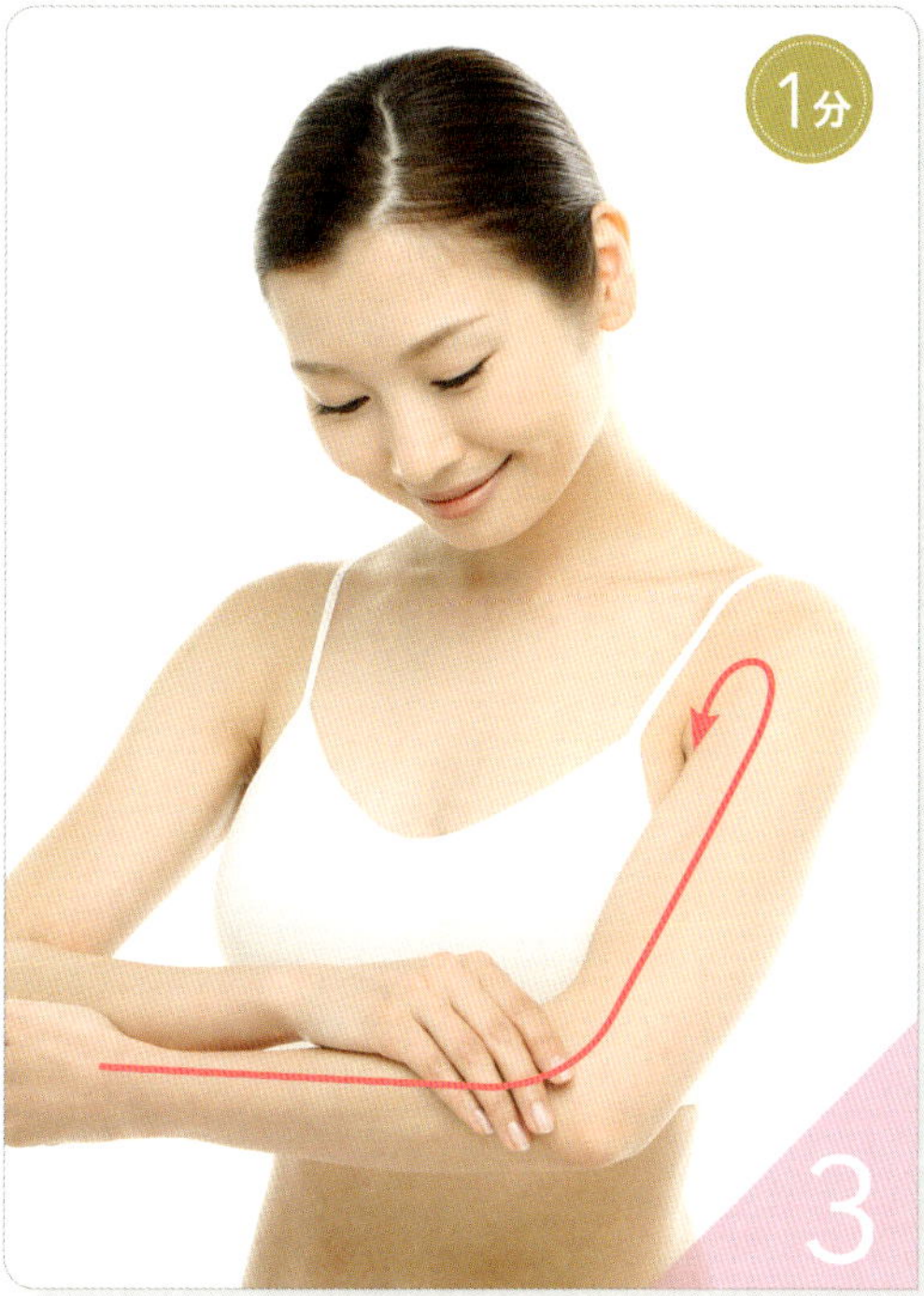

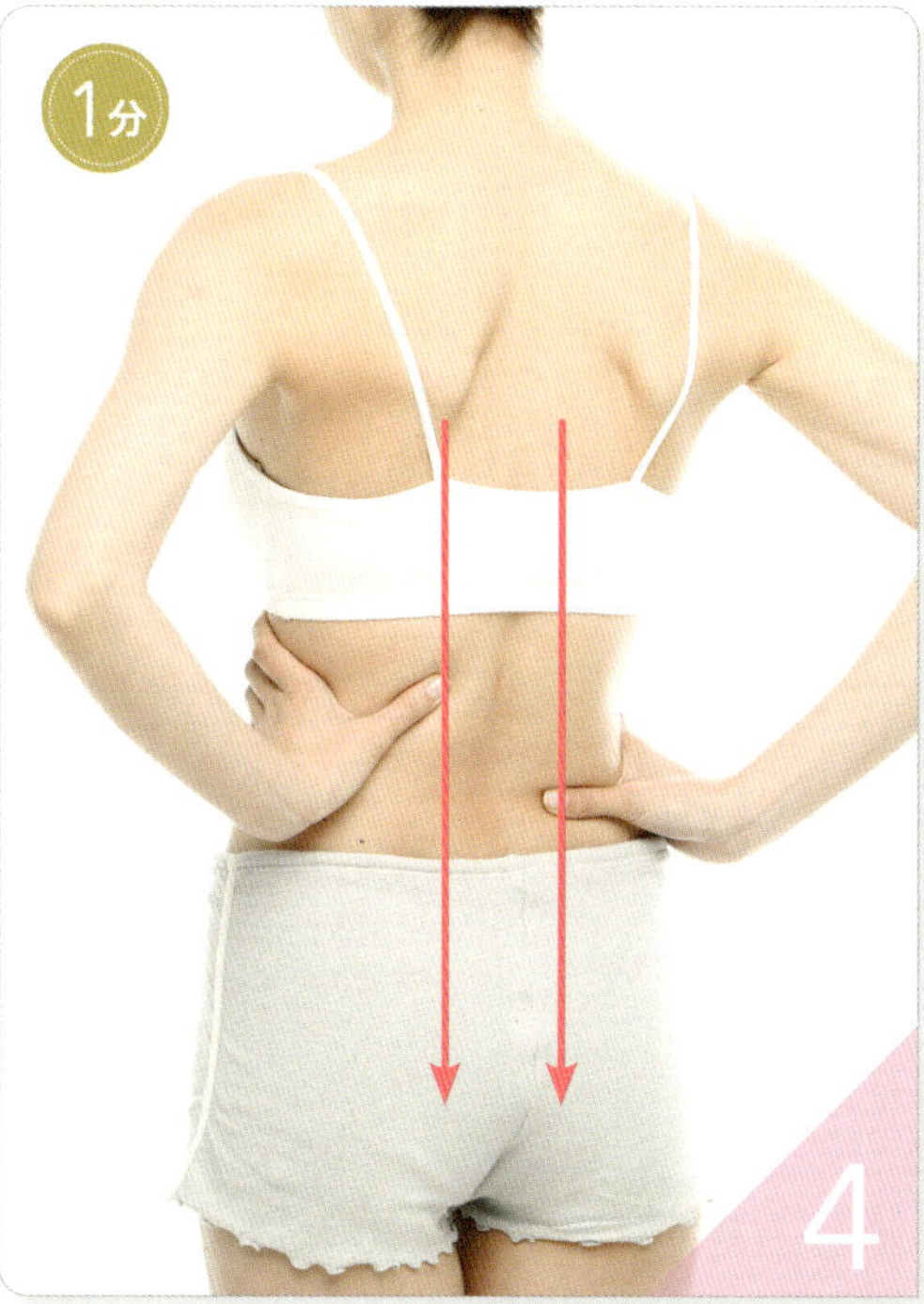

背中をさする

背中のできるだけ高いところから骨盤まで、左右の手の親指で交互にさすり下ろす。

冷えを改善したい

美容と健康の大敵である冷え。夏場でも冷房や冷たい食べ物の摂取で知らず知らずのうちに体が冷えるので、注意が必要です。冷えの原因は、ストレスによる自律神経の乱れや血行不良などさまざまですが、改善の近道は、手や足などの末端を刺激し、血行を促進させること。また、手足だけでなくお腹や首をやさしくマッサージして全身の流れを促進させるのも効果的です。

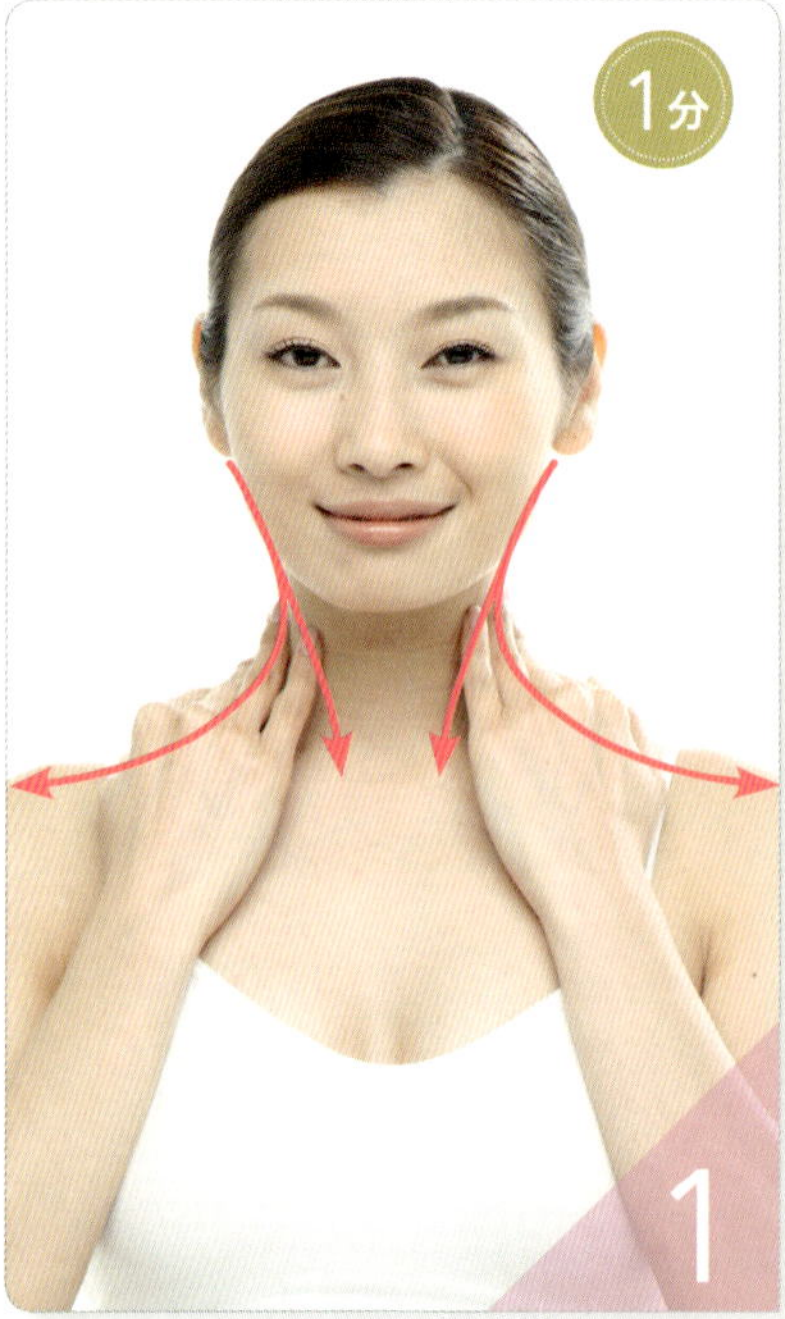

首をさする

耳の下から鎖骨、耳の下から肩先まで左右の手のひらで同時にさする。

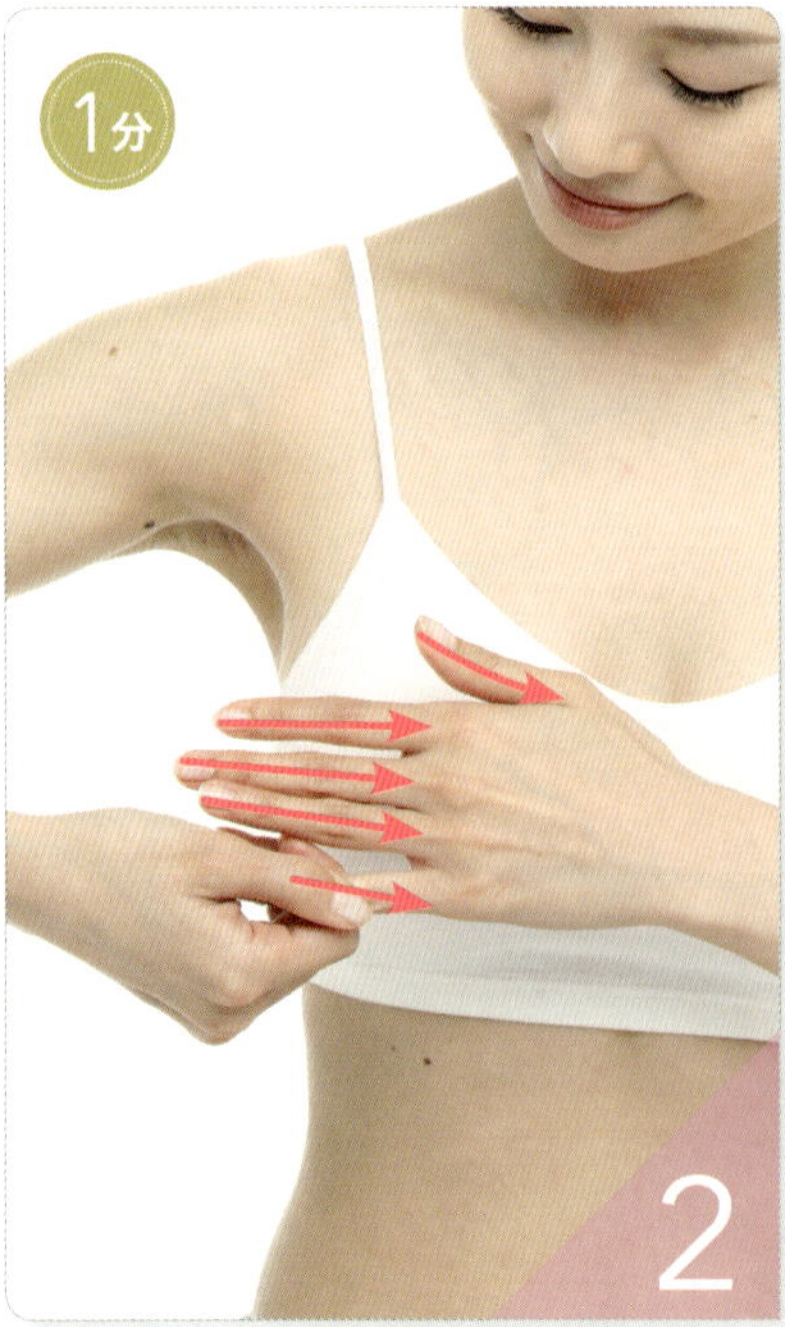

手の指をさする

指先から指の付け根まで手の指を、1本ずつ親指と人差し指の2本の指ではさんでさする。反対側も同様に。

こんな人は要注意!

- ☑ 一年中冷えが気になる
- ☑ アイスクリームやジュースなど、冷たいものが好き
- ☑ 太ももや二の腕などを触ると冷たい

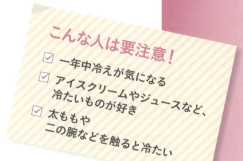

お腹をさする

お腹全体を、左右の手のひらで横方向に交互にさする。

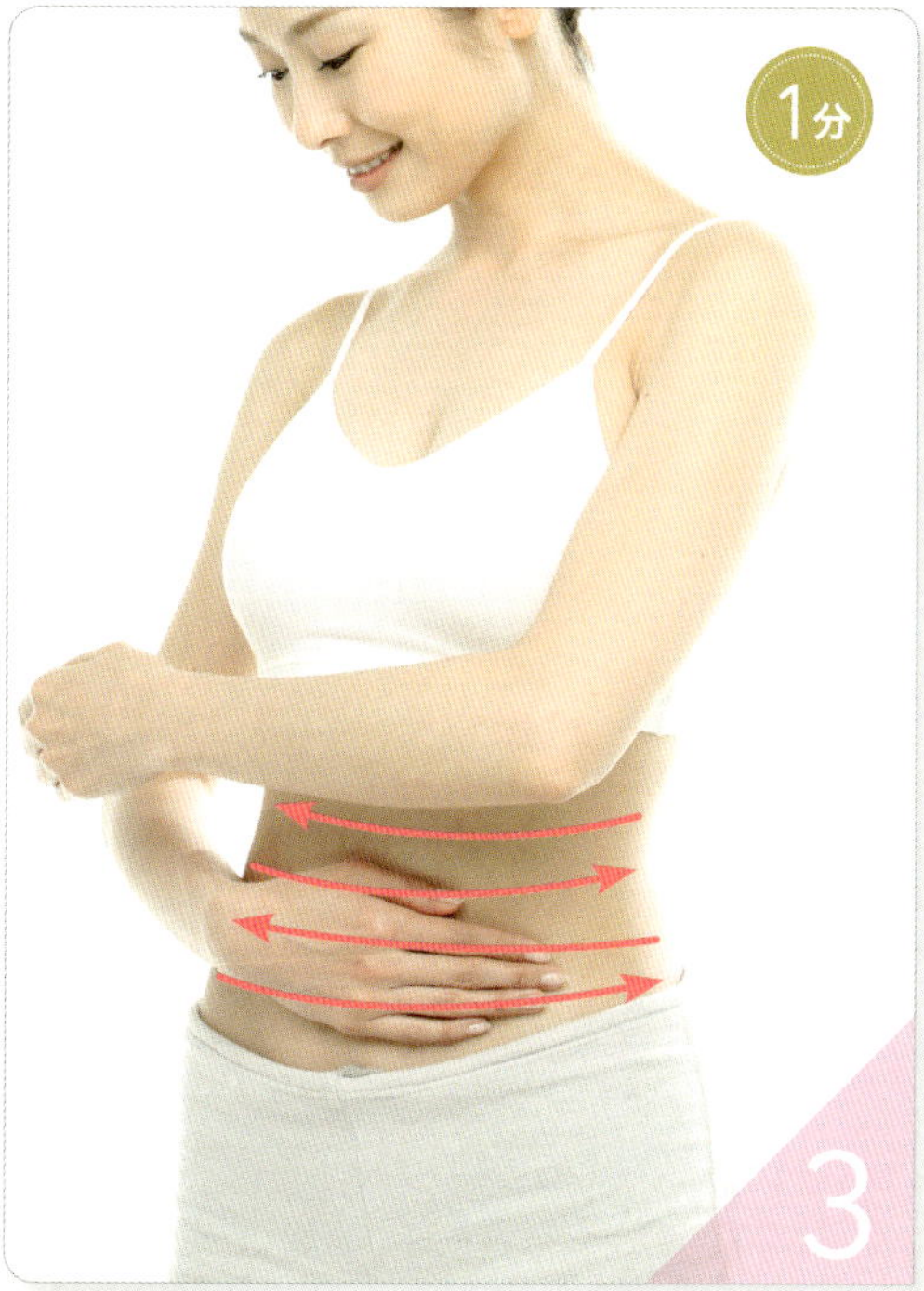

足の指をさする

指先から指の付け根まで足の指を、1本ずつ親指と人差し指の2本の指でつまんでさする。反対側も同様に。

運気アップ編 1

悩みやクヨクヨしがちな気持ちがスッキリ

いつも悩んでばかりで暗い顔をしている人は、気の流れが滞っている可能性があります。考えすぎてしまうと、頭や首まわりが硬くなってしまいます。頭のマッサージや、気の流れに関係する胸のマッサージを中心に、流れを整えていくことが大切です。また、メンタル面に影響する首コリには、胃経の滞りを改善することが有効。まずは内臓から元気になって、気持ちをスッキリさせましょう！

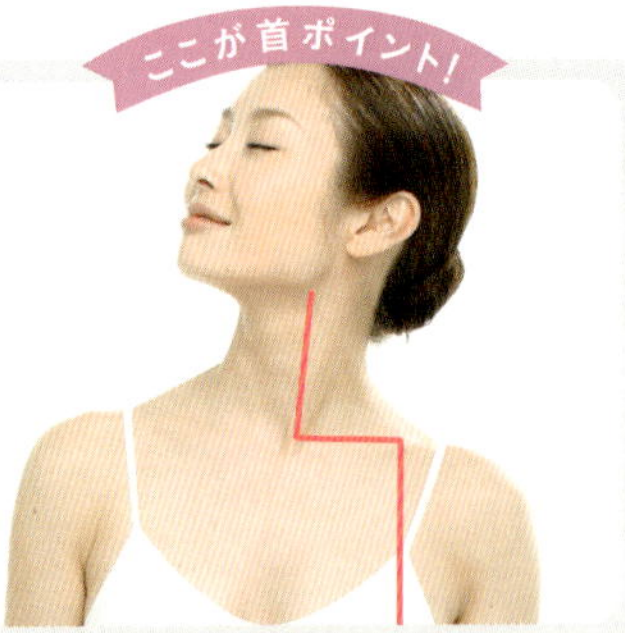

胃経

悩みやすい人は胃腸の不調を招きがち。胃経のバランスを整えて消化器系の調子を改善しましょう。

首をさする

耳の下から鎖骨まで、首を全体的に、左右の手の親指以外の4本の指で同時にらせん状にさすり下ろす。

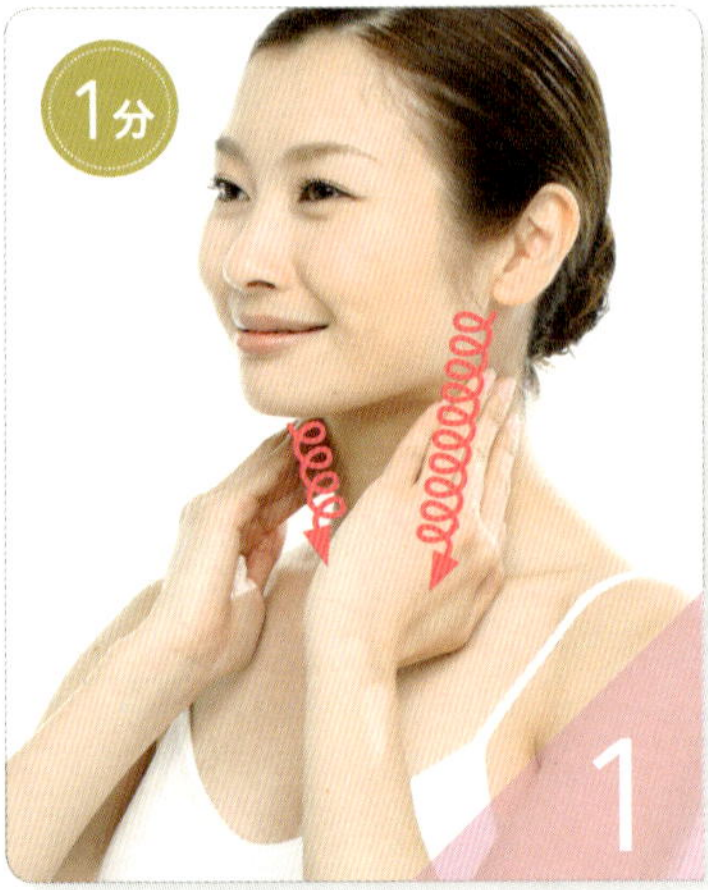

胸をさする

胸の中心を鎖骨から下腹部まで左右の手の親指以外の4本の指で交互にさすり下ろす。

こんな人は要注意！

- 気分転換がうまくできない
- 一度落ち込むと、ずっとブルー
- わけもなく悲しくなることがある

腕をさする

腕の内側を手首からワキの下まで、反対側の手のひらでさする。反対側も同様に。

頭をさする

頭を全体的に、両手の指先で前後交互にさする。

+α で効果UP!

1日の終わりはゆったりバスタイムでキレイに変わる！

バスタイムは、体を洗うだけの時間ではありません。体の内側から温めて全身のめぐりをよくし、ゆったりした気持ちで効果的にデトックスするのに最適の時間です。バスタイムはまさに、体と心のビューティー&リセットタイムです。肌触りのいいタオルやブラシ、痩身効果のあるジェルや香りのいいオイルなど、便利で快適なバスグッズを使えば、リラックス効果は倍増。1日の終わりに少しだけ贅沢な気分でバスタイムを楽しんで、キレイに磨きをかけましょう！

運気アップ編 2

怒りっぽい、イライラしがちな気分を改善

ちょっとしたことでイライラしてしまったり、最近頑固になったように感じる人は、肝経のバランスが悪くなっている可能性が大。また「肝」と表裏関係にある「胆」のバランスも崩れてしまいます。これらが滞ると、交感神経が常に緊張している状態になり、メンタル面での余裕を失くしてしまいます。「胆」のバランスを整えるマッサージで、首のコリはもちろん、心のコリもスッキリ。いつも笑顔で運気もアップ！

ここが首ポイント！

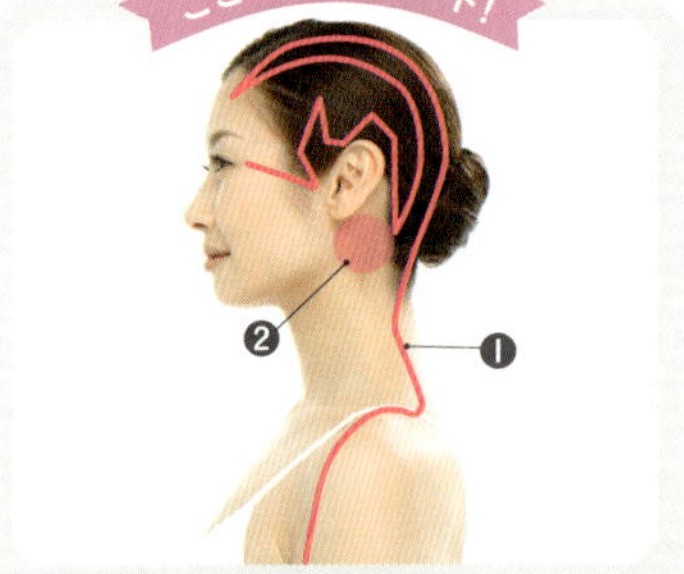

❶胆経《たんけい》　❷耳下腺《じかせん》リンパ節

❷は頭部のリンパの集まる部位。頭から首までの流れをよくすることでメンタル面もスッキリします。

首をさする

耳の下から鎖骨まで、首の側面を、両手のこぶしで交互にさすり下ろす。反対側も同様に。

足の甲をさする

足の甲を、指の間から足首に向かって左右の手の親指で交互にさする。反対側も同様に。

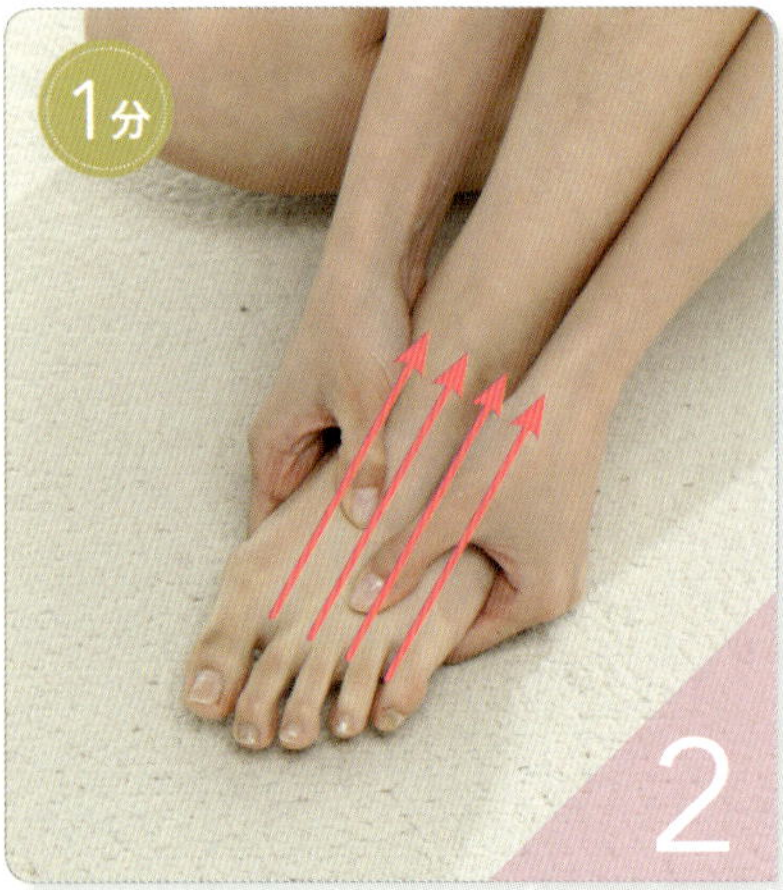

こんな人は要注意！

- ☑ ちょっとしたことでイライラする
- ☑ 周囲の人の欠点に目が行く
- ☑ 一度怒りを感じると、なかなか収まらない

腕をさする

腕の内側、外側を、手首からワキの下まで反対側の手の親指でさすり上げる。反対側も同様に。

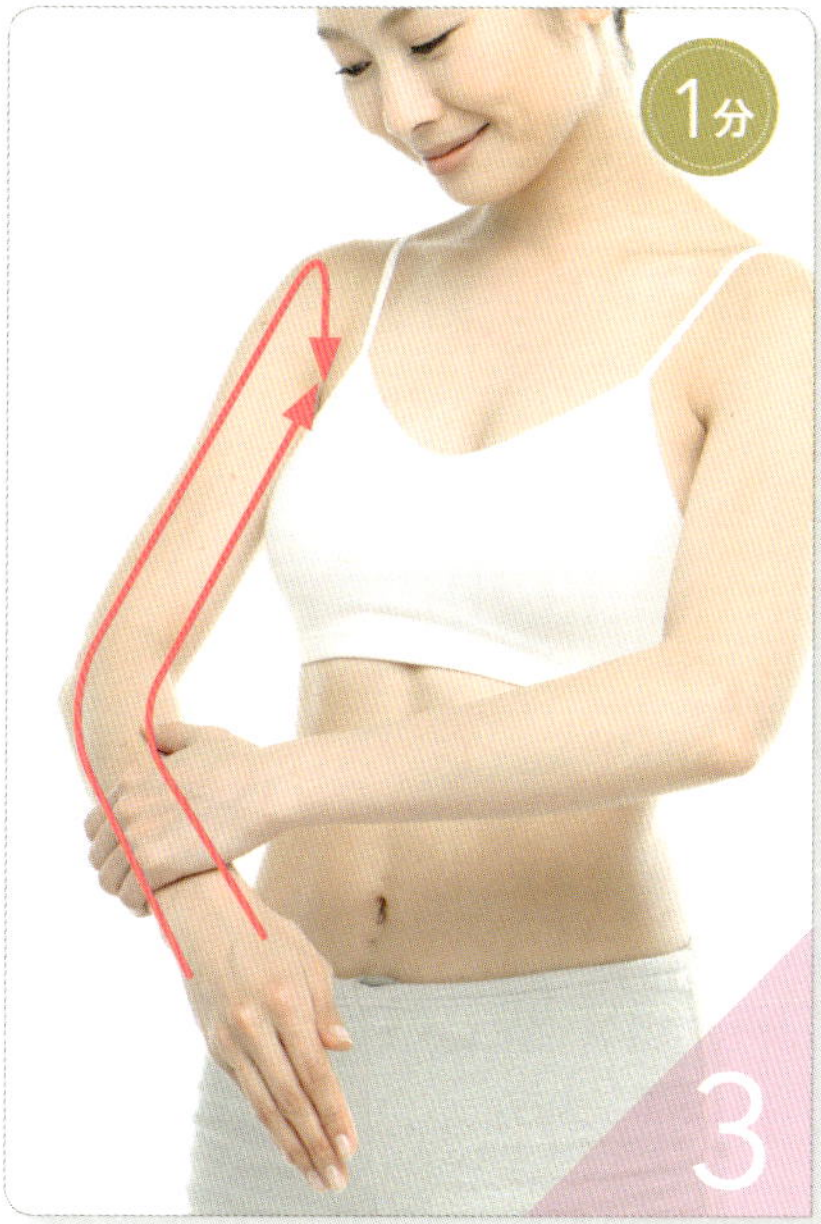

頭をさする

頭の側面を、両手のこぶしを交互に動かして気持いい程度にさする。

＋α で効果UP!

お灸とカイロの温熱効果でほっと気分もリラックス！

最近、冷えによって体調不良を起こしている、低体温で体力が低下しているという若い女性が増えています。冷えなどの慢性的な症状を改善してくれる強い味方がお灸なのです。

冷えていたり、滞っている部分にお灸を行なうことで、全身の血液やリンパの流れがよくなります。また気の流れもよくなり、体の内側から温かくリラックスし、元気な状態に変わります。また、同様にカイロなどで局部を温めるのも、手軽に行なえるのでおすすめです。

運気アップ編 3

決断力をアップし、正しい選択ができるようになる

首や頭がこって流れが滞ると、頭の働きもダウン。集中力が低下して優柔不断になるうえ、発想力も乏しくなります。この状態を放置し続けると、大事な局面で判断を見誤るなど、大きなミスに発展しかねません。特に、体の側面にある胆経の流れを整えることが大切です。マッサージタイムはもちろん、仕事の合間など頭の疲れを感じたときにも、やさしくさすって定期ケアを続けて。

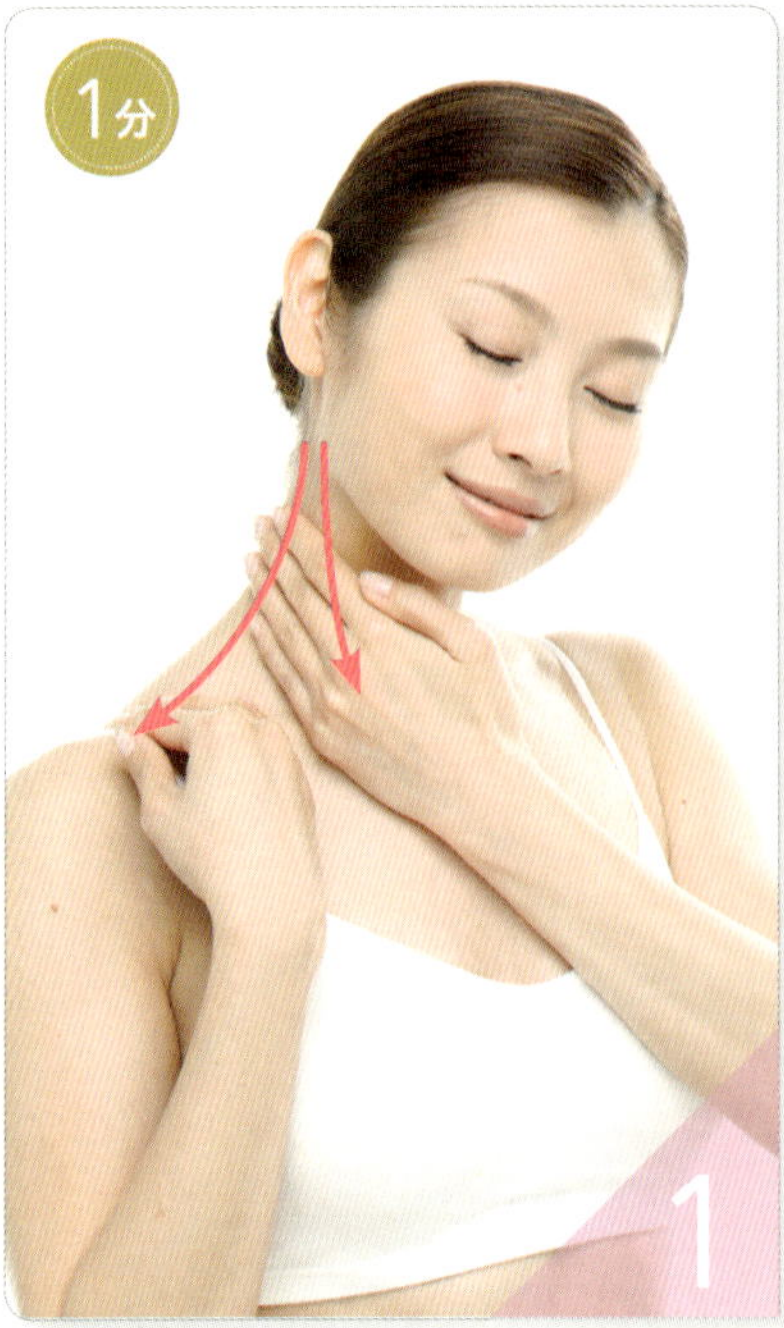

首をさする

首の側面を、耳の下から肩先、耳の下から鎖骨までを左右の手のひらで交互にさする。反対側も同様に。

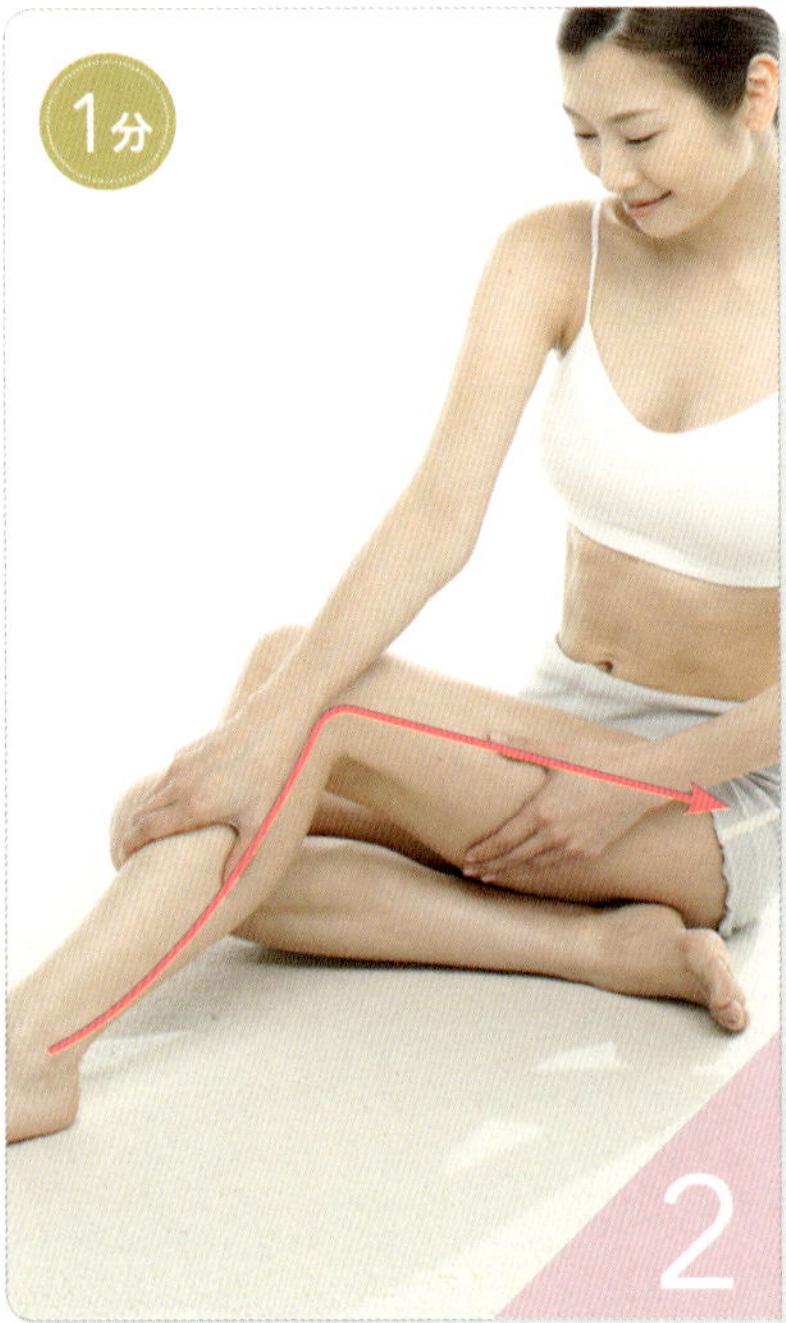

足をさする

足の外側を、足首から足の付け根まで左右の手の親指で交互にさすり上げる。反対側も同様に。

こんな人は要注意!

- 優柔不断である
- 長く悩んで決めた決断なのに後悔することがある
- 「こうすべき」と分かっていても行動できない

体の側面をさする

ワキから腰まで、体の側面を左右の手のひらで交互にさすり下ろす。反対側も同様に。

こめかみをさする

こめかみから側頭部を、左右の手の4本の指で同時にやさしくらせん状にさする。

運気アップ編 4

人間関係がうまくいく！

友人やパートナー、職場の人との人間関係は、あなたのメンタルを映し出す鏡のようなもの。「最近人とのコミュニケーションがうまくいっていない」と感じたら、実はあなた自身の滞りを改善するのが早道です。イライラしたり、妙に頑固になってしまうようであれば、首や顔を集中的にケアしてみて。心も軽くなり自然と笑顔が増え、対人関係もスムーズに変わるはずです。

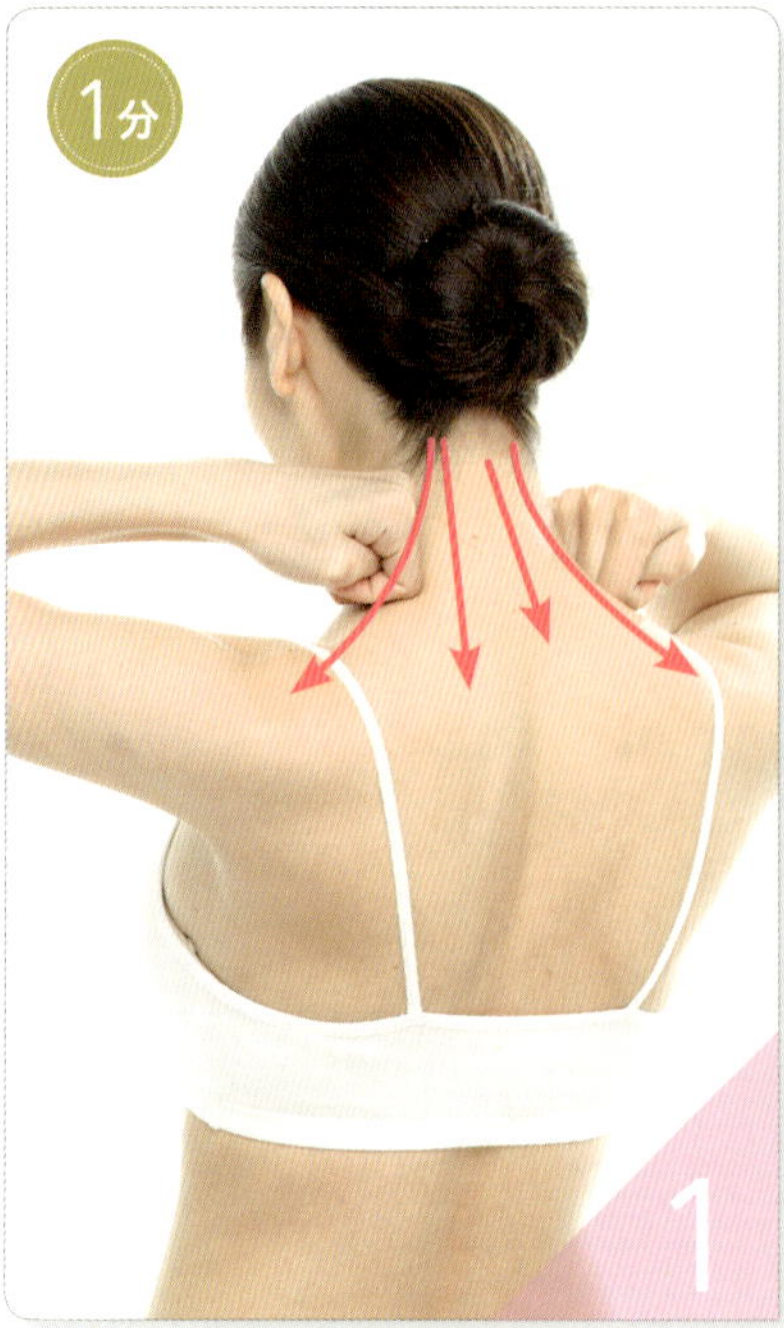

首をさする

首の付け根から首の後面、側面をこぶしでやさしく左右同時にさする。

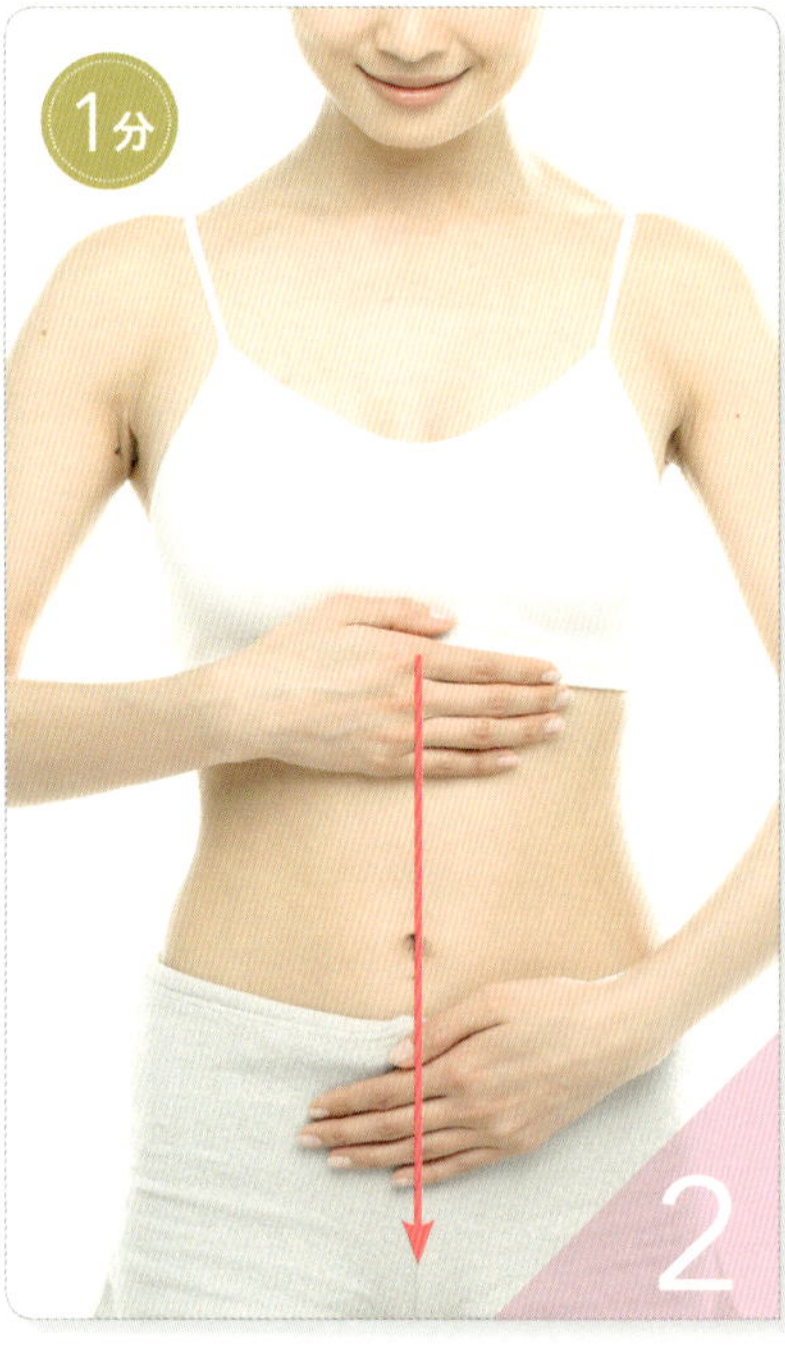

体の中心をさする

体の中心線を、みぞおちから下腹部まで左右の手のひらで交互にさすり下ろす。

こんな人は要注意！

- ☑ なぜか孤立してしまう
- ☑ 大勢の人や新しい環境が苦手
- ☑ 対人関係に悩んでいる

お腹をさする

みぞおちから脇腹まで、肋骨にそって左右の手の4本の指で交互にさする。

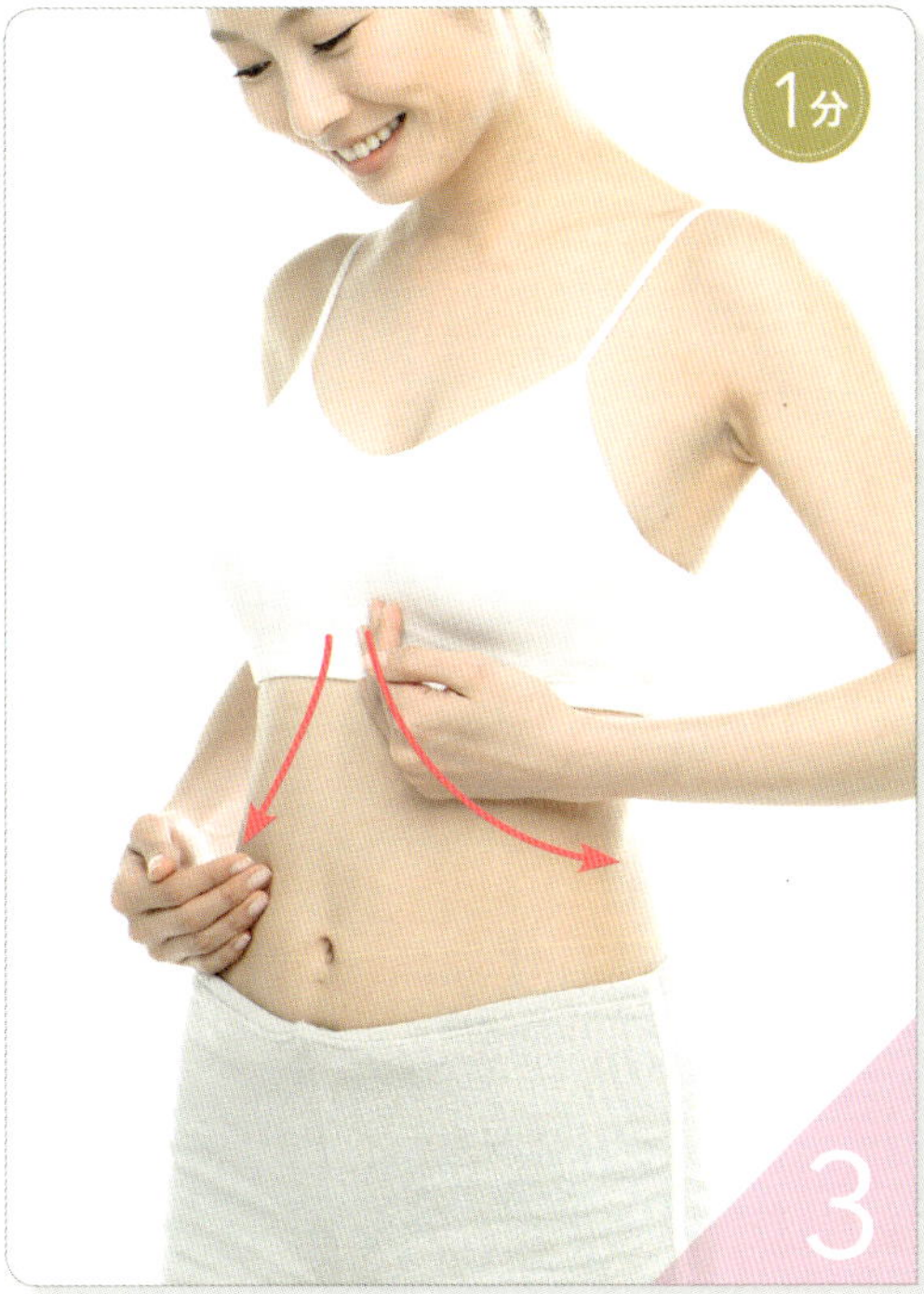

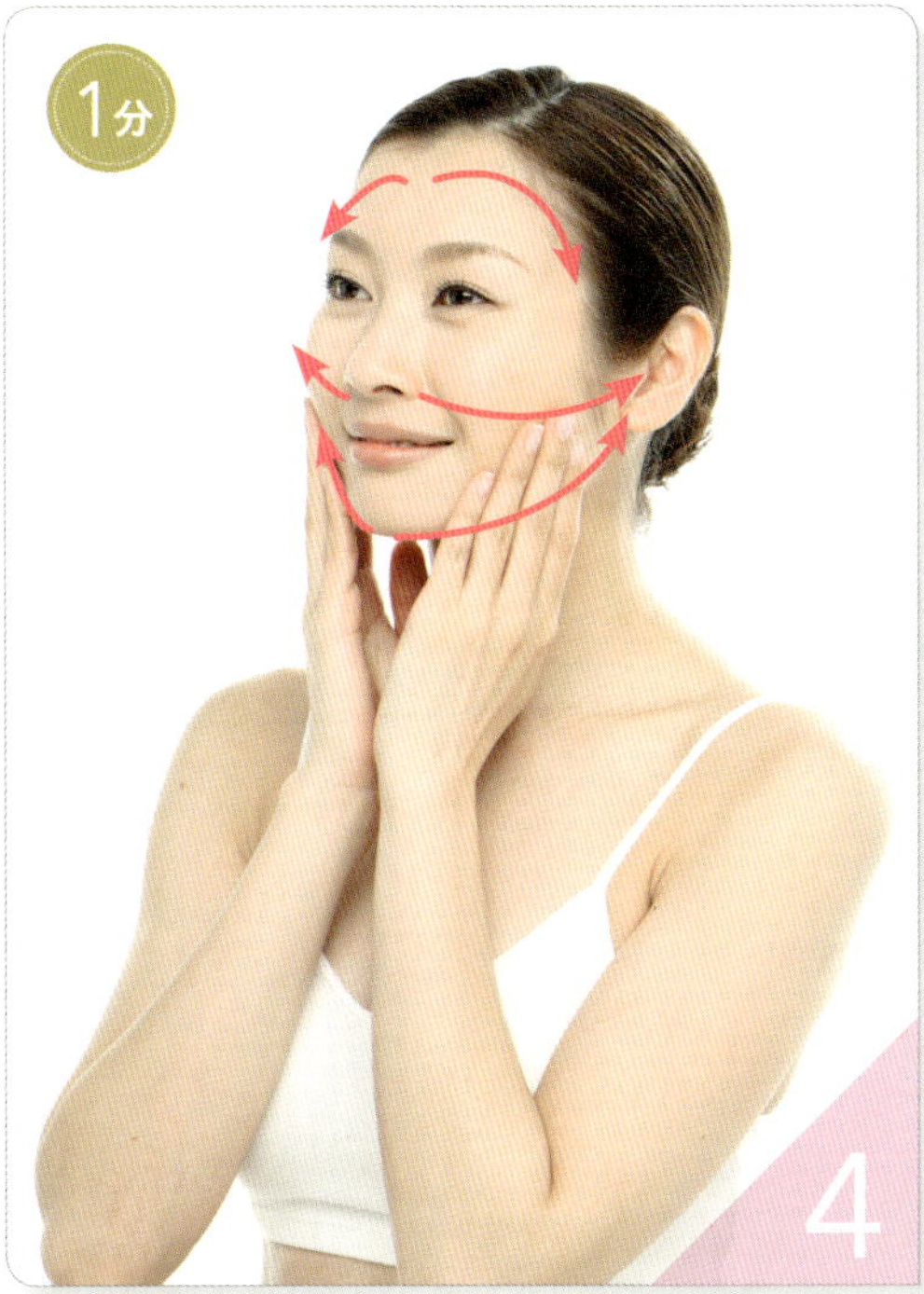

顔をさする

あごから耳の下、小鼻の横から耳の前、おでこからこめかみまで左右の4本の指で同時にやさしくさする。

運気アップ編 5

恋愛運をアップする

良縁は、待っていれば手に入るものではありません！ あなたの魅力が高まれば、そのぶんステキな恋愛にめぐり逢える機会も増えるはず。それには、婦人科系とかかわりの深いそけい部のマッサージで骨盤内の流れをスムーズにすることが大切。また、バストマッサージで女性ホルモンのバランスが整うと、女性らしい美しさが格段にアップ。体の内側からモテ体質に変わります。

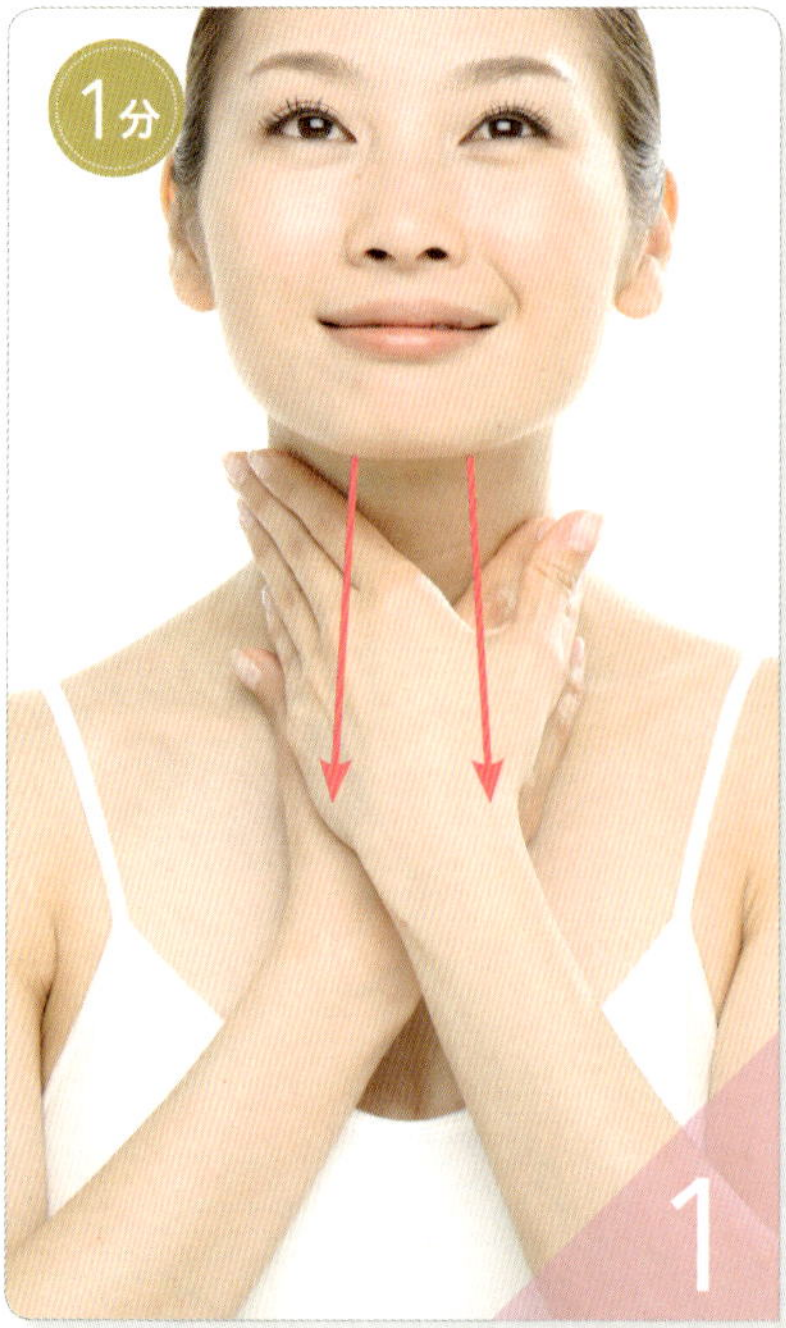

首をさする

あごの下から鎖骨まで首の前面を左右の手のひらで交互にさすり下ろす。

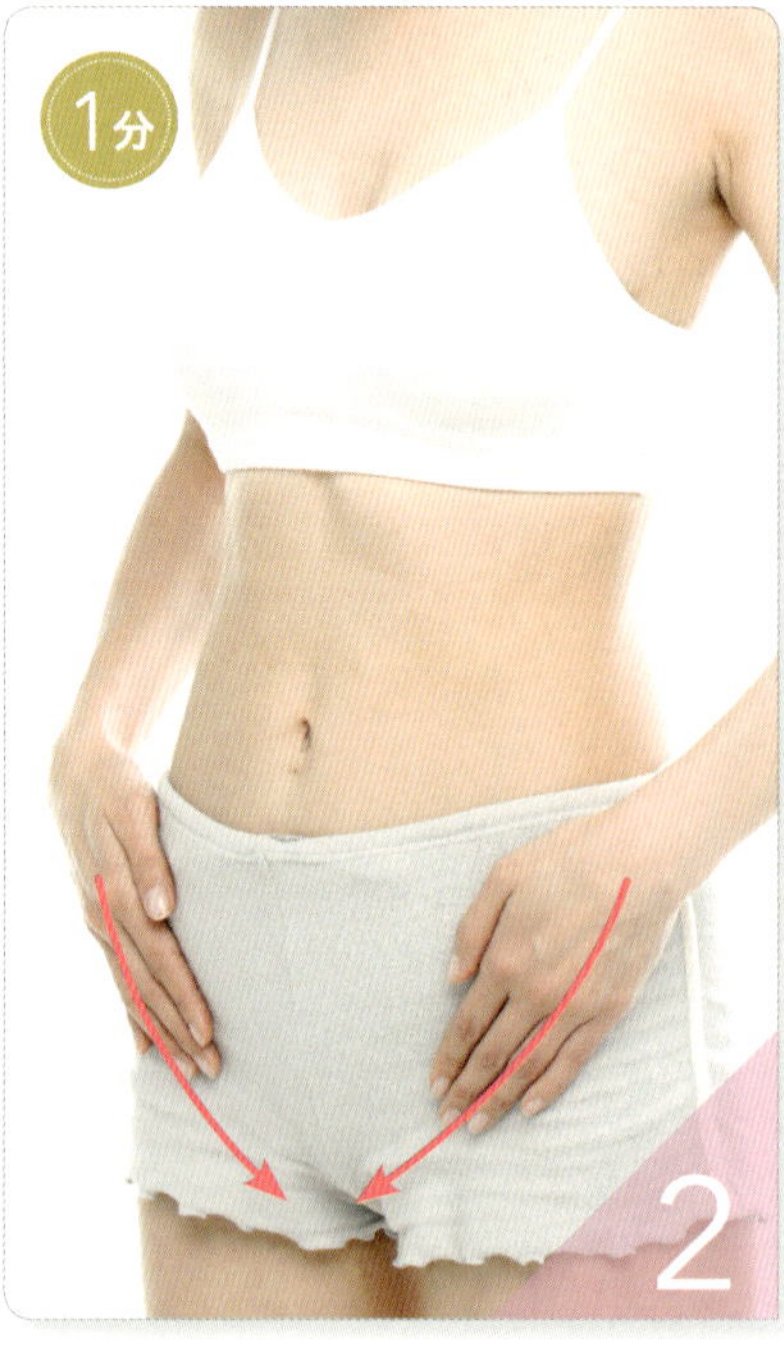

そけい部をさする

そけい部を、外側から内側に向けて左右の手のひらで同時にさする。

こんな人は要注意！

- ☑ 婦人科系のトラブルがある
- ☑ 女性らしさをアップさせたい
- ☑ 恋をうまく進展させたい

バストをさする

バスト周りを、上は内側から外側に向かって、下は外側から内側に向かって左右の手のひらで同時にさする。反対側も同様に。

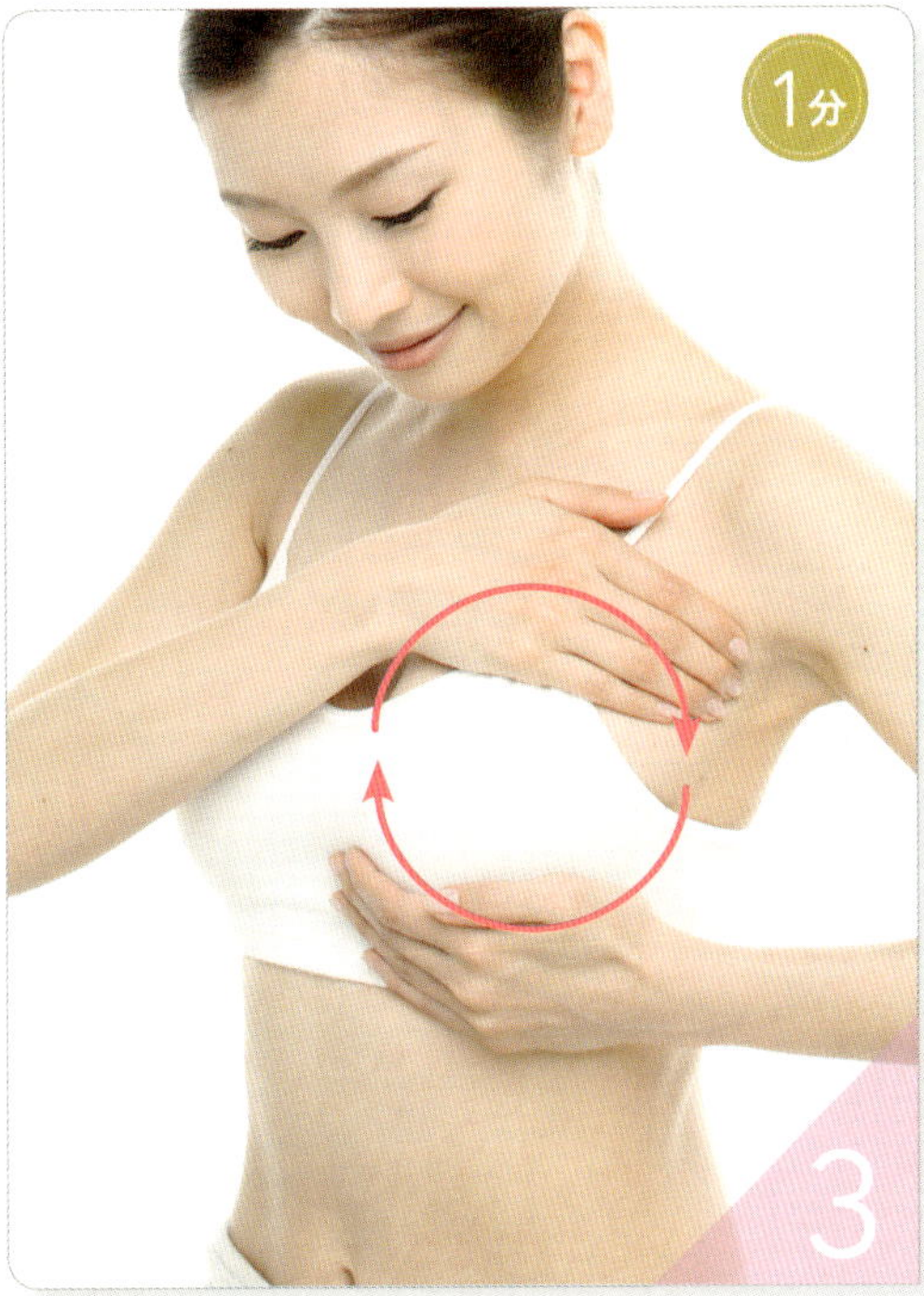

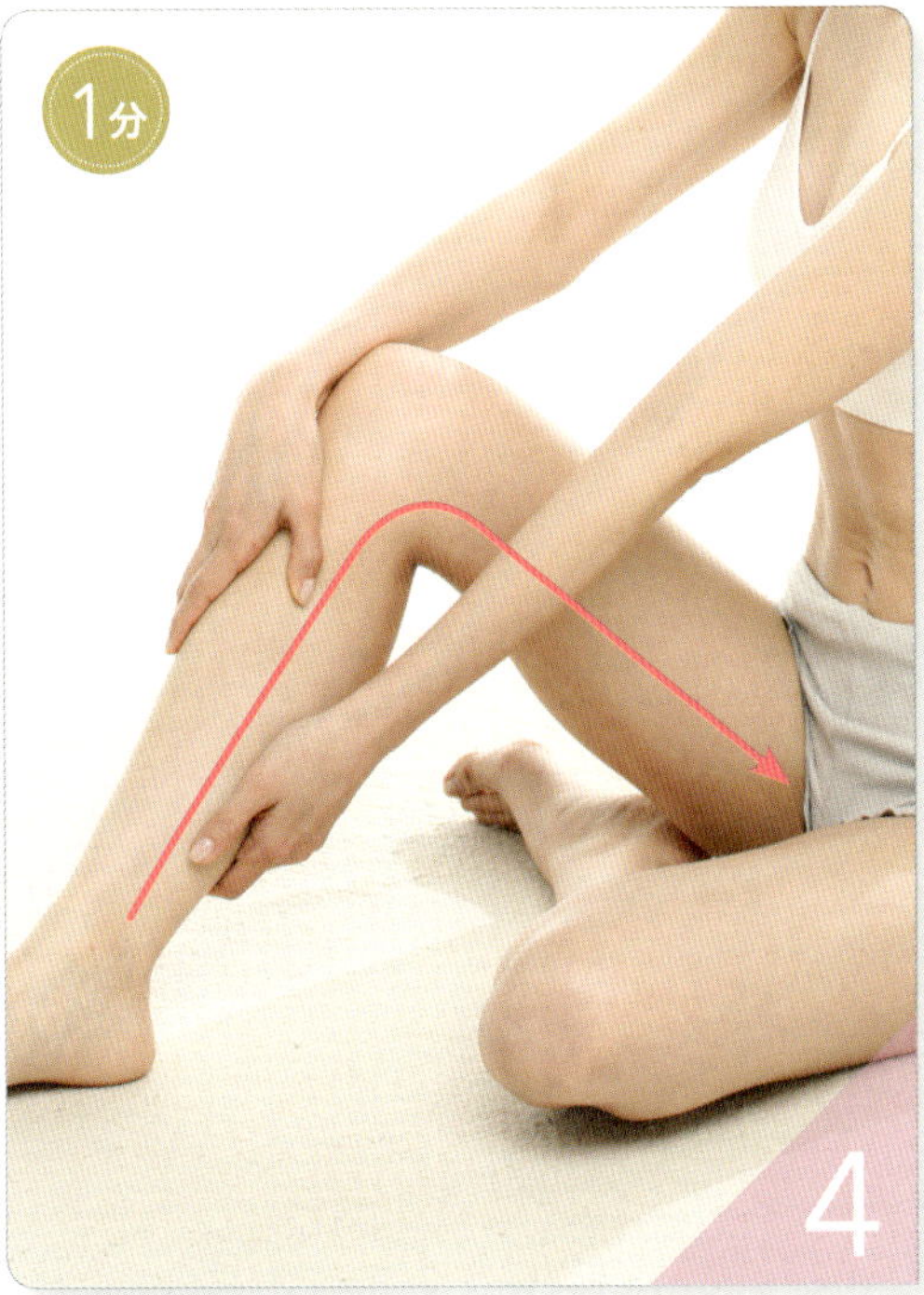

足をさする

足の内側を、足首から足の付け根まで左右の親指で交互にさすり上げる。反対側も同様に。

運気アップ編 6

金運をアップする

金は天下の回りもの」といいますが、お金も体も、めぐりがいいことが大切です。生命エネルギーがスムーズに流れる元気な体は、お金にも愛される体。不要な物が溜まっている人も、全身のコリをほぐして滞っている部分を改善すれば、スリムボディと金運の両方をゲットできます。特に、首や背中は全身の流れに深く関わる部位なので、いつもスムーズな状態をキープして。

首をさする

耳の下から肩先まで、耳の下から鎖骨まで首の側面を左右の手のひらで交互にさする。

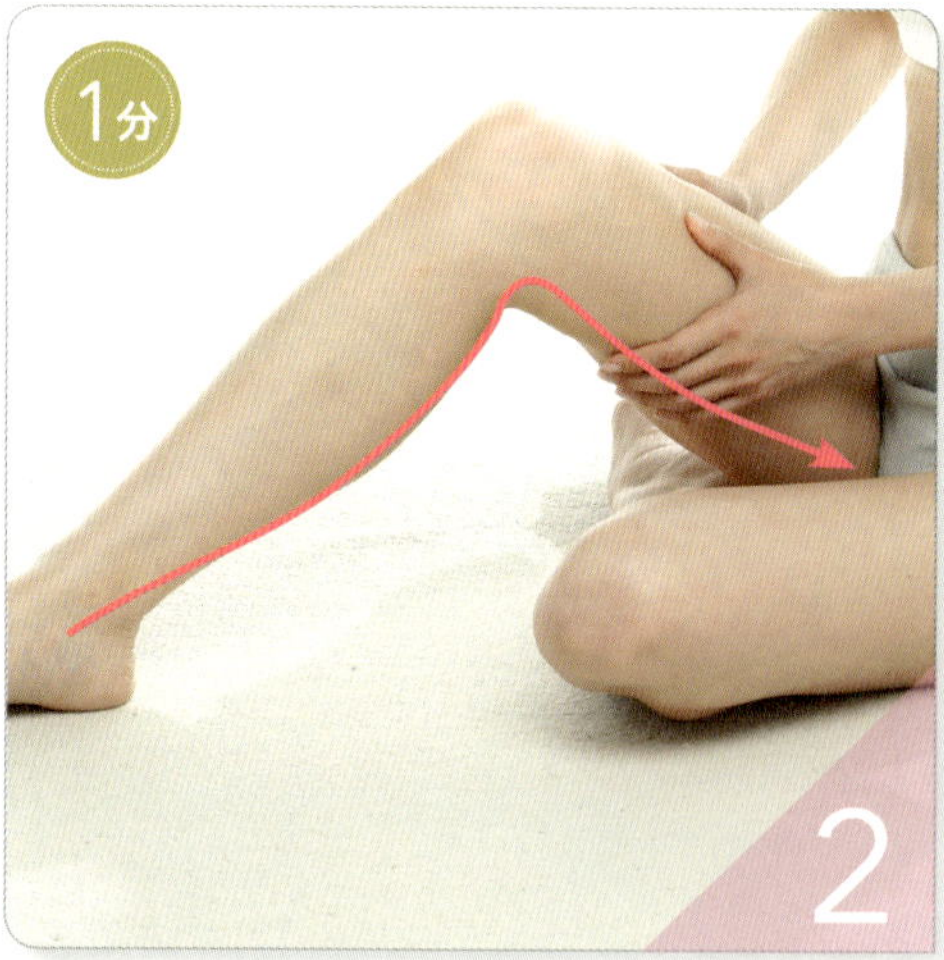

足をさする

足首から脚の付け根まで、両手のひらで包むようにして同時にさすり上げる。反対側も同様に。

こんな人は要注意!

- ☑ つい無駄遣いしてしまう
- ☑ 貯金しようとしても なぜか貯まらない
- ☑ 収入をアップさせたい

背中をさする

背中のできるだけ高い位置から骨盤までを、両手のひらで同時にさすり下ろす。

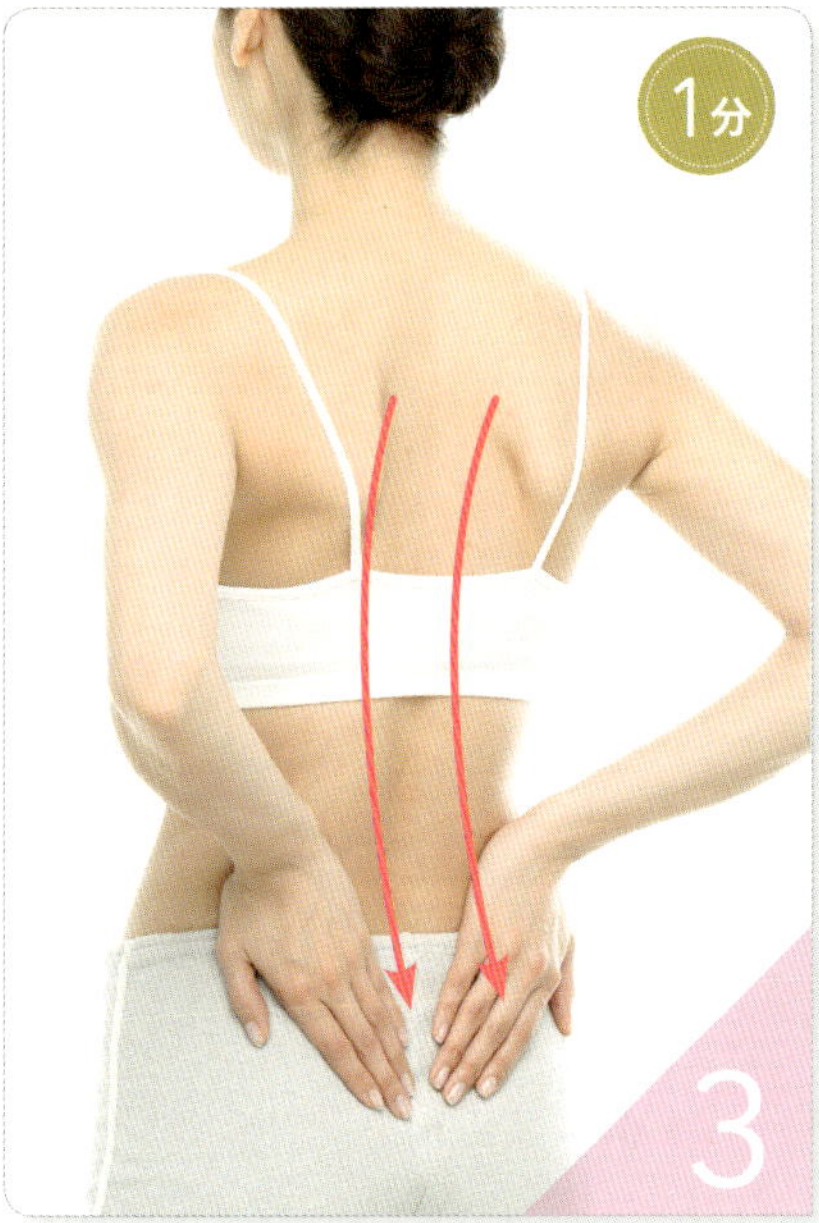

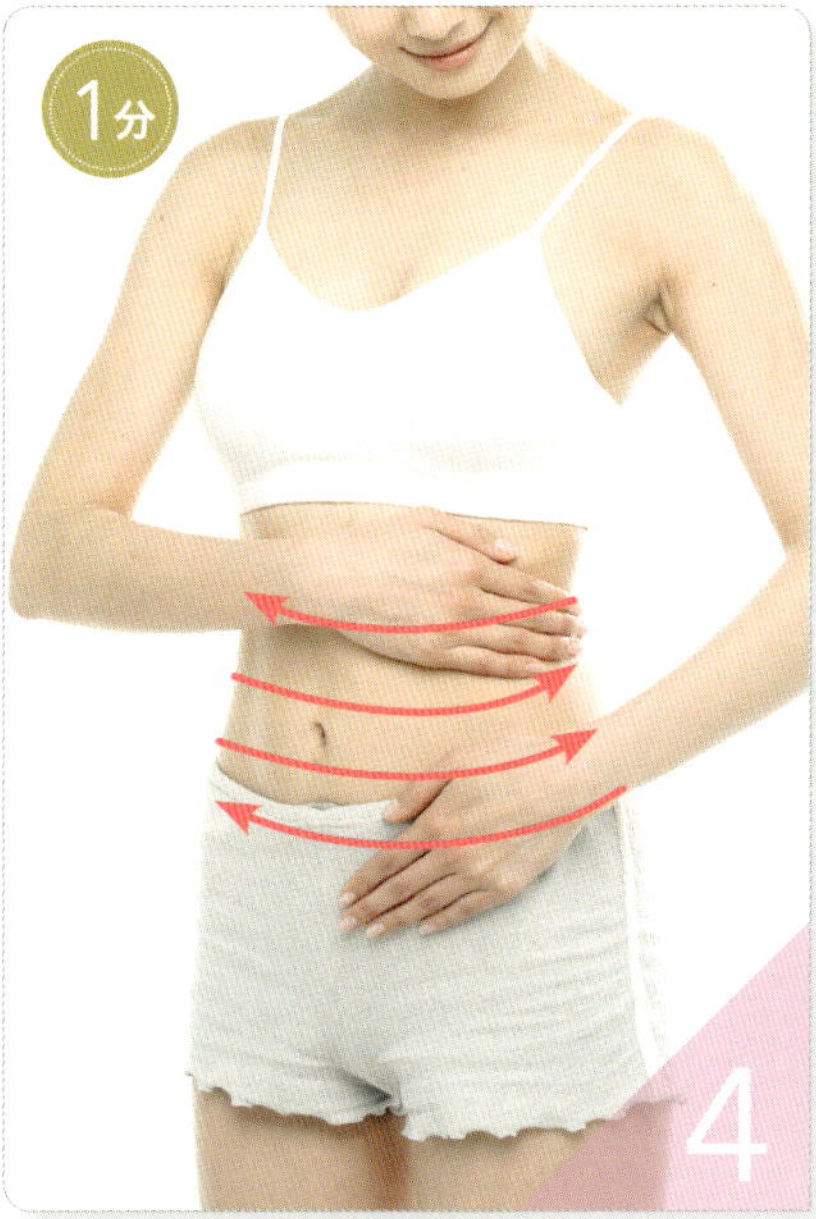

お腹をさする

右手を左の脇腹に、左手を右の脇腹にあて、左右のひらでお腹全体を横方向に交互にさする。

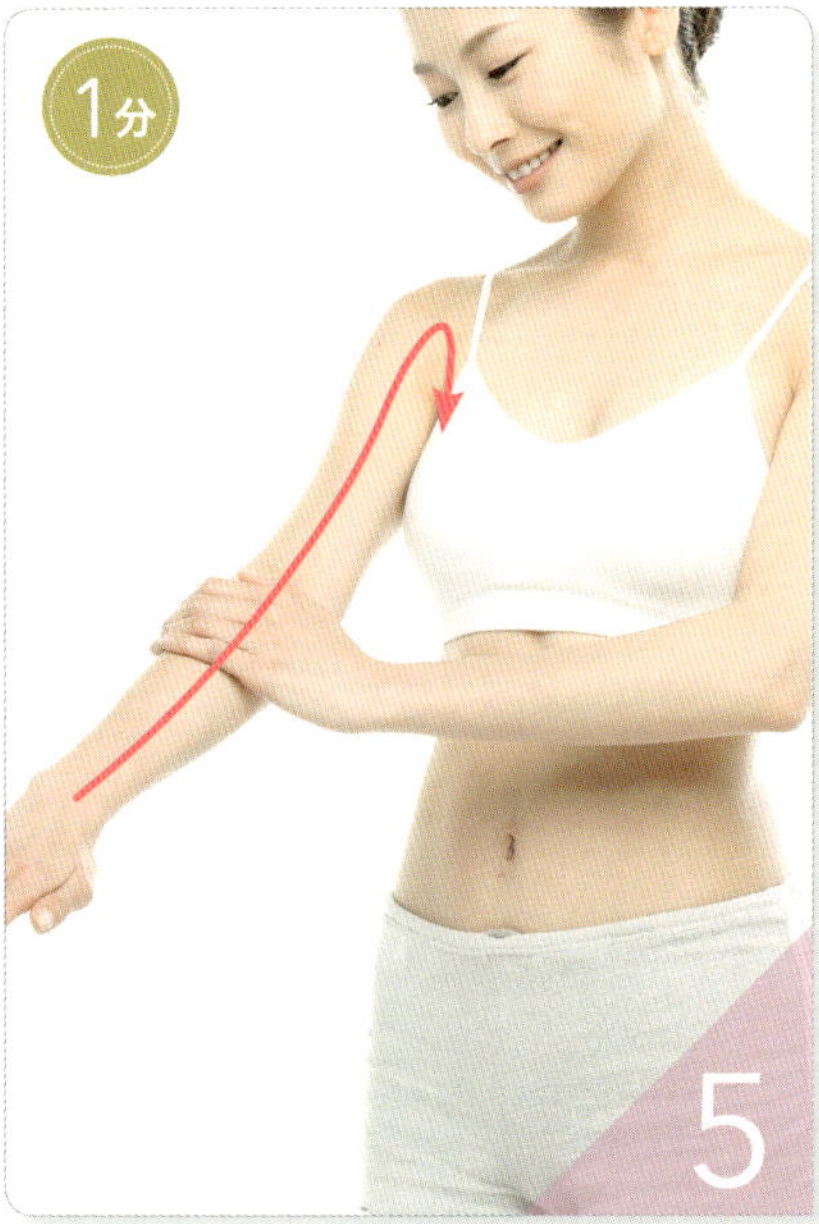

腕をさする

手首からワキの下まで、腕の外側を手のひらでさすり上げる。反対側も同様に。

あなたの未来の可能性は無限大なのです！

顔はあなたの美と人生を決める！

以前の本で、恋愛ユニバーシティのグッドウィル博士と対談をさせていただきました。そこでお話していただいたのは、「健康になれば、美しくなり、人生まで幸せに変わっていく」ということ。それは博士のご専門である生命科学の分野からも「体の内側から健康である」ことが、女性が幸せになるためにとても重要な要素であるというお話でした。私の臨床経験でも、むくみやコリがない健康体だと、その方本来の骨格に合った、スッキリとした体になり、本来出会うべきパートナーと運命的な出会いをするケースが多いです。

「男性が美しい女性に魅かれるのは本能」

恋愛においても、美しく健康であることの重要性がわかります。そして、女性にとっては心、「愛」が一番大切ですが、男性は、顔やボディの「第一印象の見た目」が重要。美しくバランスのとれた体で、遺伝子的に合うかを無意識で判断している傾向が強いようです。これも、より良いパートナーを選び、

治療からダイエットまで徹底的なサポートが好評。

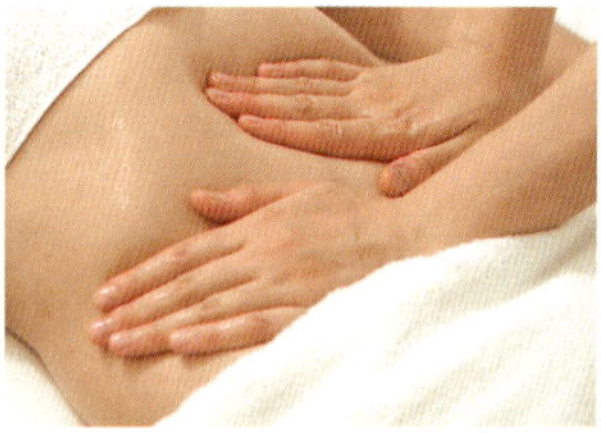

国家資格をもつ専門家がトータルにケアしてくれる。

銀座の中心地にある銀座ナチュラルタイム治療院。

間違えないため。単なる表面上の美しさではなく、内側からの美しさによって、顔は体以上に内面を語り、人は本能で感じているのです。

愛と強運に恵まれる幸せな女性になるために

もし、あなたが今に満足していない状態だったら、鏡でお顔を見てください。そして、首を触ってみてください。きっと「首コリ」があるはずです。「首コリ」は美容面だけでなく、健康面でも改善するべき部分、不調があるサインなのです。そして、あなたの心と体にも、その長年の「滞り」が自然とあらわれています。「首は人生を語る」、つまり、その人の生き方、歴史が体には深く刻みこまれています。そして首を診れば、その方の人生があらわれています。毎日のストレスも、苦しさ、楽しさ、喜び、幸せも、すべて刻まれるのです。首コリが改善されて、体が楽になると、不思議と幸運がどんどん引き寄せられます。

そして、自然な笑顔が戻り、健康で美しい体に変わるのです。毎日のケアは、さらにあなた自身を輝かせてくれるでしょう。健康も！　キレイも！　幸せも！　パートナーも！　すべてあなた次第です。今日から、喜びに満ちた素敵な毎日を過ごしてください。あなたの自然治癒力と可能性は無限大です！

最後にこの本の制作に携わっていただいた、多くの方々に、心よりお礼と感謝を申し上げます。

GINZA
Natural Time
銀座ナチュラルタイム

住所	〒104-0061 東京都中央区銀座3-7-16 銀座NSビル7階
TEL	代表 03-5250-1300
予約専用TEL	080-3541-0110
HP	http://ginzanaturaltime.com

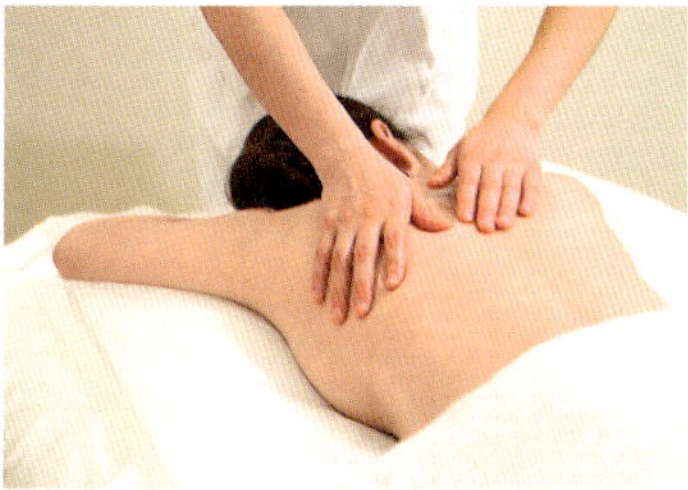
体の内側からキレイで元気になる経絡リンパマッサージ。

渡辺 佳子 Keiko Watanabe

経絡リンパマッサージ協会代表理事。銀座ナチュラルタイム総院長。経絡リンパマッサージの第一人者。鍼・灸・按摩マッサージ指圧の資格とそのプロを養成する教員資格を持ち、教員養成科の講師を務める。現在、TV、雑誌で多くの監修を手がけるほか、講習やスクールなどでのセルフケアの普及、治療、教育活動などにも力を入れている。また自らの臨床経験から、健康や医療、予防医学の大切さを、美容やダイエットなどといった身近なテーマを通じて、一般の女性、ママやベビー、また、専門家まで幅広く多くの人に伝えることをライフワークとしている。

http://ginzanaturaltime.com

Staff

編集協力	スタープレス、Lush!
デザイン	掛川 竜（カバー）、柿沼みさと（本文）
写　真	園田昭彦
モデル	橋本芽空、下枝 愛
イラスト	スギザキメグミ、岡村透子
制作協力	銀座ナチュラルタイム、経絡リンパマッサージ協会、ナディカル、Nature、NTHD、牧野寿枝、永井政道、前田 恵、福地裕人

本書は2009年10月発行『小顔リンパマッサージバイブル』、2010年6月発行『1分さするだけ！首リンパマッサージダイエット』（以上すべて渡辺佳子著／マイナビ発行）の内容に加筆・修正した再編集版です。

美顔専門リンパマッサージ
セルフケアBOOK

2016年7月30日　初版第1刷発行

著　者　渡辺佳子

発行者　滝口直樹
発行所　株式会社マイナビ出版
〒101-0003　東京都千代田区一ツ橋2-6-3 一ツ橋ビル2F
TEL 0480-38-6872（注文専用ダイヤル）
　　03-3556-2731（販売部）
　　03-3556-2735（編集部）
URL http://book.mynavi.jp

印刷・製本　シナノ印刷株式会社

ISBN 978-4-8399-6039-1